바른 신앙은 바른 지식 위에 형성된다. 그런데 한국 교회 성도들의 신앙적 경향은 바른 지식보다는 정서적 감동이나 자기 주관 위에 세워진 경우가 참 많다. 베뢰아 사람들의 "이것이 그러한가 하여 날마다 성경을 상고하더라"의 신앙 정신이 필요한 때다. 이 책은 신학자의 정확한 시각과 식견으로 신앙의 바른 도리와 지식을 우리 모두에게 선사해줄 것이다.

김관성 /// 덕은침례교회 담임 목사, 『본질이 이긴다』 저자

살갗을 데면 꽁꽁 싸매라는 민간요법이 성행한 적이 있었다. 그러나 이에 대한 피부과 의사의 올바른 처방은 그 반대였다. 이렇듯 아마추어적 상식은 전문가의 전문지식과 상반되는 경우가 많다. 이 책은 민간요법식으로 성행하는 신앙의 오해를 전문가적 시선으로 바로잡아준다. 이 책을 읽으면 시원함, 통쾌함, 해방감을 맛보게 될 것이다.

김동수 /// 평택대학교 신약학 교수

성서신학을 공부하면서 두 번 놀랐다. 하나는 지난 몇 세기 동안 성서신학이 엄청난 연구 업적을 남겼기 때문이다. 이로 인해 우리가 믿는 진리는 더욱 선명하게 조명되었다. 동시에 놀란 두 번째 이유는 교회가 이 놀라운 신학 연구의 유산에 너무도 무지하다는 사실 때문이었다. 이 책은 이런 간극에 다리를 놓는 귀한 시도다. 이러한 책을 통해 학자들의 수고가 교회와 성도들의 삶의 현장으로 흘러들어 한국 교회가 진리 위에 건강하게 서기를 기대한다.

김형국 /// 나들목교회 대표 목사, 『교회 안의 거짓말』 저자

올바른 신앙은 올바른 성경 이해에서 출발하지만 한국 교회의 교인들은 종종 근원이 불분명한 '카더라 통신'식 신앙을 전수받아오곤 했다. 여기에, 고착화된 사고의 고리들을 깨어 부수는 강력한 망치의 내리침이 있다. 그 내리침에 교리와 성경과 신앙생활에 관해 굳어지고 굽어진 인습적 생각의 틀이 부서지는 소리가 들리는 것 같다. 이 책은 가려운 곳을 긁어주는 효자손이며 시원함과 통쾌함을 공급해주는 깊은 우물이다. 진지한 신자들, 생각하는 신학생들과 목회자들에게 강력히 추천한다. **류호준** /// 백석대학교 신학대학원장, 『생명의 복음』 저자

모든 답은 성경에 있다. 그러나 성경은 쉬우면서도 동시에 어려운 책이다. 그래서 오해도 있고 잘못된 해석도 많다. 이 책은 그런 문제들에 대한 올바른 신학적 해답을 평이하고 명료한 언어로 제시한다.

성종현 /// 장로회신학대학교 명예 교수, 전 한국신약학회 회장

지금 우리는 영혼의 어둔 밤을 지나고 있다. 그 원인의 중대한 뿌리는 성경 진리의 곡해 내지는 피상적 이해에 있다. 진리가 진리 되고 성경이 성경 되는 날, 한국 교회는 다시 회복의 봄을 맞이하게 될 것이다. 이 책은 진리의 다림줄을 들고 우리의 믿음을 다시 척량하도록 도전한다. 우리네 신앙의 오해가 풀리고 진리가 진실로 자리 잡는 회복을 기도하는 모든 동역자들과 진지한 믿음의 성도들에게 일독을 강추한다. **이동원** /// 지구촌교회 원로 목사

더 이상 회피할 수 없는 질문들에 대해 성실하게 답변하는 성서신학자를 만나게 되어 반갑다. 한국 교회의 개혁을 소망하는 많은 이들의 외침대로, 말씀에 대한 바른 이해가 없다면 신앙과 교회의 회복은 결코 있을 수 없다. 말씀의 빛으로 신앙적 오해와 편견의 어둠을 시원하게 걷어내는 이 책은 지금의 한국 교회에 너무나 필요한 책이다.

정현구 /// 서울영동교회 담임 목사

이 책은 갸륵하고 용감하며 경이롭다. 성서학자가 신앙생활의 일상적 밑자리에서 간절히 섬기고자 나선 그 의욕이 갸륵하고, 인습을 건드리는 게 귀찮아서 다들 외면한 것들을 들쑤시면서 공론화하려는 그 도전정신이 용감하며, 묵혀둔 성서신학의 실천적 난제들을 명쾌하게 풀어 제공하는 그 해석학적 선물의 공력이 경이롭다. 긴 말이 필요 없다. 제대로 신앙생활하길 원하는 그리스도인이라면 반드시 읽어야 할 책이다.

차정식 /// 한일장신대학교 신학부 교수, 『예수, 한국사회에 답하다』 저자

신앙, 그 오해와 진실

신앙, 그 오해와 진실

한국 교회가 제대로 알아야 할 26가지 키워드

이민규 지음

차례

말씀만이 살길이다

어느 날, 동네를 돌아다니다가 우연히 신천지 모임 장소를 지나게 되었다. 유모차를 앞세운 부부, 말끔하게 차려입은 젊은 남녀, 아주머니, 아저씨들이 4층에 있는 'ㅅㅂ교회'라는 곳으로 모여들고 있었다. 겉모습만 봐서는 아무도 이상해 보이지 않았다. 오히려 대부분 보기 드물게 밝고, 여유롭고, 건강해 보이기까지 했다. 그들과 함께 엘리베이터를 기다리면서 아주머니들이 나누는 이야기를 엿듣게(?) 되었는데, 우울증에 시달리던 한 아주머니가 말씀을 공부하면서 병 고침을 받았다는 것이다. 그래서 오직 말씀이 능력이란다⋯. 헉!

어쩌면 하나님이 완고한 기성교회를 꺾으시려는 계획 아래 신천지를 징계의 도구로 사용하시는 것이 아닐까 하는 생각이 스친다. 성경에서 하나님이 선지자의 말에 귀 기울이지 않는 패역한 이스라엘을 징계하실 때, 이방 나라를 도구로 쓰셨듯이 말이다. 그렇게 보면 신천지는 교회를 정신 차리게 하는 도구 역할을 하기 때문에 그들에게 감사할 일이다. 그러나 교회가 회개하고 돌아서기만 하면 하나님은 신천지를 심판하실 것이고 그들은 몰락할 것이다. 그러니 신천지가 아무리 활개를 쳐도 그들을 두려워할 필요는 없다. 우리는 오직 하나님만 두려워해야 한다.

그런데 이단 신천지의 급성장으로 드러난 중요한 사실이 한 가지 있다. 그것은 바로 사람들이 여전히 말씀에 갈급하다는 것이다. 정말로 그렇다! 정말 많은 사람들이 성경을 제대로 가르쳐주는 곳을 찾아 헤매고 있다. 그래서 성경만 제대로 가르쳐도, 교회는 절대 망하지 않는다. 오히려 질적으로뿐만 아니라 양적으로도 성장할 수 있다.

그간 상당수의 그리스도인이 우려해온 대로 교회 성장이 마이너스로 돌아섰기 때문에 한국 교회가 위기에 처했다고 보는 것은 지나치게 실용주의적인 분석이다. 사실 교회의 양적 성장이란, 하나님의 통치가 이 땅에 이루어지는 것과는 무관한 일종의 종교현상에 불과할 수도 있기 때문이다. 문제의 본질은 교회의 양적 성장이 둔화된 것이 아니다. 진짜 위기는 다른 곳에 있다. 바로 **말씀의 부재**다.

언젠가 소망교회 김지철 목사는 "한국 교회 목사들이 교회에서 교인들에게 우민정책을 실시해왔다!"라고 말했다. 엄밀하게 말하면, 이는 목회자들의 신학적 빈곤과 말씀에 대한 무지가 낳은 문제다. (더 구체적으로는 주요 신학대학원에서 제대로 된 교육이 이루어지지 않기 때문이다. 교육의 측면에서는 나에게도 분명히 책임이 있다. 그러나 현실적으로 한국 교회의 신학 교육 문제는 단순히 몇 마디로 요약하기에는 너무 복잡한 주제다.)

신앙, 그 오해와 진실

어떤 목회자들은 습관처럼 성경을 율법적·문자적으로 해석하고 설교하는데 이는 성도들이 말씀을 오해하게 하는 지름길이다. 성경의 역사적 배경과 본문의 문맥을 무시하는 성경 읽기를 넘어서지 못하는 한 기독교의 정수는 죽었다 깨나도 발견할 수 없을 것이다.

1980년대 이후 한국 교회에서는 교회 성장과 목양이 지나치게 우선시되었고, 성경은 목회자와 교인들의 성공 욕망을 지지하는 도구로 전락해버렸다. 대다수 교회에서는 교인 수를 빠르게 늘리는 사역 프로그램이 복음을 대신하고, 교회 성장이라는 목표가 말씀 위에 군림했다. 수십 년간 지속된 이런 분위기 속에서 한국 교회는 점점 그리스도의 몸이라는 정체성을 잃고, 하나님의 이름을 욕되게 하는 종교 집단으로 전락하고 말았다.

이제 우리는 전도, 부흥, 성장이 아니라 **말씀의 회복**을 고민해야 한다. 진실한 말씀의 회복, 십자가 복음의 회복만이 영적 어둠에 사로잡힌 한국 교회의 미래를 밝혀줄 수 있을 것이다. 이를 위해 거짓 성령운동과 말씀을 제대로 풀지 않는 잘못된 성경공부를 몰아내야 한다. 어떤 새로운 프로그램도 한국 교회를 살리는 대안이 될 수 없다. 예전부터 있던 아주 고전적인 프로그램, 곧 말씀만이 살길이다!

한국 교회가 신학의 빈곤이라는 고질병을 앓고 있는 이때에, 평생 성경을 연구하도록 나를 휘어잡으신 하나님의 뜻은 무엇일까? 부족하나마, 지난 수십 년간 성경이라는 한 우물을 파다 보니 터득한 것들이 있었다. 그것들을 통해 많은 사람이 잘못 알고 있는 성경의 내용을 바로 알려줄 수 있겠다는 생각이 들었다. 어떻게 보면 하나님이 내게 이제 밥값(?)을 하라고 하시는 것 같다. 그래서 내 영혼을 불어넣어 낳은 자식 같은 이 책을 세상에 내보낸다. 이 책이 정말 밥값을 할지는 모르겠지만, 성심성의껏 만들었다는 사실만은 기억해주기 바란다.

정확하게 말하면, 신약성경은 학문적인 책이 아니다. 이런 말에 놀랄 수도 있겠지만 이것은 엄연한 사실이다. 만일 도서관의 분류법에 따른다면, 신약성경은 학술서적 코너에 꽂혀 있지 않을 것이다. 그 이유는 무엇보다 신약성경의 저자들이 자신을 학자라고 생각했을 가능성이 거의 없기 때문이다. 그들은 책상에 앉아 여러 자료를 분석·연구·종합하는 것을 주업으로 하는 학자들이 아니었다. 신약성경의 저자들에게 자기소개를 부탁한다면, 그들은 모두 자신이 '현장'에서 성령의 권능과 기적을 행하며 교회의 문제들을 해결하고 상황에 맞는 말씀을 전하는, 불타는 열정을 지닌 '사역자'라고 말할 것이다.

신약성경의 저자들은 목회자 혹은 선교사였기 때문에 철학적이거나 학술적인 전문용어를 사용하지 않았다. 그들은 성령의 감동으로 글을 썼지만, 어떤 개념을 조직신학의 방식으로 정확하게 설명하거나 규정하지는 않았다. 즉 신약성경은 독자의 수준과 당대의 상황을 고려한 상호적 답변서로, 주후 1세기 성도들의 용어와 표현 방식을 사용해 자연스럽게 이야기하는 목회적·선교적 기록물의 모음집이다.

예를 들어, 신약성경에서 가장 치밀하고 교리적인 로마서조차도 로마 교회의 상황에 대한 목회적·선교적 차원의 답변으로 가득 차 있다. 로마서는 사도 바울이 처음부터 '기획'하고 쓴 책이 아니었다. 다른 곳에서도 그랬듯이 바울은 로마에 직접 가서 말이 아니라 성령의 권능을 통하여 복음을 증거하기 원했다(롬 15:22). 그러나 여러 번의 시도에도 길이 막히자 어쩔 수 없이—유승원 박사의 표현을 빌리자면 '궁여지책'으로—그들의 문제에 대한 답변서, 즉 로마서를 보냈다(롬 1:13; 15:18).[1] 그래서 로마서는 당시 로마 교회의 상황을 모르면 이해할 수 없다.

신약성경의 동시대적 상황에 대한 누적된 연구 결과를 바탕으로 성서학은 매해 엄청난 발전을 거듭하고 있다. 그리고 하나님은 나에게 수많은 성서학자와 관련 논문들의 도움을 받을 수 있는 특권을 허락해주셨다. 이 책은 그 모든 도움에 힘입어 신앙에 대한 뿌리 깊은 오해를 풀고 진실을 알리기 위해 시도한 노력의 결과물이다. 특별히 원고를 집필하면서 개인적인 견해는 최대한 자제하고, 그간 성서학에서 객관적으로 검증된 내용을 위주로 정리하고자 했다. 그럼에도 이 졸저는 대략 80퍼센트 정도의 정확성만 있을 뿐, 내가 인지하지 못한 오류들이 많을 것이다. 그러나 그 정도의 정확도는 탁월한 학자들에게서도 보편적으로 나타나는 수치이니 부디 넓은 아량으로 이해해주시기 바란다. 책의 부족한 부분은 전적으로 나의 책임이지만, 지금도 계속 발전하는 성서학이 앞으로 이를 수정·보완해줄 것이라 믿는다.

마지막으로 이 책을 읽어주시는 독자 여러분에게 진심으로 감사를 드린다. 혹시 책에서 유익한 점을 발견한다면 모든 것은 하나님이 하신 일임을 기억해주시기 바란다. 이 책은 그간 하나님의 손길에 이끌려 이리저리 성경을 연구하고 배워온 결과물일 뿐이다.

1부

성경에 대한

오해와
진실

/// 1장 ///

진리가
무엇입니까?

김진홍 목사가 계명대에서 철학 강사로 교편을 잡던 시절, 한 학생이 "진리가 무엇입니까?"라는 질문을 던졌다. 김진홍 목사는 저명한 철학자들의 진리 개념을 정리해서 답변해주었는데, 그 학생은 다짜고짜 그런 것 말고 선생님께서 평생 그 하나를 위해 살 수 있고, 생명까지 바칠 수 있는 그런 진리가 무엇인지 알려달라는 것이 아닌가? 우물쭈물하던 김진홍 목사는 결국 자신이 그런 진리를 모른다는 사실을 깨달았다고 한다. 많은 학문을 배웠지만 그런 진리를 알 수 없었던 것이다. 그는 고민 끝에 교수직에 대한 희망을 버리고 길거리에 나가 진리를 찾아 헤맸다. 그러던 중 "진리가 너희를 자유하게 하리라"라는 말씀에 감동을 받아 이를 배우고자 신학에 입문하게 됐다고 한다.

　사실, 진리 추구는 기독교의 고유 영역은 아니다. 오늘날 많은 대학교의 설립 목적은 다름 아닌 **진리 탐구**다. 서울대학교의 문장(紋章)

에는 '베리타스 룩스 메아'(*veritas lux mea*), 즉 '진리는 나의 빛'이라는 문구가 적혀 있다. 하버드 대학교는 단순히 진리를 뜻하는 '베리타스' (*veritas*) 한 단어를 쓰지만, 예일 대학교는 빛이란 말을 덧붙여 '빛과 진리', 즉 '룩스 에트 베리타스'(*lux et veritas*)를 신조로 삼고 있다고 한다. 그러나 성경이 말하는 진리는 대학이 추구하는 진리와는 거리가 있다. 성경은 학문적인 진리 탐구에 답하는 책이 아니기 때문이다.

성경이 말하는 진리

우리말 성경은 영어의 개념을 그대로 가져와 번역한 경우가 많다. 그 대표적인 예가 바로 '진리'의 번역으로서 그 개념은 '참된 이치'나 '참된 도리'를 일컫는 사전적 의미와 다르지 않게 이해된다. 그러나 성경의 용어는 고대 히브리 문화를 배경으로 한다. 그래서 신약성경에서 대부분 '진리'라고 번역된 '알레테이아'(ἀλήθεια)는 사실, 구약과 유대교에서 사용하는 '에멧'(אֱמֶת)의 의미를 그대로 반영한다. 즉 성경의 '진리'(אֱמֶת, ἀλήθεια)는 우리가 보통 '진리를 탐구한다', '진리를 찾았다', '진리를 믿는다'와 같은 표현을 쓸 때 의미하는 그런 진리와는 다른 측면이 있다는 말이다.

고대 히브리 문화에서는 헬라 문화처럼 진리에 대한 철학적 사변으로 어떤 이치를 밝히는 데 관심을 두는 것이 아니라, 현실과 역사 속에 나타난 존재의 성품에 중점을 두고 '에멧'이란 용어를 사용한다. 다시 말해 에멧은 철학적·논리적 '옳음'보다는 사람이나 말의 '참됨', '진실함', 혹은 '변하지 않는 한결같음'을 의미한다. 이는 이 단어가 '진실한 이웃'(슥 8:16), '진실한 입술'(잠 12:19), '진실을 말하다'(렘 9:5)라는 용례로 사용되는 것에서도 알 수 있다. 똑같은 말을 '진리의 이웃', '진리의 입술', '진리를 말하다'라고 번역하면 무언가 어색하다. 그래서 개역개정역도 로마서 3:7; 15:8의 '알레테이아'를 언약에 대한 하나님의 '참되심' 혹은 '진실하심'으로 번역한다.

그래서 '하나님은 진리시다. 하나님의 말씀은 진리다'라는 성경의 가르침은 그리스 철학의 이론적·명제적 정확성을 말하는 것이 아니다. 대신 '하나님은 한결같이 진실하시고 성실하시다, 그분의 말씀은 정말 믿을 만하다'라는 뜻이다. 히브리인에게 하나님의 '에멧'은 이스라엘의 역사 속에서 거듭된 경험을 통해 검증된, 확실하게 믿을 수 있는 변치 않는 참됨, 진실함을 의미한다. 그리고 이 의미는 헬라어로 기록된 신약성경에도 그대로 반영되었다. 실례로, 요한복음 1:14, 17에서 '충만한 진리', '예수 그리스도로 말미암아 온 진리'는 예수님이 드러내신 것이 바로 하나님의 진실하심과 성실하심이라는 사실을 말해 준다. 또한 요한복음에서 성령을 '진리의 영'이라고 부를 때(14:16-17; 15:26), 이는 참된 영, 즉 신실하고 믿을 만하며 변함없이 한결같은 영이라는 히브리적 의미가 강하다.

이처럼 성경의 진리는 사람들의 삶을 결정하는 참되고 신실하며 변함없고 진실한 성품이다(요 4:23-24; 요일 1:6, 8; 2:4). 이와 관련하여 사람들이 자주 오해하는 구절은 요한복음 8:32이다.

진리를 알지니 진리가 너희를 자유롭게 하리라(요 8:32).

이 구절은 결코 어떤 개념에 대해 알아야 한다고 말하는 것이 아니다. 이 구절은 오히려 그리스도 안에서 구원의 생명을 주시는 하나님의 **신실하심**에 대해 말씀한다. 탄식하던 히브리 백성을 이집트의 노예 생활에서 구원하여 자유를 선사한 것은 어떤 개념에 대한 이해가 아니라 언약을 기억하신 하나님의 신실함이었다. 다시 말해 이 말씀은 구원의 생명을 주시는 하나님의 신실하심이 사람들을 자유롭게 한다는 사실을 가르쳐준다. 결코 철학적 지식을 강조하는 것이 아니다.

더 이상 성경의 진리를 철학적이고 사변적인 원리로 이해하지 말고, 히브리인들처럼 한결같이 진실하신 하나님의 성품으로 이해하자! 다음 성경구절의 '진리'를 괄호 안의 단어로 바꾸어 읽어보라.

만일 우리가 하나님과 사귐이 있다 하고 어둠에 행하면 거짓말을 하고 진리를(진실하게) 행하지 아니함이거니와(요일 1:6).

만일 우리가 죄가 없다고 말하면 스스로 속이고 또 진리가(진실한 성품이) 우리 속에 있지 아니할 것이요(요일 1:8).

2장

어린아이 같아야
천국에 들어간다고?[1]

예수님은 어린아이들이 자신에게 오는 것을 금하지 말라고 엄하게 말씀하셨다. 그뿐 아니라 하나님의 나라를 어린아이와 같이 받들지 않는 자는 결단코 하나님 나라에 들어갈 수 없다고 하셨다.

> 13사람들이 예수께서 만져주심을 바라고 어린아이들을 데리고 오매 제자들이 꾸짖거늘 14예수께서 보시고 노하시어 이르시되 어린아이들이 내게 오는 것을 용납하고 금하지 말라 하나님의 나라가 이런 자의 것이니라 15내가 진실로 너희에게 이르노니 누구든지 하나님의 나라를 어린아이와 같이 받들지 않는 자는 결단코 그곳에 들어가지 못하리라 하시고 16그 어린아이들을 안고 그들 위에 안수하시고 축복하시니라(막 10:13-16).

하나님의 나라는 어린아이와 같은 자의 것이라는 말은 무슨 의미일까? 하나님 나라에 들어가려면 마음이 어린아이처럼 순수해야 한다는 말일까? 사실, 어린아이를 생각하면 보통 천진무구한 순수함이 떠오른다. 눈과 같이 희고 한 점의 때도 없는 순진함! 이것이야말로 천국에 갈 수 있는 중요한 요소가 아닐까? 어른들은 험악한 세상을 살다 보니 세상의 때도 많이 묻고, 속는 일도 많다 보니 쉽게 믿지 못하고 의심부터 한다. 그런 어른들에게는 앞의 본문이 순수하고 단순하게, 가르쳐주는 대로 믿는 어린아이처럼 되어야 천국에 들어갈 수 있다는 교훈으로 들릴 수 있다.

물론, 요즘 초등학생들을 보면 꼭 그렇지만은 않다는 생각이 든다. 경쟁 중심의 치열한 교육 현실 속에서, 자기만 아는 개인주의로 물든 문화 속에서 아이들도 어른 못지않게 힘들게 살아가기 때문이다. 그러나 아무리 아이들이 영악해도 아이는 아이다. 가끔 어린아이들을 보면 나도 모르게 웃음이 나오고 기분이 좋아진다. 세상에 찌들지 않아 티 없이 맑고 고운 아이들의 미소와 눈동자를 바라보면 내 마음도 맑아지는 것 같다. 어린아이처럼 되어야 예수의 사람이 될 수 있겠다는 생각이 저절로 들기도 한다. 더욱이, 한 발짝도 부모 곁을 떠나지 않으려는 어린아이의 모습을 보면 나도 저렇게 하나님을 의지해야 하겠구나 싶다.

어린아이의 의미

그러나 성경 본문에서 어린아이는 이런 순수함, 가식이 없는 존재를 의미하지 않는다. 그러면 어떤 의미가 있는 것일까? 1960년대까지, 학자들은 이 내용을 '어린아이의 수용력'에 대한 이야기로 보았다.[2] 어린아이의 특성이 모든 것을 순수하게 받아들임에 있다고 생각한 것이다. 사실 믿음이란 분명히 선물을 받기 위해 벌린 어린아이의 빈손과 같다. 본문처럼 예수님의 팔에 안겨서 어떤 계산 없이 축복을 순수하게 수용할 수 있는 자세가 믿음이다. 그래서 본문이 말하는 어린아이의 특성은 순수한 마음보다는 어린아이의 '수용적인 자세', 그리고 타인들의 보살핌과 도움 없이는 살아갈 수 없는 '절대 의존 상태'에 있다고 주장한다.[3] 그러나 이는 분명히 하나님 나라가 요구하는 성품임에도, 본문이 말하고자 하는 정확한 의도와는 거리가 멀다.

예수님이 환영한 어린아이들은 어떤 사회적 의미를 가지고 있었을까? 당시 어린아이는 여성이나 가난한 자, 부정한 자와 같이 무력하고 소외된 계층의 사람으로 이해되었다. 사실, 그것은 오늘날도 마찬가지다. 제3세계의 어린아이들을 떠올려보라. 아이들은 비인격적인 대우를 받고 범죄의 희생양이 되어도 스스로를 보호할 만한 힘이 없다. 인류의 역사를 살펴보면 빈곤과 기아가 횡행할 때 어린아이들이 길거리에 버려져 아사하거나 착취당하거나 범죄에 희생되는 예는 어렵지 않게 발견할 수 있다. 『올리버 트위스트』나 『성냥팔이 소녀』 같은 이야기는 그런 상황을 반영한다. 어린아이는 당시 가정과 사회에서 가장

'작은' 자였다. 아이들은 어른에게 종속되었기에 쉽게 지배당하고 착취당했다.

사실, 우리나라에서도 어린아이가 제대로 대접받기 시작한 것은 그리 오래된 일이 아니다. 지금으로부터 100년도 안 된 1920년대 당시, 소파 방정환 선생은 아이들을 인격적으로 대하지 않는 우리 사회에 분개했다. 그래서 "어린이를 내려다보지 마시고 쳐다보아주십시오!"라고 호소했다. 그의 많은 노력으로 말미암아 '애새끼'라는 말이 점차 '어린이'로 바뀔 수 있었다고 한다. 이것만 보아도 사람들이 얼마나 어린아이들을 하대했는지 알 수 있다.

예수님 당시에도 어린아이는 부유층이나 귀족 같은 특권계층이 아닌 한, 좋은 대접을 받거나 권리를 누릴 수 있는 존재가 아니었다. 고대 그리스에서 부모는 신생아를 죽게 내버릴 법적 권리가 있었다. 때론 낯선 사람이 신생아를 데려갔는데, 그런 아이들은 대부분 노예가 되었다. 부모 밑에서 자라더라도 심한 체벌을 피할 수는 없었다. 그중 가장 폭력적이었던 스파르타에서는 강한 군인을 양성하기 위해 7세가 넘은 사내아이들을 막사에 모아 공동생활을 하게 하면서 정기적으로 채찍질과 폭력을 가했다. 의도적으로 음식을 부족하게 제공해 훔치는 기술을 터득하게 했고, 모든 잘못은 심한 채찍질로 다스렸다. 로마의 학교 교육은 스파르타만큼은 아니더라도 꽤 엄격했다. 주로 그리스 출신 노예들로 이루어진 선생들은 학생들을 심한 체벌로 다스렸다. 이는 유대인들도 마찬가지였다. 대부분의 유대인들도 다른 민족들처럼 어린아이들을 천한 존재로 여겼다. 방어 능력도 없고 생산 능력도 없던 어린이들은 어른들에게 복종하는 존재일 뿐, 그 어떤 존중의 대상도 아니었던 것이다.

1960년대 이후, 학자들은 마가복음 9:35-37을 통해 10:15의 말씀을 살피기 시작했다. 그러면서 아이의 성품이 아니라 당시 어린아이의 낮은 사회적 지위에 초점이 맞추어졌다.

> 35예수께서 앉으사 열두 제자를 불러서 이르시되 누구든지 첫째가 되고자 하면 뭇 사람의 끝이 되며 뭇 사람을 섬기는 자가 되어야 하리라 하시고 36어린아이 하나를 데려다가 그들 가운데 세우시고 안으시며 제자들에게 이르시되 37누구든지 내 이름으로 이런 어린아이 하나를 영접하면 곧 나를 영접함이요 누구든지 나를 영접하면 나를 영접함이 아니요 나를 보내신 이를 영접함이니라(막 9:35-37).

마가복음 10:13-16을 포함하는 큰 문맥인 8:22-10:52은 하나님 나라에 들어가기 위해, 그리고 하나님 나라에서 큰 자가 되기 위해서는 반드시 천해지고 낮아져야 함을 반복적으로 강조한다. 이는 제자들이 따라야 할 예수님의 삶이 반영된 것이다. 그래서 저자 마가는 예수님이 당하실 고난과 십자가, 그리고 그 후에 있을 부활을 먼저 언급한다.

> 이는 제자들을 가르치시며 또 인자가 사람들의 손에 넘겨져 죽임을 당하고 죽은 지 삼 일만에 살아나리라는 것을 말씀하셨기 때문이더라(막 9:31).

그러나 제자들은 예수님의 인기를 등에 업고 사회적으로 높아지려는 생각에 사로잡혀 있었다. 그래서 비천하게 낮아지시는 예수님의 수난과 십자가를 전혀 이해하지 못하고 공포만 느꼈다.

> 그러나 제자들은 이 말씀을 깨닫지 못하고 묻기도 두려워하더라(막 9:32).

지금 상황은 예수님이 곧 사람들의 손에 넘겨져 사형을 당할 수 있을 정도로 매우 심각하다. 그런데 제자들은 그 상황에서도 자신들의 사회적 지위에만 관심을 보이며 한심한 논쟁을 벌인다.

> 33가버나움에 이르러 집에 계실새 제자들에게 물으시되 너희가 길에서 서로 토론한 것이 무엇이냐 하시되 34그들이 잠잠하니 이는 길에서 서로 누가 크냐 하고 쟁론하였음이라(막 9:33-34).

예수님은 제자들에게 진정 높아지기 위해서는 세상의 가치관과 정반대로 살아야 함을 가르치고자 하셨다. 그래서 당시 낮고 보잘것없는 약자였던 어린아이를 예로 들어 말씀하셨다.

> 36어린아이 하나를 데려다가 그들 가운데 세우시고 안으시며 제자들에게 이르시되 37누구든지 내 이름으로 이런 어린아이 하나를 영접하면 곧 나를 영접함이요 누구든지 나를 영접하면 나를 영접함이 아니요

나를 보내신 이를 영접함이니라(막 9:36-37).

이런 역설적인 진리가 또 있을까? 가장 낮은 자를 영접하는 것이 가장 높으신 하나님을 영접하는 것이다! 예수님은 어린이를 예로 들어 천한 자를 영접하는 것이 하나님을 영접하는 것이고, 무력하고 천한 자의 자리까지 낮아짐이 진정 높아지는 길이라는 사실을 가르쳐 주셨다. 이처럼 마가복음 9장의 어린아이가 사회적으로 가장 낮은 자와 소외된 자를 의미하는 것은 분명하다. 특히 37절 말씀은 마태복음 25:40을 연상시키는데, 마태복음에서는 어린아이 대신 '작은 자'가 직접 등장한다. 그리고 이 의미는 마가복음 10:13-16에서도 연속적으로 사용된다.

마가복음 10:13-16은 세 단락의 순서로 전개된다. 먼저 사람들이 어린아이들을 데리고 예수님께 나온다. 예수님이 그들을 만져주시며 축복해주시길 원했기 때문이다. 그러나 제자들은 그들을 꾸짖는다. 당시 보편적 인식대로 어린아이를 하찮고 귀찮은 존재로 대한 것이었다. 제자들은 얼마 전에 예수님이 어린아이와 같이 낮은 자리에 서라고 하신 말씀을 잊어버렸다(막 9:30-37). 하나님의 나라를 사회적 신분 상승의 욕망을 채우는 곳으로 엉뚱하게 이해했기 때문이다. 그런 오해로 말미암아 베드로는 하나님의 일을 생각하지 않고 사람의 일만 생각한다고 호된 꾸지람을 들었다.

예수께서 돌이키사 제자들을 보시며 베드로를 꾸짖어 이르시되 사탄

아 내 뒤로 물러가라 네가 하나님의 일을 생각하지 아니하고 도리어 사람의 일을 생각하는도다 하시고(막 8:33).

베드로뿐만이 아니다. 다른 제자들 모두 여전히 영적인 장님 상태였다(참고. 막 8:17-21). 그래서 예수님은 제자들에게 화를 내시면서 아이들이 자신에게 오는 것을 막지 말라고 명령하신다. 하나님의 나라는 어린아이처럼 사회적으로 신분이 낮고 소외된 자들의 것이다.

14예수께서 보시고 노하시어 이르시되 어린아이들이 내게 오는 것을 용납하고 금하지 말라 하나님의 나라가 이런 자의 것이니라 15내가 진실로 너희에게 이르노니 누구든지 하나님의 나라를 어린아이와 같이 받들지 않는 자는 결단코 그곳에 들어가지 못하리라 하시고 16그 어린아이들을 안고 그들 위에 안수하시고 축복하시니라(막 10:14-16).

본문에서 '어린아이와 같이 받든다'는 표현은 낮아짐에 대한 요청이다. 하나님 나라는 천한 자세로 받드는 자에게 주어지는 선물이다.

나가는 말

마가복음 10:14-16에서 어린아이는 결코 이상적인 순수함의 상징이 아니다. 어린아이를 떠받드는 우리 사회에서 이 표현은 새롭게 해석되어야 한다. 여기에서 어린아이의 의미는 전체 문맥인 마가복음

8:22-10:52을 염두에 두어야 올바로 파악할 수 있다. 고대사회에서 어린아이는 그리 존중받지 못했고, 예수님은 당시 어린아이의 낮은 사회적 지위를 마음에 두신 것이다. 제자들은 예수님에게 다가올 고난과 십자가의 죽음을 앞에 두고도 자신들의 사회적 신분상승에만 관심이 있었다. 그러나 예수님은 어린아이처럼 무력하고 공격당하기 쉬운, 천한 자의 위치로 낮아지는 것이 오히려 높아지는 방법이라고 말씀하신다. 하나님 나라는 낮고 천한 자의 겸손과 섬김을 요구하기 때문이다. 천한 자를 영접하는 자는 하나님을 영접하는 것과 마찬가지다.

사람들은 예수님이 자신의 어린아이들을 만져주시기를 원했지만 제자들은 그들을 꾸짖었다. 그러나 예수님은 오히려 제자들을 꾸짖으시며(막 10:13-14) 어린아이를 안아주시고 안수하시고 축복해주시기까지 한다(막 10:16). 이는 세상에서 천하고 낮은 자인 어린아이가 하나님의 나라에서는 고귀한 축복의 대상이라는 사실을 만천하에 드러낸 행동이었다. 하나님 나라는 분명히 낮고 천한 자로 자신을 낮추고 그런 위치에서 하나님 나라를 떠받드는 자에게 주어지는 선물이다. 하나님 앞에서 자기 자신을 중요하게 생각하고 높이는 사람에게는 하나님 나라가 주어지지 않는다.

3장

베드로가
천국의 문지기라고?

베드로가 '천국의 문지기'라는 오해를 받는 이유는 다음과 같은 말씀 때문이다. 이 말씀을 보면 마치 베드로가 천국의 문 앞에서 열쇠를 가지고 문을 열어주어야만 우리가 천국에 들어갈 수 있을 것 같다.

> 내가 천국 열쇠를 네게 주리니 네가 땅에서 무엇이든지 매면 하늘에서 도 매일 것이요 네가 땅에서 무엇이든지 풀면 하늘에서도 풀리리라 하시고(마 16:19).

예수님이 베드로에게 천국 열쇠를 주겠다고 하신 말씀이 무슨 뜻인지 알아보자. 당시 부자들은 집안의 재정과 출납을 관리하는 집사를 두었고 그에게 곳간 열쇠를 맡겼다. 당시 열쇠꾸러미는 오늘날처럼 손에 들고 다니는 작은 것이 아니라 어깨에 메고 다닐 정도로 무겁고 컸다. 곳간 관리 집사는 열쇠를 메고 다니며 주인의 명령대로 곳간의 물건을 정리하고 관리했다. 즉 여기서 베드로는 주인이 시키는 대로 열쇠를 관리하는 곳간 지기로 임명을 받은 것이다. 땅에서 매면 하늘에서도 매이고 땅에서 풀면 하늘에서도 풀리는 권세가 베드로에게 있다는 말은, 베드로가 주인을 위해 일하는 관리인으로서의 역할을 맡았다는 말이지, 문지기로서 천국 문을 열고 닫는 권세를 받았다는 말이 결코 아니다. 따라서 베드로가 천국 문 앞에 서 있을 것이라는 상상은 오해다.

사실, '매다', '풀다'라는 표현은 일종의 은유로서 특별한 의미를 가지고 있다. 유대 문헌에서 '매고 풀다'는 하나님의 계명을 해석해 행동의 허용과 금지를 결정한다는 표현이다. 그런데 예수님은 제자들이 천국의 서기관이라고 말씀하셨다.

> 예수께서 이르시되 그러므로 천국의 제자된 서기관마다 마치 새것과 옛것을 그 곳간에서 내오는 집주인과 같으니라(마 13:52).[1]

마태는 베드로가 땅에서 매면 하늘에서도 매일 것이고, 땅에서 풀면 하늘에서도 풀릴 것이라는 표현을 통해 베드로에게 형제자매에 대한 치리, 용서, 허용과 금지를 결정할 권세가 있음을 강조한다. 훗날 베드로는 이방인에 관한 교회 규정을 결정한다(행 10-11장; 15:7-11). 물론 이 권세는 베드로에게만 주어진 것이 아니다. 마태는 이 권세가 베드로뿐만 아니라 제자들 모두에게, 즉 교회에 주어졌다고 주장하기 때문이다(마 18:18; 참고. 요 20:21-23).

> 17만일 그들의 말도 듣지 않거든 교회에 말하고 교회의 말도 듣지 않
> 거든 이방인과 세리와 같이 여기라 18진실로 너희에게 이르노니 무엇
> 이든지 너희가 땅에서 매면 하늘에서도 매일 것이요 무엇이든지 땅에
> 서 풀면 하늘에서도 풀리리라(마 18:17-18).

> 너희가 누구의 죄든지 사하면 사하여질 것이요 누구의 죄든지 그대로
> 두면 그대로 있으리라 하시니라(요 20:23).

이 말씀은 물론 제자들 자신에게 '죄 사함의 권세'가 있다는 말은
아니다. 그들은 예수님의 제자로서 그분의 뜻대로 죄 사함을 대신 선
포하는 역할을 할 뿐이다. 이런 차원에서 우리는 주인의 뜻을 잘 헤아
리는 천국 곳간 지기로서 맡긴 열쇠를 함부로 사용하지 말고 잘 관리
해야 한다.

제발 천국의 열쇠를 오해하지 말자! 베드로는 천국의 문지기가 아
니다. 천국에는 문지기가 없다. 여기에서 열쇠는 주인의 뜻에 따라 곳
간을 관리하는 집사에게 주어지는 열쇠일 뿐이다. 베드로는 하나님이
시키는 대로 교회 내부의 용서, 치리, 말씀 해석 등의 권한을 관장하는
청지기 역할을 맡았다. 그리고 이 열쇠는 사실 모든 교회 공동체에게
주어진 것이다. 부족한 우리는 하나님의 뜻을 제대로 헤아리지 못하
는 많은 실수를 하지만, 하나님은 우리에게 이 열쇠를 맡기신다.

4장

지옥에 다녀왔다고?[1]

벌코프(H. Berkhof)나 홀튼(Wilko van Holten)의 말처럼 영원한 지옥은 많은 그리스도인에게 회피하고 싶은 주제이고,[2] 코라비(Corabi)의 말처럼 철학적 변증의 도전 앞에서 윤리적으로 다루기가 가장 어려운 내용 중 하나다.[3] 성경에 보수적인 학자들도 지옥에 관해 분명 많은 문제를 느끼는 것은 틀림없다.[4] 하나님의 나라는 소수에게 주어지는 복이다(눅 12:32). 전 세계 인구 중 그리스도인은 아무리 많이 잡아도 삼 분의 일이 안 되고, 그중 상당수는 문화적—진짜라고 보기 어려운—그리스도인이다. 그렇게 보면 인류 역사 전체에서 비그리스도인은 절대다수를 차지한다. 이런 상황에 대해 많은 그리스도인은 그런 것 따지지 말고 지금 당장 영혼 구원을 위해 힘써야 하지 않겠냐는 말로 얼버무린다.

문제는 지옥 형벌의 무시무시함이다. 전통적인 관점에서 지옥은 영원히 화형을 당하는 곳으로 묘사된다. 지옥을 묘사하는 '불'을 은유로 본다고 해도 고통은 현실이다. 화형당하는 고통을 한번 상상해보라. 일 분이 천 년 같을 것이다. 그런데 어떻게 사랑의 하나님이 인간을 십 년, 백 년도 아니고 수억 년도 모자라 영원토록 가장 극심한 고통으로 벌하실 수 있을까?[5] 하나님은 공의로운 분이시지만 동시에 사랑이시다. 인간의 유한한 죄에 무한하고 가장 고통스러운 형벌을 내리는 것이 과연 하나님이 꿈꾸시는 공의의 실현일까?(행 17:31)[6] 아니면 우리의 이성으로 이해할 수 없는 신적인 잔인함인가? 어떤 사람들이 주장하듯 지옥은 구원의 신비를 설명하는 또 다른 측면인가?[7] 물론 구약에는 정의 실현을 위한—현대인들은 받아들이기 쉽지 않지만—다양한 '보복 행위'가 나오며 하나님은 때로 복수의 신으로 묘사되기도 한다(참고. 나 1:2). 그러나 우리가 상상할 수 있는 어떤 형벌도 영원한 지옥 형벌과는 비교되지 않는다. 사실, 이런 고민 가운데 기독교를 거부한 사람 중에는 다윈(Charles Darwin)이 있다. 그는 무한하고 영원한 징벌을 내리는 잔인한 신을 도저히 받아들일 수 없었던 것이다.

그간 기독교 안에서도 영원한 지옥을 받아들이기 난감한 이들이 영혼소멸설, 만인구원설, 연옥설 등의 신학적인 제안을 해왔다.[8] 그중 연옥설은 복음주의 성서학계에서 성경적 근거가 몹시 미약하다고 평가되었다. 그러나 영혼소멸설과 만인구원설의 한 종류인 제한적징계설은 현재 가장 도전적인 가설 중 하나로서 복음주의 성서학자 사이에서 논쟁이 되고 있다.[9] 영혼소멸론자들은 성경에서 악인의 최후인 영원한 징벌이 바로 존재 자체의 영원한 소멸이라고 가르친다. 또한

"영원한 지옥이 유한한 죄에 관한 유한한 징벌인가, 아니면 유한한 죄에 관한 무한한 징벌인가?" 혹은 "무한한 징벌이란 하나님이 죄에 대하여 영원하게 징벌하는 것이라기보다는 사랑의 하나님을 거부한 인간 스스로 당할 잔혹한 운명인가?"[10]라는 질문도 점점 그 중요성이 커지고 있다.

그럼에도 불구하고 성서학계에서 지옥을 전문적으로 연구하는 학자들이 그리 많은 편은 아니다. 신약성경이 구약성경보다는 사후세계에 대해 많은 내용을 다루지만, 충분한 내용을 제공하는 것은 아니기 때문이다. 성경은 지옥에 관하여 무엇을 말하는가? 어려운 질문이지만 피하지 말고, 혹시 우리가 지나친 선입견을 가지고 있는 것은 아닌지 돌아보면서 성경에 나타난 내용을 하나씩 살펴보자.

지옥이란?[11]

'불신자들이 영원히 불타면서도 소멸하지 않고 끊임없이 고통만 당하는 곳'으로서의 지옥 개념은 역사적으로는 중세시대에 처음 신학화되었다. 동방을 중심으로 하는 초대교회에서는 500년 동안 만인구원론(universalism)이 득세하고 있었지만,[12] 최초의 라틴 교부 테르툴리아누스(Tertullianus, 160?-225?)는 플라톤주의의 영혼불멸설을 수용하면서 "모든 영혼은 불멸하기 때문에 악인에 대한 형벌도 영원하다"라고 주장했다. 또한 그는 "한 푼이라도 남김이 없이 다 갚기 전에는 결코 거기서 나오지 못하리라"라는 마태복음 5:26을 해석하면서 영혼이 영광의 부활을 하기 위하여 세상에 있을 때 지은 죄를 정화받아야 한다는 연옥교리를 만들었다. 주후 3세기 카르타고의 주교 키프리아누스(Thascius Caecilius Cyprianus)도 저주받은 자들은 영원히 지옥에서 불태워질 것이고 그 고통은 절대 줄어들지 않을 것이라고 했다.

지옥의 위치에 대해서도 많은 논란이 있었다. 중세시대에 어떤 이들은 지옥이 뜨거운 태양 안에 있다고 믿었지만 대부분의 사람은 지옥이 땅 밑에 여러 층과 방으로 이루어져 있다고 믿었다. 지옥에 대한 상상은 주후 14세기에 쓰인 단테의 『신곡』에서도 자세하게 묘사되었다. 그러나 이러한 상상은 가톨릭 안에서도 오래가지 못했다. 교황 바오로 2세는 지옥을 하나님이 죄인을 징벌하시는 장소가 아니라 하나님으로부터 단절된 인간이 자연스럽게 겪을 수밖에 없는 고통의 장소라고 했다.

구약의 지옥

구약의 주된 관심은 사후가 아니라 하나님의 언약 가운데 사는 이 땅에서의 삶이었다. 그러기에 현대 그리스도인에게 익숙한 지옥이란 개념을 구약에서 발견하기란 쉽지 않다. 구약성경에는 주로 무덤, 음부로 번역된 '스올'이란 용어가 나오는데 정확한 의미는 알 수 없다. 대체로 이곳은 죽은 자들의 거처다. 이 용어는 수메르와 바빌론 신화에서 지하세계를 의미하는 '이르칼라'의 히브리 버전이다. 죽은 자들이 사후에 거하는 지하세계에 대한 믿음은 고대 근동에 널리 퍼져 있었

신앙, 그 오해와 진실

다. 오직 이집트에서는 파라오 같은 최상위 계급만이 이런 운명에 얽매이지 않았다. 파라오는 지상을 다스리는 신이었고 그가 죽으면 신과 연결해주는 특별한 제의와 함께 미라가 되어 부활을 준비했다.

당시 히브리인들에게도 주변 근동 문화를 넘어선 죽음 이후에 대한 발전된 사상은 발견하기 어렵다.[13) 스올(שְׁאוֹל)은 원래 무덤(참고. 욥 17:13-16; 시 30:3; 49:14; 사 14:11) 혹은 죽음의 세계(참고. 왕상 2:6, 9; 시 89:48; 116:3; 잠 5:5; 아 8:6; 사 28:15, 18; 호 13:14; 합 2:5)를 의미했다. 그러나 점차 이는 죽은 자의 영역이라는 의미로 발전하면서(욥 26:5-6; 사 14:9-10) 모든 인간이 사후에 가야 하는 보편적 운명의 장소로 나타난다(전 9:10).

엄밀하게 말하면, 구약의 스올은 신약의 지옥과 같은 개념이 아니다.[14) 스올이 악인에게 사후 징벌, 의인에게 영생의 장소가 되는지가 명확하지 않기 때문이다. 죽음은 모두에게 임하기에 이곳은 악인만 가는 장소가 아니다(시 9:17; 31:17; 49:13-14). 이곳은 악인뿐만 아니라(참고. 민 37:5; 사 38:10; 시 39:3, 9) 의인(참고. 창 37:35; 시 30:3, 9; 사 38:10), 왕이나 평민 할 것 없이 누구나 다 가는 곳이다. 구약에서 스올은 기본적으로 하나님과 세상으로부터 '분리된 곳'이다.

이곳은 캄캄하고 흙먼지(욥 17:16)와 벌레들이 우글거리는 곳이다(욥 17:14; 24:19-20; 사 14:11). 이곳에 있는 자는 죽은 자와 같고, 사랑이나 미움, 시기도 없고, 상을 받을 수도 없으며(전 9:5-6) 그저 의식 없이 아지랑이 같은 그림자로 침묵 속에 존재할 뿐이다(참고. 시 6:5; 31:17; 사 28:18). 그래서 살아 있는 개가 죽은 사자보다 낫다(전 9:4). 스올에는

"일도 없고 계획도 없고 지식도 없고 지혜도 없다"(전 9:10). 사후에 인격적인 존재로 살아남을 가능성의 소망 자체는 점진적인 계시를 기다리는 가운데 희미할 뿐이다.[15] 구약 시대에는 사후 하나님과 함께하는 영생의 개념이 확실하지 않았기에 스올은 의인들이라도 가기를 원하지 않았다(시 6:5; 사 28:15; 겔 32:17-32). 그곳에서는 누구도 "주를 찬양할 수 없고 누구도 주께 감사할 수"(시 6:5) 없다. 구약 시대의 사람들은 스올로 내려가 그 문을 지나면(사 38:10) 누구도 돌아올 수 없다고 믿었다(욥 7:9-10; 사 38:10, 18).

그러나 부활에 관한 소망이 점진적으로 계시되었다(단 12:2). 스올의 의인들에게는 미래의 희망이 있다는 사상이 전개되기 시작한다(삼상 2:6; 욥 14:13; 시 16:10; 49:15; 호 13:14). 요한계시록은 이러한 사상을 반영하면서 스올을 죽음이 다스리는 나라요 죽은 자들이 부활할 때까지 머무는 곳으로 소개한다(계 1:18; 20:13).

70인역, 외경 등 헬라어로 쓰인 유대문헌에서 스올은 하데스(ἄδης)로 번역된다. 원래 하데스는 그리스 신화에서 지하세계를 다스리는 신의 이름이다. 하데스는 지하세계의 제우스라 할 수 있다. 실제로 신화에서 하데스는 제우스의 형제다. 그런데 '하데스'라는 어휘의 의미는 점차 확장되었고 무덤, 사자(死者), 사자(死者)의 세계, 조상 모두를 의미할 수 있었다. 혹은 죽은 자의 프쉬케(ψυχή), 즉 영혼이 거하는 곳을 의미하기도 했다.

그러나 헬라 문화에서 하데스는 악인이 벌을 받는 지옥이 아니다. 오늘날에는 프쉬케를 주로 개인 고유의 영혼으로 번역하지만, '죽은 자의 프쉬케'는 결코 플라톤이 주장한 개인 고유의 영혼으로 볼 수 없다. 프쉬케는 그냥 죽으면 떠나는 인간의 '생명력'에 가깝다. 죽은 자의 프쉬케(생명력)는 어떤 의식도 없고 돌아올 수 없는 그곳에서 그저 그림자와 같은 존재로 영원히 잠들어 있을 뿐이다. 오디세우스나 오르페우스의 신화에서처럼 죽은 자의 프쉬케를 잠시 깨울 수는 있지만, 그 또한 결국 허사로 돌아간다.

인간은 죽은 자를 살릴 수 없지만, 외경은 하나님이 사람을 죽이기도 하시고 죽은 자를 하데스로부터 살려낼 수도 있다고 묘사한다(토비트 13:2; 지혜서 2:1; 16:13; 집회서 48:5). 여기서도 하데스는 형벌의 장소가 아니다. 하데스는 의식 없이 거하는 곳이므로 살아생전처럼 하나님을 찬양할 수는 없다(집회서 17:27; 41:4).

그러나 그 외 문헌에서는 하데스가 인간의 보편적 결국이라는 내용과 함께 어렴풋이나마 악인에 관한 징벌의 개념이 등장한다.[16] 주전 300년경에 쓰인 것으로 알려진 에녹1서에서도 형벌의 장소로 음부가 소개되는데 내용은 일관성이 없다. 어떤 곳에서는 악인이 영원한 징벌을 받아 의인들의 구경거리가 될 것이라 하면서, 다른 곳에서는 그들이 영원히 소멸할 것이라고 말한다.[17] 때로 이곳은 부활 때까지 머무르는 일시적인 거처로 소개된다.[18]

구약성경에서 지옥을 가리킨다고 볼 수 있는 또 다른 단어인 게헨나(γέεννα)는 원래 예루살렘 성문 바깥 남서쪽에 있는 골짜기로서 히브리어 '게 벤 힌놈'(גֵּי בֶן־הִנֹּם)을 헬라어로 음역한 것이다. 우리말 성경은 이를 '힌놈의 골짜기' 혹은 '힌놈의 아들의 골짜기'로 번역했다(수

15:8; 18:16). 이곳은 아하스와 므낫세 시대에 몰렉에게 제사를 지내던 곳으로서 아하스는 심지어 이곳에서 자녀를 번제로 바쳤다(왕하 16:3; 대하 28:3; 33:6). 선지자들은 이곳을 하나님의 큰 심판이 임할 대학살과 폐허의 장소로 묘사한다(렘 7:30-33; 19:1-13; 32:34-35; 참고. 레 18:21; 왕하 23:10; 사 31:9; 66:24). 나중에 이곳은 장례가 허용되지 않은 '부정한' 시체들을 버리는 곳이 되었다.

구약성경 이외의 문헌에서 게헨나는 주로 최후 심판의 장소로 묘사된다. 이곳은 불 혹은 흑암 속에서 이를 갈게 되는 곳이다.[19] 선한 이의 영혼은 새로운 몸을 받지만, 악인은 영원한 징벌을 받는다는 암시도 있다.[20] 현존하는 고대 유대문헌 중 스올과 게헨나가 동일시되는 곳은 딱 한군데에서만 발견된다.[21] 의인은 게헨나에 들어가지 않으며 오직 우상 숭배자와 부도덕한 죄인, 가난한 자를 돌보지 않은 자, 여인의 말을 너무 많이 들은 자와 같은 죄인들이 가는 곳이다.[22] 이곳은 철저히 응보의 장소로 죄의 경중에 따라 징벌의 시간이 정해지지만,[23] 극악무도한 악인은 이곳을 벗어날 수 없다.[24] 오늘날 유대교에서 게헨나는 주로 형이상학적으로 이해되고 있다.[25]

신약의 지옥

신약성경에 등장하는 단어로서 지옥을 의미한다고 볼 수 있는 것에는 게헨나, 하데스, 타르타로스(τάρταρος, 벧후 2:4)가 있다. 헬라 문헌에서 타르타로스는 살아 있을 때 신들을 모욕한 왕 탄탈로스와 시시포스와 같은 자들이 영원토록 고문을 당하는, 바닥이 없는 깊은 구덩이다. 그러나 신약에서 타르타로스는 범죄한 천사들이 영원한 징벌을 당하는 곳으로서(벧후 2:4) 인간과는 관계가 없다. 따라서 여기에서는 게헨나와 하데스만 다루겠다.

게헨나는 신약성경의 12구절에 나온다(마 5:22, 29, 30; 10:28; 18:9; 23:15, 33; 막 9:43, 45, 47; 눅 12:5; 약 3:6). 게헨나는 시체들을 태우고 태운 재를 버리는 장소로 심판에 관한 이사야의 마지막 환상의 배경이다(사 66:24). 예수님 당시의 이곳은 쓰레기 소각장으로서 불쾌한 기운의 불이 꺼지지 않고 있었다. 이 사실을 잘 알고 계셨던 예수님은 게헨나의 이미지를 활용하여 악인이 죽음 이후 받을 징벌로 불 심판을 말씀하셨다. 그런데 복음서에서 이 징벌이 얼마나 오래갈지에 대한 언급은 없다.[26)]

하데스는 신약성경의 11구절에 나온다(마 11:23; 16:18; 눅 10:15; 16:23; 행 2:27, 31; 고전 15:55; 계 1:18; 6:8; 20:13, 14).[27)] 하데스는 죽음의 세계를 의미하면서 교만한 가버나움에 대한 심판(마 11:23), 음부의 권세를 지닌 교회(마 16:18), 자비 없는 부자와 거지 나사로의 사후 반전(눅 16:23), 예수의 부활(행 2:27, 31), 그리스도인의 부활(고전 15:55)과 관련하여 사용되었다. 또한 하데스는 요한계시록에 자주 등장한다. 여기서 하데스는 죽음과 짝을 이루는 초자연적인 상징으로서 악인을 징벌하는 곳이다(계 1:18; 6:8; 20:13, 14). 그런데 요한계시록은 고도의 상징 언어를 사용하기에, 하데스에 대한 묘사를 지옥에 대한 직접 묘사로 보기는 어렵다. 누가복음 16:23에서는 사후 징벌에 관한 장소로 하데스가 등장하며 이는 게헨나의 의미와 유사성을 가진다. 흥미로운 점은 여기에서도 징벌이 얼마 동안 지속할지에 대한 언급이 없다는 사실이다.

보통 유대문헌에서는 악인이 징벌받는 곳을 나타낼 때 하데스보다는 게헨나를 사용한다. 그런데 예수님의 가르침에서는 하데스와 게헨나의 구분이 분명하지 않다. 예수님은 부자와 나사로의 이야기를 하시면서 죽은 자는 하데스에서처럼 게헨나에서도 몸을 가진 채로 있게 되고, 죽은 자가 그곳에서 고통당하는 동안 이 땅의 삶은 여전히 계속되고 있음을 말씀하셨다(눅 16:27-31). 물론 이 비유는 교훈을 위한 상징 언어를 사용했을 가능성이 높다. 게헨나와 하데스는 모두 미래의 심판을 위해 대기한다(마 5:22; 11:23; 23:33; 눅 10:15). 요한계시록 20:14은 하데스 자체의 종말을 말하는 것으로도 해석할 수 있다. 한편, 바울서신에는 하데스라는 어휘가 나타나지 않는다. 이는 아마도 헬라인에게 하데스는 유대적인 형벌의 장소가 아니기 때문인 것 같다. 대신 바울은 이방인도 이해하기 쉽도록 추상적 개념인 하나님의 진노, 영원한 멸망, 파괴 및 상실로 이를 표현한다(롬 1:18; 9:22; 빌 3:19; 살후 1:9; 2:10).[28]

지옥을 묘사하는 표현들에 대해 생각해보자. 우선 불은 지옥의 고통을 묘사할 때 공통으로 언급되는 요소다. 그런데 '지옥 불'은 근본적으로 이 세상에 속한 것이 아닌—피조세계나 인간의 경험에서 찾을 수 없는—어떤 고통의 상징으로서 하나님에게서 떨어져 나가는 멸망과 징벌에 대한 은유적 표현으로 보인다. 이외에도 '어둠', '울며 이를 간다'는 표현이 마태복음에 나온다(마 8:12; 22:13; 25:30; 참고. 계 14:10; 20:10; 21:8). 불과 어둠, 울며 이를 간다는 것은 모두 고통을 표현한다. 이러한 표현들을 보면 지옥의 위치에 관한 사변은 무의미해진다. 지옥에 대한 성경의 표현들은 지각의 영역 밖에 있는 파멸의 우주적·객관적 양상을 나타낸다. 즉 성경에 나타난 지옥에 관한 묘사는 인간이 상상할 수 있는 한도 내에서 은유로 표현된 것일 뿐이다.

예수님이 음부(지옥)에 내려갔다는 사도신경의 원래—한글 사도신경에는 생략된—내용은 그가 지옥 불의 형벌을 받았다는 이야기는 아닐 것이다. 이는 그리스도가 죽음의 권세에 넘겨져 더는 이 땅에 속한 존재가 아니었지만 그렇다고 아직 하늘에 속한 영화로운 상태도 아니었음을 암시한다. 구속이 아직 완성되지 않은 상태에서 그가 지옥에 내려갔다는 것은 곧 죽음의 상태를 말한다. 이는 가장 극단적인 자기비하 사건으로서 성육신의 절정이라 할 수 있다. 예수님은 모든 지옥 상태까지 극복하고, 즉 승리하여 부활·승천하신 것이다.

영혼소멸설 [29]

그간 지옥에 관한 새로운 제안들이 있었지만 그중 많은 논쟁을 불러일으킨 것은 "지옥이 영원한 소멸, 혹은 영원한 징벌의 의미인가"라는 질문이다. 일부이긴 하지만 복음주의 내에서도 존 스토트(John Stott)와 같이 지옥을 영원한 소멸의 장소로 보는 이들이 있다. 영혼소멸설이 근거로 삼는 주요 구절 중 하나는 데살로니가후서 1:8-9이다.

8하나님을 모르는 자들과 우리 주 예수의 복음에 복종하지 않는 자들에게 형벌을 내리시리니 9이런 자들은 주의 얼굴과 그의 힘의 영광을 떠나 영원한 멸망의 형벌을 받으리로다(살후 1:8-9).

신약성경의 일부 본문은 '소멸한다'와 '불탄다'라는 이미지를 동시에 사용하여 악인들이 사후 불태워져 소멸할 것을 말한다(마 7:19; 10:28; 13:40, 42, 50; 요 15:6). 이외에도 악인의 최종적인 소멸을 암시하는 구절들로는 마태복음 3:10, 12; 26:24; 빌립보서 1:28; 데살로니가후서 1:9이 있다. 이러한 구절들을 근거로 소멸론자들이 주장하는 바를 그들의 입장에서 정리해보자.

우리에게 익숙한 단테의 『신곡』에 나오는 지옥에 대한 묘사는 사실 중세시대에 만들어진 것이다. 그에 따르면 인간은 사후에 문자적으로 영원한 지옥 불 가운데서 영원히 징벌을 받는다. 그런데 이는 중세에 유행했던 플라톤의 '영혼불멸설'과 성경의 '하나님의 사후 심판 사상'이 혼합되어 만들어진 교리다. 영혼이 불멸하니 하나님의 징벌을 영원히 받을 수밖에 없다는 것이다. 그러나 '불멸'이란 오로지 하나님에게 속한 성품으로 피조물에 부여된 것은 아니다. 불멸은 오로지 영광의 부활로 구원받는 자에게 허락되는 하나님의 선물이다. 사실, 성경은 어디서도 '불멸'과 '영혼'을 연결하지 않는다. 따라서 '불멸하는 영혼'이란 플라톤주의 혹은 영지주의에 근거한 발상이다. 악인과 불신자의 운명인 지옥의 불과 멸망(destruction)은 소각, 소멸의 의미가 강하다. 지옥이 영원히 꺼지지 않는 불이라는 의미는 형벌이 영원하다는 뜻이 아니라 그 어느 것도 반드시 소각될—소멸될 혹은 멸망할—
수밖에 없는 곳이라는 뜻이다.

성경의 '영원'이라는 용어에 대한 이해의 차이는 많은 오해를 일으
킨다. 예를 들어, 유다서 1:7은 "소돔과 고모라와 그 이웃 도시들도 그
들과 같은 행동으로 음란하며 다른 육체를 따라 가다가 영원한 불의
형벌을 받음으로 거울이 되었느니라"라고 한다. 이에 대해 대부분의
사람들은 소돔과 고모라가 영원한—꺼지지 않는—불의 형벌을 받았
다고 생각한다. 그러나 소돔과 고모라가 지금까지 불타고 있는 것은
아니다. 베드로후서 2:6은 "소돔과 고모라 성을 멸망하기로 정하여 재
가 되게 하사 후세에 경건하지 아니할 자들에게 본을 삼으셨으며"라
고 말한다. 즉 소돔과 고모라가 불로 태워진 결과가 영원한 것이지, 불
타는 기간이 영원한 것은 아니다. 영원한 지옥 불도 이처럼 이해할 수
있다. 말라기 4:1에서 "그들을 살라 그 뿌리와 가지를 남기지 아니할
것"이라고 할 때도 완전한 소멸을 의미할 뿐이다.

앞에서 언급한 내용들을 근거로 소멸론자들은 '조건적 불멸설'을
주장한다. 그들의 주장에 따르면 영원한 징벌이라는 개념은 헬라 문
화의 영혼불멸설을 근거로 탄생한 것으로서 성경적이지 않다. 성경에
서 불멸은 오직 하나님께 속한 성품이다. 피조물인 인간이 불멸의 존
재가 되는 길은 하나님께 종속되어 그리스도의 부활에 참여함으로만
가능하다. 또한 바울서신에 지옥이라는 표현이 나타나지 않는 것도
영혼소멸설에 힘을 싣는다. 바울은 추상적으로 영원한 파멸, 파괴 및
상실로 이를 표현한다(롬 9:22; 빌 3:19; 살후 1:9; 2:10). 즉 바울의 견해도

불신자의 운명을 불멸하는 영혼에 대한 영원한 징벌로 보기보다는 영혼의 소멸로 보는 것에 가깝다. 그뿐 아니라 인간의 유한한 죄에 대한 무한한 지옥이라는 징벌은 하나님의 정의로운 속성에도 맞지 않는다.

이처럼 소멸론자들은 성경이 악인의 멸절을 가르친다고 결론 내린다. 따라서 영혼소멸설은 만인구원론과 다르다. 영혼소멸설을 주장하는 학자들은 예수 그리스도의 구원만이 멸망에서 벗어날 수 있는 영생의 길임을 천명한다. 그들에게 있어 지옥은 '영원한 잃어버림의 상태', 하나님으로부터 '영원히 분리됨'이다.

유한한 징벌

지옥은 영원하지만 형벌이 영원하지는 않다고 주장한 이들이 있다. 그들의 주장에 따르면 악인들은 영원한 지옥에서 죄에 따라 징벌을 체험하지만, 그 기간은 제한되어 있다. 인간의 유한한 죄에 대한 영원한 형벌은 하나님의 정의에 어긋나기 때문이다.[30] 이런 주장들은 특히 20세기 후반부터 제기되기 시작했다. 브루스(F. F. Bruce)와 그린(Michael Green), 휴스(Philip E. Hughes), 무디(Dale Moody), 피녹(Clark H. Pinnock), 스크로지(W. Graham Scroggie), 엘리스(E. E. Ellis),[31] 웬함(J. W. Wenham),[32] 퍼지(E. W. Fudge),[33] 포위스(D. Powys) 등 다양한 학자들이 다양한 방식을 통해 영원한 지옥이 반드시 영원한 징벌을 의미하지는 않는다고 주장한다.[34]

그들이 볼 때, 지옥의 효력은 영원하지만 징벌이 영원하지는 않다.

성경은 영원한 지옥을 말할 뿐 징벌이 영원하다고 말하는 구절은 실제로 어느 곳에도 없다. 또한, 유한한 죄에 대한 무한한 징벌의 요구는 하나님의 성품과 어울리지 않는다. 그리스도가 궁극적으로 우주를 통치하실 완성의 때에는 악이 더 이상 존재하지 않아야 모순이 없다(고전 15:28; 엡 1:10; 빌 2:10-11).

이런 주장은 현대 주류 유대교의 주장과 비슷하다. 전통 유대교에서는 지옥 형벌이 가장 길 때 1년 정도까지라고 제한한다. 히틀러 같은 희대의 악인도 1년 정도면 죗값을 치르고 회개한다는 것이다.

전통적인 견해

지옥을 아무도 빠져나올 가능성이 없는 영원한 징벌의 장소로 강조한 신학적인 기원은 테르툴리아누스다. 이러한 전통적인 견해는 이후 아우구스티누스, 칼뱅, 조나단 에드워즈에 의해 계승되었고, 최근에는 브레이(G. Bray), 하몬(K. S. Harmon), 포슨(D. Pawson), 피터슨(R. A. Peterson) 등이 같은 주장을 한다.

전통적인 견해에 의하면 마태복음에서 하데스는 악에 대한 영원한 징벌과 관련되어 있다(마 5:22, 29-30). 지옥을 설명하는 불(마 25:41; 유 1:7), 징벌(마 25:46), 멸망(살후 1:9), 심판(히 6:2)은 모두 영원한 것으로 묘사되고, 이는 육체적·정신적·영적인 모든 고통을 주는 영구적인 징벌을 의미한다. 특히 영생과 영벌을 나란히 언급하는 마태복음 25:46은 피하기 어려운 증거 본문이다. 즉 의인이 영원한 복락을 누린다면 그와 상응하는 악인의 징벌도 영원할 수밖에 없다. 죄는 그 크기나 유한성에 관계없이 근본적으로 하나님과의 관계 단절의 원인이다. 하나님과 관계가 끊어졌다는 사실은 이미 무한한 심판의 상태를 의미한다.

최근 주목받는 대중적인 신약학자 톰 라이트(Tom Wright)는 지옥에 관해 흥미로운 주장을 펼친다. 그는 루이스(C. S. Lewis)의 견해와[35] 마찬가지로 지옥이 하나님을 경배하는 것을 거부하는 인간들이 스스로 선택한 곳일 뿐, 하나님이 보내시는 곳은 아니라고 주장한다.[36] 이는 지금 세상에서도 마찬가지다. 하나님을 섬기는 사람은 하나님의 형상을 회복하지만, 섬기기를 거부하는 이들은 점점 비인간화되어 결국 하나님을 반영하지 못하는 존재가 되어간다. 이들은 자기가 경배하는 우상, 즉 돈, 권력, 섹스 등의 노예로 살아간다. 이 일은 사후에도 일어난다. 그들은 이전에는 사람—하나님의 형상—이었으나 죽음 이후에는 자신들의 선택으로 더는 사람이 아닌—하나님의 형상이 없는—존재로 변한다.

톰 라이트에게 지옥은 우상 숭배의 극단을 체험하는 곳이다. 악인들도 부활하지만 오로지 탐욕, 즉 자기 사랑과 자기 경배에 빠져 살게 된다. 지상에서도 성에 탐닉하는 사람은 더욱 성을 탐닉하게 되고, 돈을 사랑하는 사람은 더욱 돈을 사랑하게 되어 인간의 형상이 아닌 자기가 숭배하는 우상을 닮아가는 것처럼, 그들은 악마의 형상을 스스로 선택한다. 하나님을 경배하는 것을 거부하는 자들은 자신의 선택으로 탐욕의 제국, 아비규환을 만들고 산다.[37] 사람이 하나님의 형상을 회복할 기회는 살아 있을 때뿐이다. 하나님을 경배하지 않던 자가 죽으면 오직 마귀의 형상밖에 남지 않기 때문에 그들은 하나님을 경배할 수 없고 따라서 영원히 회개하지 않는다. 결국 지옥은 '참 인간됨의 길을 저버린 사람들이 지속해서 있게 될 상태'다.[38]

　이와 같은 톰 라이트의 견해는 매우 현대적인 접근이다. 그의 견해는 현대 서구인들에게 호소력이 있지만 성경의 지옥이 정말 그러한 곳인가에 대해서는 의문이 든다. 성경적인 근거가 미약한 추론에 불과하기 때문이다. 사실, 지옥은 정의할 수 없는 용어다. 랍비 카츠 (Rabbi Dr. David Katz)에 따르면 성경의 지옥은 형이상학적인 곳이다.[39] 즉 지옥은 장소나 시간의 개념 안에 존재하지 않는다. 우리는 지옥을 물리적으로 정의할 수 없다. 즉 지옥이 어떤 곳인지 측정하고 평가할 수 있는 방법은 없다. 물리적 세계에서 지옥과 같은 비물리적 세계를 온전히 이해할 방법은 없기 때문이다. 이곳이 나쁜 곳이라는 사실은 분명하지만, 우리는 지옥에 대해 자세하게 알 수 없다. 성경에서 지옥은 하나님의 공정한 심판에 관한 이해를 돕는 용어다. 하지만 지옥을 불타는 공간으로 이해해서는 안 된다. 죄가 심판받는 것은 분명하지만 지옥 징벌에 대한 어떠한 물리적 서술도 은유에 머물 뿐이다.

나가는 말

현재 복음주의 내에서 벌어지는 지옥에 대한 논쟁은 지옥의 유무에 대한 것이 아니라 지옥의 성격에 관한 것이다. 미로슬라브 볼프 (Miroslav Volf)의 말처럼, 포용이 있으면 배제는 불가피하기에 하나님이 그분의 백성에게 허락하시는 복되고 아름다운 구원의 선물을 거부하는 자는 배제될 수밖에 없다.[40] 이 배제는 어떤 모습일까? 성경에 묘사되는 '영원한 지옥'이 말 그대로 '끝없는' 징벌인지, 아니면 '제한적' 징벌인지에 관한 논쟁은 매우 흥미롭다. 두 진영 모두 성경의 근거를 가지고 주장을 펼치고 있기 때문이다.

그러나 지금까지 살펴본 결과, 영혼소멸설이나 제한적 징벌과 같은 주장은 성경의 전체적인 맥락에 부합하지 않는다. 모두 '영원한 징벌'을 말씀하는 성경 구절과 대치될 수밖에 없다. 소멸론자들은 심판의 결과가 영원하지, 심판 행위의 기간이 영원한 것은 아니라고 주장한다. 그러나 성경에서 '영원'이란 용어는 심판뿐만 아니라 지복(至福)에도 연관되어 있다(마 25:46). 구원받은 자들의 끊임없는 기쁨은 악인의 끊임없는 징벌과 병행되는 것이다.

사실, '영원한 형벌'은 우리의 상상력을 벗어나는 주제다. 성경에 나오는 지옥에 대한 묘사는 이 세상에 속한 유한한 언어를 사용하여 인간 인식의 한계를 넘어서는 세상을 표현한 것에 불과하다. 우리는 부활한 몸이 느낄 지복 상태를 정확하게 알 수 없듯이 영원한 형벌의 의미도 다 알 수 없다.[41] 우리는 제한된 경험과 생각의 한계로 말미암아 부활 이후의 삶에 대하여 어렴풋이—거울로 보는 것같이(고전 13:12)—알 수밖에 없듯이, 영원한 형벌에 대해서도 어느 정도만 알 수 있을 뿐이다. 또한 영원한 심판은 복음전파를 위한 긍정적인 목적으로 사용되어야 한다. 따라서 우리는 절대로 잃어버린 자를 향한 슬픔의 눈물 없이 지옥을 말해서는 안 된다.

인간의 이성으로 검증이 불가능한 사후의 문제는 하나님의 고유권한이다. 인간이 벌이는 이성적 논의란 한계가 있다. 사랑과 정의의 기준에 어긋남이 없으시고 실수나 오류가 없으신 하나님을 전제한다면, 단지 먼지에 불과한 인간이 하나님의 고유권한을 판단한다는 것은 있을 수 없는 일이다. 우리는 사후가 분명히 가장 올바른 상태일 것을 믿어야 한다. 중요한 사실은 지옥이 실재하며 하나님과의 영원한 분리를 인식하는 공간이라는 점이다. 성경은 하나님의 궁극적인 부재가 곧 지옥임을 말한다. 아무튼, 단테의 『신곡』으로 대표되는 지옥 개념은 수정되어야 할 것 같다.

5장

우리가
왕 같은 제사장이라고?

교회에서 즐겨 부르는 찬양 중, 성도들을 '왕 같은 제사장'이라고 표현하는 찬양이 있다. 그 찬양은 베드로전서 2:9을 바탕으로 한다.

> 그러나 너희는 택하신 족속이요 왕 같은 제사장들이요 거룩한 나라요 그의 소유가 된 백성이니 이는 너희를 어두운 데서 불러내어 그의 기이한 빛에 들어가게 하신 이의 아름다운 덕을 선포하게 하려 하심이라 (벧전 2:9).

여기에서 '왕 같은 제사장'은 헬라어 '바실레이온 히에라튜마' (βασίλειον ἱεράτευμα)의 번역이다. 사실, 이 어구는 '왕 같은 제사장들'이나 '왕의 제사장들'로 번역할 수 있다. 그래서 개역한글과 개역개정 성경은 이를 '왕 같은 제사장들'로 번역했고, 표준새번역은 '왕의 제사장들', 공동번역은 '왕의 사제들'이라고 번역했다. 어떤 번역이 더 충실한 번역일까? '왕 같은 제사장'은 제사장 기능을 수행했던 솔로몬 왕과 같은 제사장을 가리킨다. 그러나 이 구절이 출애굽기 19:6의 반영임을 고려하면 왕실을 위해 일하는 왕의 제사장들을 의미한다고 보는 편이 더 설득력 있다. 여기서 왕은 당연히 하나님이시다!

> 너희가 내게 대하여 제사장 나라가 되며 거룩한 백성이 되리라 너는 이 말을 이스라엘 자손에게 전할지니라(출 19:6).

> 너희의 나라는 나를 섬기는 제사장 나라가 되고, 너희는 거룩한 민족이 될 것이다. 너는 이 말을 이스라엘 자손에게 일러주어라(출 19:6, 표준새번역).

NIV, KJV, ASV 등 다양한 주요 영어 성경은 모두 이를 '왕실 제사장'을 의미하는 'a royal priesthood'로 번역한다. 영어에 약하신 분에게 도움을 주기 위해 설명하자면, 영어에서 Royal guard는 왕실 근위대를 지칭한다. 즉 '왕 같은 근위대'가 아니고 '왕을 위한, 왕의 근위대'다! 근위대가 왕 같으면 왕에게 죽지 않을까? 마찬가지로 우리는 왕 같은 제사장이 아니라 왕을 위한 제사장이다.

6장

아가페가
신적 사랑이라고?[1]

많은 사람들이 헬라어의 사랑을 셋으로 나누어 이야기한다. 에로스(ἔρως)는 에로틱한 육체적 사랑이고, 필리아(φιλία)는 우정과 같은 사랑, 그리고 아가페(ἀγάπη)는 조건 없는 신적인 사랑이라는 것이다. 그러나 실제 여러 가지 연구 결과를 종합해보면 그런 분류는 잠시 보류해야 할 듯하다. 단적으로 보면, 보통 에로스는 그리스 신화에서 사랑의 신을 지칭하는 말로, 남녀 간의 성적 사랑을 주로 의미한다고 하지만 플라톤은 철학적으로 이데아(본질)를 갈망하는 마음 상태를 에로스라고 표현하기도 했다.

사실, 성경에서도 명사 아가페와 필리아, 혹은 그 동사형인 아가파오(ἀγαπάω)와 필레오(φιλέω)의 구분은 불가능하다. 그런데 대부분의 백과사전에도 잘못 나오기 때문에 지금까지 오해하고 있는 사람이 대다수다. 그러나 오늘날 널리 알려져 당연시되는 말이라도 옛날부터 항상 그랬다고 생각하는 것은 편견일 뿐이다.

아가페가 신적 사랑이 아닌 예들

아가페가 신적 사랑이 아닌 다른 의미로도 쓰인다는 것은 로버트 졸리의 발표 이후 학계의 전공자들 사이에서는 이미 오래전부터 잘 알려진 사실이다.[2] 또한 많은 학자들이 수많은 헬라어 문헌, 구약성경의 헬라어 번역본인 70인역(Septuagint), 그리고 신약성경에서도 그런 구분은 발견되지 않는다는 사실을 밝혔다.[3] 아가페와 필리아가 동의어는 아니지만, 한 단어가 다른 단어보다 더 높은 사랑이나 낮은 차원의 사랑을 의미하는 경우는 어디에도 없다.

그렇다면 아가페가 신적인 사랑을 의미한다는 속설은 어디에서 시작된 것일까? 사실, 나도 그것이 궁금하다! 모든 헬라어 문헌에서 필리아와 아가페는 동사, 명사 할 것 없이 남녀 간의 사랑, 인간적인 사랑, 신적인 사랑 등을 모두 표현하며 우리말의 '사랑'을 쓸 때와 비슷하게 사용된다. 성경에서 대표적인 예를 찾아보면, 70인역에서 야곱이 요셉을 사랑한다고 할 때 아가페와 필리아의 동사형이 동시에 사용된다. 어렵고 복잡한 문법 설명을 피하기 위해 명사형인 아가페, 필리아로만 성경에서 사용된 단어를 구분해보겠다.

3요셉은 노년에 얻은 아들이므로 이스라엘이 여러 아들들보다 그를 더 사랑(아가페)하므로 그를 위하여 채색옷을 지었더니 4그의 형들이 아버지가 형들보다 그를 더 사랑(필리아)함을 보고 그를 미워하여 그에게 편안하게 말할 수 없었더라(창 37:3-4).

여기에서 아가페와 필리아는 구분이 없다. 저자는 같은 단어 사용을 피하는 문학적 스타일에 따라 아가페와 필리아의 동사형을 교차로 사용했다. 또한 다음과 같은 경우는 아가페가 신적 사랑만을 의미하지는 않는다는 사실을 명백하게 보여준다. 암논이 그의 이복누이를 성폭행했을 때도 아가페 동사가 사용된 것이다.

그리하고 암논이 그를 심히 미워하니 이제 미워하는 미움이 전에 사랑(아가페)하던 사랑(아가페)보다 더한지라 암논이 그에게 이르되 일어나 가라 하니(삼하 13:15).

신약성경에서도 아가페 동사가 인간적인 사랑을 나타내는 경우들이 있다.

그 정죄는 이것이니 곧 빛이 세상에 왔으되 사람들이 자기 행위가 악하므로 빛보다 어둠을 더 사랑(아가페)한 것이니라(요 3:19).

그들은 사람의 영광을 하나님의 영광보다 더 사랑(아가페)하였더라(요 12:43).

데마는 이 세상을 사랑(아가페)하여 나를 버리고 데살로니가로 갔고 그레스게는 갈라디아로, 디도는 달마디아로 갔고(딤후 4:10).

그들이 바른 길을 떠나 미혹되어 브올의 아들 발람의 길을 따르는도다 그는 불의의 삯을 사랑(아가페)하다가(벧후 2:15).

반대로 필리아가 인간을 향한 하나님의 사랑을 표현할 때 사용되기도 한다.

이는 너희가 나를 사랑하고 또 내가 하나님께로부터 온 줄 믿었으므로 아버지께서 친히 너희를 사랑(필리아)하심이라(요 16:27).

무릇 내가 사랑하는(필리아) 자를 책망하여 징계하노니 그러므로 네가 열심을 내라 회개하라(계 3:19).

사람들이 어둠을 사랑한다고 할 때, 세상을 사랑한다고 할 때, 부정한 소득을 사랑한다고 할 때, 모두 아가페로 표현되었지만 이것이 신적인 사랑을 의미할 리는 없지 않을까? 반대로 하나님이 인간을 사랑하신다고 할 때, 필리아가 사용되었다고 해서 그 사랑이 인간적인 사랑이라고 할 수는 없을 것이다.

그런데 언어의 의미는 시간이 지나면서 변하기 마련이다. 4세기 이후, 그리스-로마 문화에서 필리아는 대부분 '입맞춤'의 의미로만 사용된다. 신약성경에서도 가룟 유다가 예수님께 입을 맞추는 장면을 필리아의 동사형으로 묘사한 적이 있다(마 26:49; 눅 22:47). 반면 아가페는 4세기부터 사랑에 대한 표준 어휘가 되는 획기적인 변화를 보인다. 따라서 필리아에서 사랑의 의미는 점차 사라지기 시작한다.

요한의 아들 시몬아

아가페와 필리아를 구분해 특별하게 해석하는 대표적인 본문은 요한복음 21:15-17이다. 세 번씩이나 예수님을 부인하고 갈릴리로 돌아가 고기를 잡던 베드로에게 부활하신 예수님이 찾아오셨다. 예수님과 베드로의 대화에는 아가페와 필리아의 동사가 모두 나온다. 그런데 많은 사람의 해석에 따르면, 예수님은 베드로에게 신적인 헌신과 사랑을 의미하는 아가페를 사용해 "네가 나를 사랑하느냐"라고 두 번 물으셨다. 베드로는 두 번 모두 인간적인 사랑을 의미하는 필리아를 사용해 대답한다. 그러자 예수님은 필리아, 즉 인간적인 수준으로 사랑하느냐고 마지막으로 한 번 더 물으신다. 예수님은 베드로의 연약함을 이해하시고 그 수준에서 베드로의 사랑을 받아들이기로 하신 것이다. 또다시 필리아로 대답하는 베드로에게 예수님은 변함없는 신뢰로 사명을 맡기신다.

그러나 이는 전혀 근거 없는 해석이다. 이러한 해석의 가장 큰 맹점은 예수님과 베드로의 대화에 실제 사용되었을 아람어에는 아가페와 필리아의 구분이 없다는 사실이다. 고대 문헌을 살펴보면 요한복음이 쓰일 당시만 해도 사랑의 의미로 아가페의 사용이 늘어나고 필리아는 점차 쓰이지 않는 추세였다. 그렇다면 요한복음은 왜 아가페와 필리아를 섞어서 사용할까? 어떤 이들은 같은 단어를 반복하는 지루함을 벗어나기 위한 문학적 스타일 때문이라고 주장한다. 이 본문에서 어린 양(lamb)과 양(sheep)을 구별하기 어려운 것과 마찬가지라는 것이다. 또 다른 사람들은 예수님이 베드로에게 한 질문이 요한복음 15:19; 16:27과 관계가 있다고 생각한다.

그런데 여기에서 중요한 한 가지 사실은 아가페라는 단어 자체가 신적인 완전한 사랑을 의미하지 않는다는 점이다. 물론 하나님의 사랑은 완전한 사랑이다. 그러나 아가페라는 단어가 완전한 사랑, 헌신적인 사랑, 무조건적인 사랑의 의미만 갖고 있는 것은 아니다. 따라서 앞의 해석과 같이 원어의 의미를 고정시켜 이해하는 잘못된 접근을 피해야 한다.

어휘의 뜻은 원래 고정된 것이 아니라 문맥의 영향을 받는다. 어휘에는 의미론적 범주가 있다. 그래서 글을 읽을 때는 어떤 단어가 어떤 의미들을 가질 수 있는지를 염두에 두어야 한다. 우리말에서도 사랑, 혹은 사랑한다는 말이 얼마나 많은 뜻을 지니는지를 생각해보라. 하나님의 자비, 부모의 헌신, 형제간의 우애, 남녀 간의 성애, 성적인 호감, 예술에 대한 열정 등, 정말 수많은 의미가 있다. 이처럼 사랑의 의미는 원래 정해진 것이 아니라 문맥에 따라 결정된다. '사랑하다'는 때에 따라서 '좋아하다'와 같은 의미이기도 하고, 다른 문맥에서는 '귀중히 여기다', '아끼고 보살피다', '성적으로 끌리다'와 같은 의미로 쓰이

신앙, 그 오해와 진실

기도 한다.

또 다른 예를 들자면, 우리말의 '시원하다'는 어떤 의미일까? '아침 공기가 시원하다'와 '속이 시원하다'에서 시원하다는 뜻은 다르다. 앞에 있는 것은 온도가 적당하게 낮아 상쾌한 느낌을 준다는 의미다. '시원하다'는 것과 '상쾌하다'는 다른 용어지만, 사람의 기분에 관한 문맥에서 같은 뜻을 가진다. 또한 뜨거운 국물을 마시며 '참 시원하다'라고 할 때는 공기가 시원한 것과는 반대로 오히려 뜨거워서 속이 풀린다는 말이다.

이처럼 우리는 글을 읽을 때 단어의 의미를 정해놓고 본문을 보는 것이 아니라 문맥에서 결정되는 의미를 찾아내야 한다. 언어는 수학 공식처럼 풀 수 있는 것이 아니기 때문이다. 언어는 수학적 기호를 넘어서 있다. 따라서 아가페는 신적 사랑, 필리아는 인간적 사랑이라는 구분은 신약성경 해석에 적당하지 않다. 물론 아가페와 필리아의 용례가 완전히 똑같지는 않다. 예를 들어, 아가페는 복수로 사용되어 애찬식을 가리키지만, 필리아는 그렇게 사용된 적이 없다(유 1:12). 그러나 성경에서 아가페의 의미는 문맥이 정하는 것이다. 착각하지 말자. 아가페가 완전한 사랑이 아니라 하나님의 사랑만이 완전하다.

7장

우리 아빠가
누군지 아냐고?[1]

초대교회는 하나님을 얼마나 친근하게 여겼던지, 하나님을 '아빠'라는 호칭으로 불렀다는 이야기가 종종 있다. 그런데 오늘날에는 동서양을 막론하고, 공동예배 때는 물론이거니와 사적인 기도 시간에조차 하나님을 아빠라고 부르는 경우는 매우 드물다. 사실, 몹시 가부장적이었던 고대 근동 문화에서 하나님을 아빠로 부르며 기도했다는 주장은 현실성이 없는 발상으로 보인다. 친밀감과 편안함을 주는 어머니와는 달리, 고대 사회의 아버지는 권위적이어서 두려움 가운데 순종해야 하는 대상이었기 때문이다. 우리가 아버지에게 쉽게 느끼는 가까움과 친밀감이란―개인차가 있겠지만―주로 현대사회의 현상이다. 초대교회 당시의 문화에서 어떤 친밀감을 표현하기 원했다면 아빠가 아니라 오히려 엄마나 어머니라고 했어야 맞을 것이다.

아빠 아버지

신약에는 '아빠(ἀββᾶ) 아버지'라는 표현이 세 번 나온다.

> 이르시되 아빠 아버지여 아버지께는 모든 것이 가능하오니 이 잔을 내게서 옮기시옵소서 그러나 나의 원대로 마시옵고 아버지의 원대로 하옵소서 하시고(막 14:36).

> 너희는 다시 무서워하는 종의 영을 받지 아니하고 양자의 영을 받았으므로 우리가 아빠 아버지라고 부르짖느니라(롬 8:15).

> 너희가 아들이므로 하나님이 그 아들의 영을 우리 마음 가운데 보내사 아빠 아버지라 부르게 하셨느니라(갈 4:6).

엄마와 아빠를 가리키는 말이 어느 나라든지 비슷하기는 하지만, 예수님이 사용하신 아람어 '아빠'는 우리말 '아빠'의 뜻을 포함한다. 그런데 아람어 '아빠'는 어린아이가 쓰는 '아빠'와 장성한 사람들이 쓰는 '아버지'의 의미를 동시에 지닌다. 그래서 어린아이가 표현할 때는 친근감이 느껴질 수도 있지만, 보통 성인이 사용할 때는—특별한 이유가 없다면—우리말 '아버지'의 의미를 갖는다. 여기서 아람어 ἀββᾶ 는 천천히 발음하면 '압바'로 발음이 되고, 보통 속도 이상으로 발음하면 '아빠'가 된다. 그래서 우리나라의 성경에서는 개역개정판에서 개

신앙, 그 오해와 진실

역한글판의 음역 '아바'를 '아빠'로 바르게 고쳤고, 표준새번역도 '아빠'로 음역하였다. 그런데 문제는 성경의 '아빠'가 아람어 음역임을 각주에서 분명히 밝히는데도, 그 뜻이 우리말 아빠와 같다고 생각하는 독자들이 많다는 점이다.

'아빠'에 대한 오해

정확하게 따져보자면, '아빠'에 대한 오해는 예레미아스(Joachim Jeremias, 1900-1979)와 그의 주장을 비판 없이 받아들인 신학자들, 그리고 그런 신학자들에게 비판 없이 배운 목회자들, 그리고 그런 목회자들에게서 직접 배운 성도들과 그 성도들에게 넘겨들은 또 다른 성도들에게 책임이 있다. 그 첫 번째 오해는 예수님이 유대의 유아들처럼 하나님을 아빠라고 불렀다는 것이다. 아람어 '아빠'가 우리말의 '아빠'와 비슷하기 때문에, 또 현대 히브리어에서도 아이들이 아버지를 부를 때 '아빠'라고 하기 때문에 이런 오해는 깊어만 간다. 그러나 제임스 바(James Barr)는 압-바(ab-ba)라는 단어가 아기들의 옹알이에서 비롯되었다는 예레미아스의 주장이 터무니없고 일관성이 없다고 반박했다.[2] 그리고 예레미아스의 사후, 언어 전문가들은 아람어 '아빠'가 어린아이의 용어였다는 주장이 설득력 없음을 밝혀냈다.

두 번째 오해는 하나님을 개인적인 아버지로 친밀하게 부른 경우는 예수님이 처음이라는 것이다. 예레미아스는 유대인들이 하나님의 이름을 감히 부르지 못했기에 예수님이 하나님을 어린아이같이 친근하게 아빠라고 부른 것에 큰 충격을 받았을 것이라며, 우리도 하나님을 멀리 계신 분이 아니라 친밀하게 다가갈 수 있는 '아빠'로 이해해야 한다고 주장한다.[3] 그러나 이는 근거 없는 주장이다.

물론 하나님을 개인의 아버지로 이해하거나 호칭한 경우가 많지는 않다. 하지만 그런 개념이 구약과 유대 문헌에서 낯설지는 않다. 히브리어로 아버지는 아브(אָב)인데, 이는 종종 하나님을 부르는 '야훼'(יהוה)나 '엘'(אֵל)과 연결되어 나타난다. 아비야(אֲבִיָּה), 요압(יוֹאָב)은 모두 '야훼는 나의 아버지'란 뜻을 지녔다. 족장 시대의 아브람(אַבְרָם) 혹은 아비람(אֲבִירָם)은 '존귀하게 되신 아버지', '나의 아버지는 존귀하시다'는 뜻이다. 포로기 이후 제2성전기에 나타난 이름인 아비엘(אֲבִיאֵל), 엘리압(אֱלִיאָב)도 모두 '하나님은 아버지시다'라는 뜻이다.

또한 이스라엘 사람들은 하나님을 민족의 아버지로 이해하기도 했다.

너는 바로에게 이르기를 여호와의 말씀에 이스라엘은 내 아들 내 장자라(출 4:22).

어리석고 지혜 없는 백성아 여호와께 이같이 보답하느냐 그는 네 아버지시요 너를 지으신 이가 아니시냐 그가 너를 만드시고 너를 세우셨도다(신 32:6).

그들이 울며 돌아오리니 나의 인도함을 받고 간구할 때에 내가 그들을

넘어지지 아니하고 물 있는 계곡의 곧은 길로 가게 하리라 나는 이스
라엘의 아버지요 에브라임은 나의 장자니라(렘 31:9).

나아가 왕과 같은 특정한 개인에게도 하나님은 아버지로 자신을
계시하셨다.

나는 그에게 아버지가 되고 그는 내게 아들이 되리니 그가 만일 죄를
범하면 내가 사람의 매와 인생의 채찍으로 징계하려니와(삼하 7:14).

그런데 이스라엘 역사에서 왕정이 자리를 잡으면서 개인이 하나님
을 아버지라 부르는 것은 메시아(기름 부음 받은 자)의 중요성을 지니는
'왕'에 국한되기 시작했다.

26그가 내게 부르기를 주는 나의 아버지시요 나의 하나님이시요 나의
구원의 바위시라 하리로다 27내가 또 그를 장자로 삼고 세상 왕들에게
지존자가 되게 하며 28그를 위하여 나의 인자함을 영원히 지키고 그와
맺은 나의 언약을 굳게 세우며(시 89:26-28).

신구약 중간시대의 유대 문헌에서도 하나님은 개인의 아버지이시다.
우리에게 외경으로 알려진 벤 시라(Ben Sira)의 집회서(Ecclesiasticus)
에서 그는 하나님을 자신의 아버지라 부른다.

내 생명의 아버지시며 주인이신 주여(집회서 23:1, 공동번역개정판).

오, 주! 나의 생명의 아버지시며 주관자시여(집회서 23:1, 헬라어 사역).

나의 아버지, 나의 하나님이시여! 내가 감사하리로다(집회서 23:1, 히브리어 사역).

이는 집회서 51:10의 히브리어 번역에서도 잘 나타난다.

나는 주님의 아버지이신 당신께 이렇게 기도하였습니다(집회서 51:10, 공동번역개정판).

내가 주를 높였으니 주는 나의 아버지시니이다(집회서 51:10, 히브리어 사역).

그뿐 아니라 "하늘에 계신 나의 아버지"라는 일인칭 표현은 미드라쉬에 자주 등장한다. 예를 들어, 하드리아누스 황제의 박해로 인한 유대인 순교자들과 관련하여 한 랍비는 출애굽기 20:6을 해석하면서 다음과 같이 말했다.

이 상처들은 나로 하여금 하늘에 계신 나의 아버지로부터 사랑을 받게 만들었다.[4]

신앙, 그 오해와 진실

유대교의 레위기 해석이 담겨 있는 시프라에도 다음과 같은 구절이 등장한다.

> 엘리에셀 벤 아자랴 랍비는 말하기를 "아무도 '나는 돼지고기나 금지된 성관계를 원하지 않는다'고 선언하지 못하게 하라. 다만 이렇게 말해야 할지니 '내가 그것들을 원해도 하늘에 계신 내 아버지가 그와 같은 계명을 주셨으니 내가 어찌할꼬' 하라"고 했다.[5]

물론 이런 문헌들은 신약성서보다 뒤에 쓰였지만, 그 내용은 주후 1세기의 구전 전통에 근거한 것이다. 당시의 열정주의자로서 카리스마적 랍비인 하니나 벤 도사(Hanina ben Dosa)와 관련된 탈무드도 그를 하나님의 개인적인 아들로 묘사한다.[6] 그리고 가장 흥미로운 본문은 아마도 카리스마적인 랍비, 원을 그리는 호니(Honi the Circle drawer)의 손자 하난과 관련된 아람어 이야기일 것이다. 여기에서 하나님은 아람어 '아빠'로 묘사된다.

> 이 세상에 비가 필요했을 때 우리의 랍비들은 어린이들을 그(하난)에게 보내곤 했는데 그러면 그들은 하난의 옷자락을 붙들고는 "아빠, 아빠 우리에게 비를 주세요"라고 졸랐다. 그러면 그는 그(하나님)에게 기도했다. "세상의 주님이시여, 비를 주는 아빠와 비를 주지 않는 아빠도 구분하지 못하는 저들을 위해 무언가 하소서."[7]

예수님 이전에도 유대인들은 하나님을 이스라엘 민족의 아버지로 그리고 개인의 아버지로 생각했다. 유대 문화에서 성인이 자신의 아버지나 하나님을 아람어 '아빠'로 부를 때, 그것은 어린아이가 부르는 친밀감 어린 표현이 아니었다. 단젤로(Mary Rose D'Angelo)가 보여준 것처럼 신약성경이 아람어 '아빠'를 유아의 용어였던 파파스(πάππας)로 번역한 것이 아니라, 보통 성인의 용어인 파테르(πατήρ)로 번역한 사실은 아람어 '아빠'가 결코 어린아이의 친밀감을 표시하기 위함이 아님을 명백하게 보여준다.[8] 어휘의 의미가 문맥에 따라 결정된다고 할 때, 아람어 '아빠'가 친밀감을 표현하는 의미를 가지려면 그 말을 어린아이가 사용하는지를 따져봐야 하는 것이다. 그렇다면 당시 문화에서 아버지란 어떤 의미일까?

가정의 절대 권력자 아버지

예레미아스는 기본적으로 아빠라는 표현이 지니는 친밀감이 하나님과 어울린다고 생각한다. 이는 아버지의 가부장적 의미가 약해진 서구적 발상이다. 물론 하나님은 우리와 친밀하신 분이다. 그러나 친밀감의 느낌을 아람어 '아빠'에서 찾는 것은 현대적 아버지의 의미를 고대 언어에 투영하는 오류다. 마피아의 대부(God-father)를 생각하면 고대 사회의 아버지가 어떤 존재인지를 정확하게 이해할 수 있을 것이다. 절대 권력과 순종의 의무, 절대 보호의 관계에서 말이다. 신약성경의 문화에서 아버지의 권위는 불순종하는 자식에 대한 생살여탈권을 지닐 정도로 절대적이었다.

> 18사람에게 완악하고 패역한 아들이 있어 그의 아버지의 말이나 그 어머니의 말을 순종하지 아니하고 부모가 징계하여도 순종하지 아니하거든 19그의 부모가 그를 끌고 성문에 이르러 그 성읍 장로들에게 나아가서 20그 성읍 장로들에게 말하기를 우리의 이 자식은 완악하고 패역하여 우리 말을 듣지 아니하고 방탕하며 술에 잠긴 자라 하면 21그 성읍의 모든 사람들이 그를 돌로 쳐죽일지니 이같이 네가 너희 중에서 악을 제하라 그리하면 온 이스라엘이 듣고 두려워하리라(신 21:18-21).

> 15자기 아버지나 어머니를 치는 자는 반드시 죽일지니라 16사람을 납치한 자가 그 사람을 팔았든지 자기 수하에 두었든지 그를 반드시 죽일지니라 17자기의 아버지나 어머니를 저주하는 자는 반드시 죽일지니라(출 21:15-17).

물론 부모가 자식을 죽음으로 내모는 상황은 현실적으로 매우 드문 경우였겠지만, 당시에는 부모를 거역하는 자를 사형시킬 수 있을 정도로 부모의 권위는 대단했다. 또한 고대 사회에서 부모의 체벌은 당연시되었다. 오늘날이야 자녀에 대한 체벌이 인권의 측면을 고려하여 법적으로 제한되지만, 구약성경은 체벌을 통한 엄한 훈육을 명령한다(참고. 신 21:18-21; 잠 29:15; 사 1:6).

13아이를 훈계하지 아니하려고 하지 말라 채찍으로 그를 때릴지라도 그가 죽지 아니하리라 14네가 그를 채찍으로 때리면 그의 영혼을 스올에서 구원하리라(잠 23:13-14).

실제로 구약성경에는 가족 구성원에 대한 가부장의 결정권이 절대적이었음을 보여주는 예들이 있다. 천사들이 손님의 모습으로 롯을 방문했을 때, 소돔의 주민들은 그들을 욕보이려 한다. 그러자 롯은 손님들을 보호하기 위해 딸들을 내어주겠다고 한다(창 19:5-8). 또한, 사사입다가 딸을 번제로 바친 것도 입다 자신의 결정이었다(삿 11:29-40).

이는 로마 사회의 아버지도 마찬가지였다. 로마 사회에서 아버지는 말 그대로 '대부'(God-father)였다. 가부장인 아버지는 통상적으로 노예를 포함한 모든 재산은 물론, 부인과 자녀의 소유라고 여겨지는 재산들에 대한 법적인 소유권을 가졌고,[9] 자녀에 대한 생살여탈권과 징벌권한까지 가지고 있었기 때문이다. 로마 사회의 아버지는 오늘날 우리 사회의 눈으로 본다면 매우 잔인한 행동도 서슴지 않았다. 간통을 했다는 이유로 아내를 죽이고, 기형이거나 불구인 자식을 내다 버리기도 했다. 또한 음란하다고 비난받는 딸이나, 모반에 참여한 아들을 사형시키기도 했다.

그 외에도 로마 사회의 아버지는 가족의 혼인과 이혼에 대한 결정권을 가지고 있었다. 따라서 고대 유대와 로마에서 결혼이란 대부분 아버지의 결정에 따르는 것이었다. 조선 시대의 우리 사회에서처럼 말이다. 사실 연애결혼이란 계몽주의 이후에나 확산된 현상이 아닌가? 나아가 아버지는 양자를 입양하는 권한은 당연하고, 심지어 자식을 매매하는 권한도 가지고 있었다. 자식의 매매는 콘스탄티누스 황제 때에 이르러서야 갓난아이인 경우로 제한되었다고 한다.

한마디로 말하면, 로마 사회는 가부장과 국가에 대한 복종 위에 건설되었다.[10] 나이와 상관없이 모든 자녀는 아버지에게 복종(obsequium)하는 것이 중요한 덕목이었고, 사람들은 이상적인 로마가 가부장과 국가의 권위에 복종하는 것에서 현실화된다고 믿었다. 물론 기독교는 가부장과 국가 통치의 장점을 인정하면서도 큰 자가 낮은 자를 섬겨야 한다는 그리스도의 가르침을 따라 그것을 극복하기도 했다. 따라서 기독교 안에서 로마의 잔인한 문화는 모두 거부되었다. 사실, 원래부터 성경이 이상적으로 그리는 가부장은 독재자나 폭군이 아니다. 그는 권력을 지닌 동시에 가족 전체를 위해 희생하고 봉사하는 인물로 그려지기 때문이다. 그렇지 않다면 하나님이 당신을 아버지로 계시하시지 않았을 것이다. 이런 모든 사항들을 종합해볼 때, 예수님이 하나님을 아빠 아버지라고 부르신 것은 친밀감보다는 절대 권력자에 대한 경애를 표현한 것일 가능성이 높다.

나가는 말

하나님을 아빠로 이해하는 예레미아스의 견해는 지난 세기 현대인들의 큰 호응을 불러일으켰다. 복잡해졌지만 파편화된 사회 분위기 속에서 심리적인 불안을 느낀 사람들이 유아기적 단순함과 평온함을 그리워했기 때문이다. 그러나 이것은 복음서 당시의 독자들이 공감할 수 있는 개념은 아니다. 고대 사회에서 아버지는 친밀감보다는 순종해야 할 권위와 위엄을 가진 존재였다.

가부장의 절대권력(*patria potestas*)이 중시되었던 문화를 배경으로 볼 때, 예수님이 큰 고통 가운데 하나님을 '아빠 아버지'라고 부르신 것은 가족 내의 절대 권력을 지닌 '보호자' 하나님께 외친 것이다. 우리 전통 사회에서도 아버지란 무섭고 절대 순종해야 할 대상이면서 동시에 나를 절대적으로 보호하는 주체라는 점을 생각하면 이해가 쉽다. 물론 '아빠 아버지'라는 용어에 친근감의 느낌이 전혀 없는 것은 아니지만, 어머니처럼 강한 친근감의 느낌이 들지는 않는다. 아버지란 가족을 목숨 바쳐 보호하는 이요, 순종의 대상이다.

아람어 '아빠'는 가족 관계를 지칭하는 말로 예수님의 기도 생활에 독특하게 나타나는 용어다. 그런데 사도 바울은 성령을 받은 우리가 하나님을 '아빠 아버지'라고 부른다고 두 번이나 기록했다(롬 8:15; 갈 4:6). 이는 예수님과 하나님과의 독특한 가족 관계를 자녀된 성도들도 공유한다는 사실을 알게 해준다. 특히 로마서는 열정적인 예배의 분위기 중에 우리가 무서워하는 종의 영이 아니라 양자의 영을 받아 '아빠 아버지'라고 '부르짖는다'(크라조, κράζω)고 한다(롬 8:15). 즉 성도들은 하나님을 특별한 아버지, 예수님이 체험한 절대적 보호자와 같은 아버지로 여겨야 한다. 오늘날 우리도 하나님을 '아빠 아버지'로 부르며 예수님이 느끼신, 그리고 초대교회의 성도들이 체험한 하나님과의 관계를 누릴 수 있기를 기대해본다. 단 '아빠 아버지'가 예수님이 본을

신앙, 그 오해와 진실

보이신, 순종해야 할 하나님 아버지의 절대 권위와 그의 보호하심에
연결되어 있음을 잊지 말기 바란다.

/// 8장 ///

예수 오빠, 바울 아저씨?[1]

27누구든지 그리스도와 합하기 위하여 세례를 받은 자는 그리스도로 옷 입었느니라 28너희는 유대인이나 헬라인이나 종이나 자유인이나 남자나 여자나 다 그리스도 예수 안에서 하나이니라(갈 3:27-28).

"나를 이방인으로 만들지 않은 하나님께 찬양을 드립니다. 나를 여자로 만들지 않은 하나님께 찬양을 드립니다. 나를 야만인으로 만들지 않은 하나님께 찬양을 드립니다."[2]

오래전, 기독교 환경-여성신학자로 저명한 현경 교수는 한 유학자와 나눈 대화에서 기독교 페미니스트의 입장을 인용하여 이런 말을 했다. "예수 오빠는 좋지만, 바울 아저씨는 싫다." 이는 "예수 운동이 처음에는 평등한 종교였는데, 로마제국의 종교가 되면서 강자의 논리"가 됐다는 말이다.[3] 즉 사도 바울이 기독교를 가부장적인 종교로 만든 장본인이라는 주장이다. 그도 그럴 것이 대부분의 페미니스트는 기독교가 매우 가부장적이고 성차별적인 종교라고 생각한다. 사실, 현실적인 교회의 모습을 볼 때, 이러한 지적은 매우 타당해 보인다. 그러나 이는 철저히 가부장적 사회인 우리나라에서 교회가 비판 없이 사회에 동화되어 생겨난 문제이지, 원래 기독교의 모습은 아니다.

사도 바울을 가부장적 기독교를 창시한 장본인으로 몰아붙이는 것은 현대사회의 잣대로 고대 문화를 평가하는 실수를 범하는 것이다. 만약 수천 년 후 지금보다 훨씬 발전된 문명이 우리를 판단한다면 우리가 얼마나 미개해 보이겠는가! 그리스-로마 문명은 여성의 인권이라곤 전혀 존재하지 않던, 지독하게 남성 중심적인 가부장 사회였다. 고대의 탁월한 사상가요 시대를 앞섰던 위대한 철학자 아리스토텔레스나 플라톤, 세네카 같은 지식인들조차도 남존여비를 당연시했다. 그런 문화를 기준으로 놓고 본다면 당시 바울은 남자치고는 상당히 괜찮은 페미니스트였다. 그는 그리스-로마의 지독하게 남성 중심적인 문화에도 불구하고 교회 안의 여성의 권리와 자유를 파격적으로 주장했기 때문이다.

현대적 관점에서 본다면 예수님조차도 하나님을 '아버지'라 부르고, 사도 열두 명을 다 남자로 세웠다는 점에서 만족할 만한 남녀평등을 실현하지 못한 것은 사실이다. 그러나 어제의 진보가 오늘의 보수라는 말이 있다. 진보와 보수는 상대적 개념이기 때문이다. 그리고 이상과 현실은 다르다. 바울은 이론가가 아닌 선교사였기에 복음전파와

신앙, 그 오해와 진실

교회 정착을 위해 당시 가부장적인 문화를 완전히 외면할 수는 없었을 것이다. 오히려 완전 평등의 이상주의적 대응은 남성뿐만 아니라 여성들에게까지 혼동을 가져오지 않았을까?

유대교의 여성

우리는 1세기 그리스-로마 문화를 기준으로 바울을 평가해야 한다. 이를 위해 당시 여성들의 삶을 살펴보자. 제국과 그 영향권 아래에 있는 국가들은 계층과 계급 중심의 사회구조를 형성하기 때문에 남녀차별 현상이 두드러질 수밖에 없다. 강대한 제국 사이에 끼인 팔레스타인에도 농경사회를 기반으로 한 국가가 형성되었고 가부장 제도와 남녀차별이 눈에 띄게 나타났다. 특히 예수님 당시에는 지독히 남성 중심적인 그리스-로마 문화의 영향 때문에 이러한 경향이 더욱 심각해졌다.

예를 들어보자. 역사가 요세푸스에 의하면 율법은 여성이 남성보다 열등하기 때문에 남성들에게 복종해야 한다고 했다.[4] 유대 철학자인 알렉산드리아의 필론은 여자는 연약한 존재이기 때문에[5] 집안에 격리된 생활을 사모해야 한다고 말했다.[6] 당시 현인으로 알려진 벤 시라의 말은 더욱 엽기적이다.

옷에서 좀이 나듯이 여자에게서는 여자의 심술이 나온다. 여자의 친절보다는 차라리 남자의 심술이 낫다. 여자는 치욕과 비난을 자아낼 뿐이다(집회서 42:13-14).

당시 조혼(早婚)은 보편적 문화였다. 유대의 부모들은 딸이 월경하는 나이가 되면 결혼을 시켰다. 결혼 상대와 시기는 아버지가 결정했는데, 결혼 첫날 신부는 침대보의 혈흔으로 자신의 처녀성을 증명해야만 했다. 그러나 의학적으로 보면 이러한 혈흔은 신부가 처녀임에 대한 절대적 증거가 될 수 없기에, 억울하게 '음탕한 여자'로 몰리게 되는 경우가 많았다. 혈흔이 없는 경우 신부의 아버지는 신랑 측이 지불한 신붓값을 모두 돌려주어야 했는데, 이는 신부의 가족이 마을에서 당할 조롱과 치욕에 비하면 아무것도 아니었다. 심한 경우 그 신부는 마을 주민들이 던지는 돌에 맞아 죽어야 했다.

유대 남성들은 부인에게 "수치되는 일이 있음을 발견"(신 24:1)할 경우 부인과 쉽게 이혼할 수 있었고, 유대인의 이혼율은 상당히 높은 편이었다. 그런데 '수치되는 일'에 대한 해석은 다양했다. 보수적인 샴마이 학파는 오직 간통의 경우에만 이혼을 허락했지만, 급진적인 힐렐 학파는 거리에서 춤을 추거나 외간 남자와 대화를 나눈 경우, 저녁 식사를 망친 경우, 개한테 물린 상처가 회복되지 않았을 때, 그리고 보다 매력적인 여인을 만난 경우도—아마도 아내의 부족함이 원인이기에—수치되는 일로 간주하여 이혼을 허락했다. 그러나 보수와 진보를 막론하고 어떤 집단도 이혼을 요구할 수 있는 여성의 권리를 논한 경우는 없었다. 또한 일부다처제는 권력과 경제력을 지닌 남성들에게 보편적이었지만, 일처다부제는 절대적으로 용납되지 않았다.

종교생활에서도 여성의 역할은 매우 수동적인 영역에 국한되었다. 공적인 회당은 열 명의 성인남성이 있으면 성립될 수 있었지만, 여성의 수는 어떤 영향력도 없었다. 여성들은 안식일 날 회당 예배에 참여할 수 있었지만, 본당 예배는 남자들에게만 허락되었기에 칸막이 뒤에서 예배를 드려야 했다. 그러나 안식일 날 집 밖에서 아기를 업거나 안는 것은 노동으로 간주되었기에 아기가 있던 여인들에게는 이조차도 그림의 떡이었다. 여성에게는 토라를 낭독하는 일,[7] 소리 내서 식탁 기도를 하는 일도 허락이 되지 않았다.[8] 알렉산드리아의 필론은 미혼여성은 별궁을 떠나지 말아야 하며, 기혼여성은 집 정문까지, 그리고 다른 여성들과 함께하는 전제하에 회당의 기도에 참여할 수 있다고 했다. 유대교에서 여성이 가질 수 있는 장점이라곤 할례를 받지 않아도 된다는 사실 정도였다. 그런데 디아스포라 유대 여성들은 팔레스타인의 여성들과는 달리 대체로 자유로운 편이었다.

그리스 여성

그리스-로마 문화의 원류인 고대 그리스에서는 여성들을 심하게 구속했다. 그리스에서 부모는 자신의 딸을 사춘기 이전에 결혼시켰다. 여자가 나이가 들면 처녀성을 잃을 가능성이 높다고 생각했기 때문이다. 그러나 당시 기록을 살펴보면 의학적으로 너무 어린 나이에 아이를 낳다가 사망한 소녀들이 많았다. 그리스에서 소년들은 7살이 되면 철학, 문학, 과학, 정치와 체육에 관한 교육을 받았지만 평범한 소녀들은 교육을 받을 기회가 전혀 없었다.

그리스 여성들의 삶은 창살 없는 감옥과 같았다. 여성들은 별궁에서 살았는데 그들의 숙소는 매우 비좁고 어두웠다. 그리스의 황금기로 불리는 주전 475-425년의 아테네에서는 여성이 얼굴을 창문이나 문밖으로 보이는 것조차 금지되었다. 그리스인들은 여성이 남성에 비해 태생적으로 덕이 없으며 도덕에 관한 양심이 결여되어 있다고 보았다. 시민계층의 여성들에게 가족 이외의 외간 남자와의 대화는 철저히 금지되었다. 마가복음에는 수로보니게 출신의 그리스 여인이 자신의 귀신들린 딸로 인해 예수님과 심한 논쟁을 한 사실이 기록되어 있다(막 7:24-28). 이 사건은 그 여인이 얼마나 다급했는가를 보여주기도 하지만, 당시 통념을 깬 무엄하고 발칙한—남자들의 입장에서—여자가 진정 용기 있고 신앙 있는 여인이라는 사실을 보여주기도 한다.

고대의 일부 철학자들은 뜻밖에도 남녀평등에 대한 발전된 사상을 가졌으나 이는 철학에 머물렀고 사회적 영향력은 거의 없었다. 그리스에서 여성은 나이를 불문하고 어린애 취급을 받았으며 보호자인 남성의 소유물로 여겨졌다. 또한 여성은 재산을 소유할 수 있었으나 그 법적 권리는 아버지나 남편과 같은 남성 보호자에게 있었다.

데모스테네스(Demosthenes)는 그리스인이 "즐거움을 위해서는 헤타이라이를, 나날의 육욕을 위해서 첩을, 그리고 적법한 아들을 얻고 충실한 가정부를 가지기 위해서 아내를 두었다"고 말했다. 그리스의 수많은 파티에는 일상적으로 동료, 즉 '헤타이라이'라고 불린 고급 창녀들이 동반되었다. 이들은 당시 상류층이 아니면서도 유일하게 교육을 받을 수 있었던 여성들이기도 했다. 그들은 여선생으로부터 노래, 춤, 그리고 플루트를 다루는 법을 배울 수 있었다. 이들은 명석하고 유머감각이 탁월한 어린 창녀 중에서 발탁되었는데, 엘리트 남성들을 접대하기 위한 '철학'을 배울 수 있었던 것이다.

로마의 여성

로마의 소녀들은 14살이 되면 당시 풍습에 따라 결혼을 해야 했다. 그리고 결혼 전날 여신의 신전에 자신의 인형을 헌납하고, 아프로디테의 아들이며 생식능력의 신인 프리아포스(Priapos)나 무투누수 투투누스(Mutunus Tutunus) 신상과 성행위를 해야 했는데, 신상의 남근에 처녀막을 잃는 예도 있었다.

　로마의 여성들은 그리스의 여성들에 비교하면 자유로운 편이었다. 로마의 여성들은 그리스의 여성들보다 덜 격리되어 살았다. 실제로 장사를 할 수도 있었으며, 정치에 큰 영향을 주기도 했고, 남편을 따라 외출을 하며, 사교 생활에 적극적이었다. 이에 따라 그리스처럼 전문적인 교양이 넘치는 고급 창녀를 육성하는 일은 불필요했다. 그러나 모든 여성은 아버지, 남편, 아들 순으로 보호자를 두어야 했고 재산을 팔고 살 때, 합법적 유언을 할 때, 이혼 시 보호자의 승인을 받아야 했다.

　로마 사회에서 매춘은 매우 일상적이었다. 일부 고급 창녀들은 정치가나 시인의 보호로 노후까지 보장받을 수 있었지만 평범한 창녀들은 나이가 들면 비참한 삶을 살았다. 로마에서 창녀를 '돈을 버는 여인'

(meretrix)이라고 부른 것은 아마 여자가 돈을 버는 길이 매춘밖에 없었기 때문일 것이다. 사회학적으로 보면 당시의 창녀들은 음탕한 여자들이 아니었다. 매춘은 당시 가족이나 남편의 보호에서 제외된 여성들이 생존하기 위한 거의 유일한 방법이었고, 성차별에 의한 사회적·경제적 불평등의 당연한 결과였다. 이는 성차별이 심한 오늘날의 제3세계에서 이혼당한 여성이나 부모로부터 버려지거나 팔려간 많은 소녀가 생존을 위해 매춘을 해야 하는 경우와 같다. 로마의 창녀들은 주로 노예들이었는데 전쟁 포로라기보다는 약탈과 유괴의 희생자, 버려진 길거리의 소녀들이었다.

사도 바울의 대응

로마제국의 성차별은 극심한 성비율의 불균형이란 결과를 초래했다. 주후 200년경 로마의 역사가 디오 카시우스(Dio Cassius)는 로마제국에 여성의 숫자가 절대적으로 부족하다는 사실에 대해 우려를 표명했다. 실제로 당시 로마에는 남자 131명당 여자가 100명밖에 없었고 이탈리아, 소아시아, 북아프리카에는 남자 140명당 여자가 100명밖에 없었다. 델피에 있는 비문들을 조사한 결과 600여 가족 중 1명 이상의 딸을 기르고 있던 집은 6가족밖에 안 되었다. 이는 로마인들이 남아를 선호하여 여아를 죽이는 풍습 때문이었다. 장애가 있거나 원치 않는 아기를 버리는 행동은 로마인들에게 법적으로나 도덕적으로 아무 문제가 되지 않았다. 아래의 글은 한 로마인이 자신의 부인에게 보낸 편지다.

내가 아직 알렉산드리아에 있다는 것을 아시오. 그리고 만일 모두가 돌아가고 나만 알렉산드리아에 남게 되어도 걱정하지 마시오. 우리 아들에 대하여 잘 돌보기를 부탁하며 월급을 받는 대로 당신에게 부치리라. (내가 집에 도착하기 전에) 아기를 낳는다면, 아들이면 놔두고 딸이면 버리시오. 당신이 나에게 "나를 잊지 마세요"라고 말을 전했지만 어떻게 내가 당신을 잊겠소. 걱정하지 말기를 부탁하오.[9]

또한 원치 않는 출산을 피하기 위한 낙태 역시 많이 행해졌다. 낙태를 원하는 산모는 유산을 유도하기 위해 미량의 독약을 복용하거나 독을 자궁에 주입하여 태아를 죽였다. 그러나 독약의 부작용으로, 혹은 죽은 태아를 밀어내지 못해 많은 산모가 사망했다. 낙태수술도 유행했는데 소독약이나 항생제가 없던 시절이었기에 의사가 갈고리를 산모의 뱃속에 넣어 태아를 끄집어내는 방법으로 행해진 낙태 시술은 많은 여성의 생명을 단축하거나 앗아갔다.

그런데 사회와는 달리 기독교 내에서는 여성의 비율이 남성보다 훨씬 높았다. 로마서에 보면 바울이 교회 지도자들에게 안부를 전할 때 15명의 여성과 18명의 남성이 언급된다. 주로 남성이 지도자로 세워지던 당시 풍습을 고려할 때 이는 상당히 많은 여성이 지도자로 세워진 것이며, 로마 교회 성도의 상당수가 여성이었음을 의미한다. 주후 313년 북아프리카에서 그리스도인들에 대한 핍박이 있었을 때 씨르타(Cirta)의 한 가정교회에는 16개의 남자 겉옷과 82개의 여자 겉옷, 그리고 47개의 여성용 슬리퍼가 발견됐다. 교회에 여성의 수가 훨씬 많았다는 증거다.

도대체 무엇 때문에 기독교 안에는 여성의 수가 압도적으로 많았을까? 이는 기독교가 여성들의 권익을 보장해주었기 때문이다. 먼저 기독교는 낙태와 영아 살해를 심각한 살인죄로 여겼다. 따라서 교회 안의 여자는 뱃속의 태아나 영아의 생명을 전적으로 남자의 뜻에 맡겨야 했던 불안감을 더 이상 느끼지 않아도 되었다. 초대교회는 구약의 전통적 가치를 따라 이혼, 근친상간, 일부다처제를 엄격하게 금지했다. 그뿐만이 아니었다. 교회는 조혼의 문제를 해결해주었다. 조혼이 만연한 당시 사회에서 여성들은 부모의 결정에 따라 12살 전후에 결혼했지만, 그리스도인 여성들은 대체로 당시 수준에서 '만혼'이었던 18세쯤에 결혼했다.

초대교회의 여권신장에 있어서 가장 진보적인 견해를 가진 사람은 바로 사도 바울이었다. 그의 영향력은 대단했다. 사도 바울은 성적인 순결을 여성뿐만 아니라 남성에게도 똑같이 엄격하게 요구했다. 이는 당시 사회에서 매우 획기적인 요구였다. 그리스도인이 된 남자에게는 성적 방탕함이 허락되지 않았는데, 이런 가르침은 분명히 여성들이 기독교를 선호하게 만든 이유 중 하나였다. 사도 바울은 또한 부부 간의 정절을 강조하기 위해 재혼하거나 부인을 여럿 둔 사람을 교회의 감독 직분에서 제외시켰다(딤전 3:2). 나아가 그는 더욱 평등한 부부 관계를 위해 권위적 가부장 제도를 사랑의 가부장 제도로 변화시켰다(엡 5:21-33). 이런 제도들은 여성에게 훨씬 더 안정된 생활을 보장해주었다.

또한 그리스도인 과부들은 일반 과부에 비해 더 많은 특권을 누렸다. 고대 로마에서 과부는 사회적 풍습에 따라 서둘러 재혼해야 했다. 실제로, 강력한 제국의 건설을 위해 인구증가를 원했던 아우구스투스는 이혼 후 2년 내로 재혼하지 않는 과부들에게 벌금을 부과하기도 했다. 물론 재혼하면 과부의 모든 재산은 새로운 남편의 소유가 되고, 여자는 새로운 주인을 섬겨야 했다. 그러나 사도 바울은 재혼을 장려하지 않았을 뿐더러 과부의 정절을 높이 평가했다(고전 7:8). 또한 교회는 가난한 과부를 돕는 데 적극적이었다(참고. 딤전 5:16).

사도 바울은 또한 소녀들이 처녀로 지내는 자유를 선택할 수 있도록 허락했다(참고. 고전 7:26). 당시 처녀로 지낼 수 있는 자유는 권리가 아니라 특권이었다. 남성에게 매이지 않는 삶을 허락받은 것이었기 때문이다. 그뿐만 아니라 사도 바울은 여성들을 가르치고 선교의 사명을 부여함으로써 여성의 무대를 집안에서 사회로 확장시켰다. 고대 사회의 미개한 인식수준에서 본다면 기독교는 여성에게 매우 개방적이었고, 많은 자유와 권리를 보장해주었다고 할 수 있다. 그리고 여성들의 활발한 활동 덕분에 교회는 더욱 성장했다.

바울서신에서 성차별과 관련하여 가장 문제시되는 부분은 "여자는 교회에서 잠잠하라"라는 내용을 담고 있는 고린도전서 14:34-36일 것이다. 사람들은 보통 이 본문을 여성이 교회에서 가르치는 일이나 여성의 지도자 역할을 금지한 것으로 이해한다. 그러나 사실, 이는 고린도 교회에서 무질서하게 드러난 예언의 은사로 인해 말미암은 특수한 상황을 배경으로 한다(고전 14:39-40).

당시에는 많은 여성이 사회에서 공인된 종교로 인정되지 않았던 디오니소스나 키벨레 제의, 델피의 피티아 제의, 시빌 제의에 참여했는데, 이는 주로 황홀경을 통해 신과 교류하는 무속적인 제의였다. 예를 들어 디오니소스 제의에서는 여성들이 모여 술, 환각성 식물이나 연기 등의 도움으로 황홀경에 빠져 찢어지는 듯한 소리를 지르며 파괴적 행동을 하면서 음탕한 말과 욕설을 퍼붓기도 했다. 이때, 헝클어지고 뒤로 제친 머리는 신과 접촉을 하는 데 필수적이라 믿겨졌다. 이는 차별받는 여성들이 자신들의 억압된 분노와 한을 푸는 유일한 방법이었던 것 같다. 그리고 각종 제의가 왕성했던 도시의 문화는 고린도 교회에도 영향을 미쳤다. 결국 바울은 무속적인 분위기를 풍기며 예언의 은사를 행하던 고린도 여성 지도자들의 행동을 통제할 필요를 느꼈던 것이다.

그러나 바울은 결코 여성을 무시하지 않았다. 오히려 바울은 선교의 과정에서 여러 여성에게 지도자적인 사명을 부여했다. 그는 뵈뵈 자매를 겐그리아 교회의 집사로 세웠다(롬 16:1). 초대교회의 집사는 오늘날과 비교할 수 없을 정도로 매우 중요한 교회 지도자였으며, 구제와 행정은 물론 가르치는 역할까지 담당했다. 로마서에서 바울이 안부를 전한 교회 지도자 중에는 브리스가와 마리아와 같은 여성들이 나온다(롬 16:3, 6). 복음을 통해 여성들은 집안에 갇혀서 사는 수동적인 삶에서 벗어나 집사라는 명예로운 직분을 받기도 하고, 복음전파와 하나님 나라 확장의 사명 속에서 '바깥 삶'을 체험하고 종교를 근거로 한 사회생활을 할 수 있었다.

이런 모든 상황들을 고려하면 바울 아저씨는 당시의 페미니스트임이 틀림없다. 그리고 그의 가르침을 따른 초대교회는 분명히 진보적인 여권신장의 요새였다. 사도 바울이 선교한 초대교회는 인권 의식에 있어 당시 사회보다 훨씬 앞서갔고, 이를 통해 성장할 수 있었다. 물론 오늘날 우리 사회의 인권 의식은 고대사회는 물론 초대교회가 보여주었던 수준을 훨씬 넘어섰다고 할 수 있다. 그러나 여성차별은 여전히 존재한다. 그러므로 우리는 사도 바울의 페미니즘과 초대교회의 정신을 본받아 남녀가 가장 평등한 사회가 될 때까지 현실을 고려한 지혜로운 방법을 통해 여권신장을 이루어나가야 할 것이다.

나가는 말

성경의 원리로 보건대, 설사 사회에는 성차별이 있다 할지라도 교회 안에서의 신앙생활은 남성 중심이 되어서는 안 된다. 남성 위주의 임직, 목회자 사이의 성차별, 사역자 사례비에 대한 성차별, 교인들의 사고구조 속의 성차별, 직분이나 역할의 분담에 있어서 성적인 것이 기준이 되어 생기는 문제들은 교회에서 반드시 사라져야 한다. 이는 성경적이지 않고 사회에 본이 되지 않기 때문이다. 교회는 여권신장에 가장 앞서는 곳이 되어야 한다. 아직 가부장적이고 남성 중심적인 우리 사회의 현실을 생각할 때, 그리스도인들이 페미니스트라는 소리를 들어야만 진정 성경에 따른 가르침을 실천한다고 볼 수 있을 것이다.

9장

사마리아 여인이
음란하고 부도덕하다고?[1]

요한복음 4장에 있는 사마리아 여인에 대한 설교를 들어보면 거의 예외 없이 그녀가 자기 멋대로 산 이혼녀라고 설명한다. 일부에서는 이 여인을 여성 해방적인, 시대를 앞서 자기 인생의 주도권을 가진 여인으로 보기도 한다. 사마리아 여인은 과연 남편을 다섯이나 갈아치운, 도덕적으로 자유분방한 여인이었을까?

사마리아 여인을 쉽게 부도덕하다고 생각하는 이유는 주로 두 가지다. 첫 번째는 그녀가 다섯 번이나 결혼을 했고, 지금 같이 사는 사람은 남편이 아니라 동거인이라는 사실 때문이다. 이렇게 복잡한 혼인 관계와 동거는 오늘날 세계에서 이혼율이 가장 높은 미국에서조차도 드문 경우다. 그러니 아무리 자유분방한 사회라 할지라도 그녀를 바라보는 시선이 고울 리는 없다.

그러나 이는 오늘날의 시각일 뿐이다. 그녀가 윤리적으로 부도덕한 여인이라는 사실이 성립되려면 먼저 그녀가 이혼의 주도권을 쥐고 있어야 하지만, 당시 여성에게는 이혼의 권리가 없었다. 우리나라의 조선 시대를 생각해보면 엇비슷한 상황임을 알 수 있다. 조선 시대에는 소박맞는 여인은 있어도 남편이 아내에게 버림받는 경우는 없었다. 신약성경의 배경이 되는 고대 근동의 문화에서 여성은 남자와 같은 이성과 인격을 가진 존재가 아니라 동물보다 나은 재산 정도의 존재였다. 당시 여성은 대체로 나이와 상관없이 어린아이와 같이 취급됐고 보호자에게 무조건 순종해야 했다. 이처럼 철두철미하게 남성 중심의 가부장 사회였던 고대 근동에서 여인이 자기 마음대로 이혼을 했다는 것은 어불성설이다.

확률적으로 빈약하지만, 그녀의 모든 남편이 그녀보다 일찍 세상을 떠난 것은 아닐까? 이는 계대 결혼의 풍습 때문에 전혀 불가능한 이야기는 아니다. 계대 결혼이란 자녀 없이 죽은 자기 형제의 대를 이어주기 위해 친형제나 친척 중 하나가 그의 부인과 결혼하여 아이를 낳아 대를 이어주는 풍습을 말한다(참고. 막 10:19-23). 물론 한 집안의 형제 다섯이 모두 죽는 경우란 매우 비현실적일 것이다. 자연스러운 경우라면 그녀가 매우 장수했어야만 가능한 이야기인데, 본문은 그녀의 나이를 말하지 않는다.

고려해야 할 또 다른 측면은, 그 시대에는 사람들의 평균 수명이 아주 짧았기 때문에 여러 번의 결혼은 흔한 일이었다는 점이다. 당시 로마제국의 평균 수명은 만 29세에서 31세 사이였다고 한다. 이는 그 시기에 만들어진 공동묘지의 수많은 묘비에 쓰인 생일과 사망일을 근거로 추정해낸 값이다. 의학이 원시적이어서 병균의 존재조차 모르던 시절, 위생 상태는 열악하고 사람들의 영양 상태도 좋지 않은 탓이었다. 그 결과, 경제적으로 풍요로웠던 노년의 남자들은 젊은 과부를 쉽게 첩으로 삼을 수 있었다. 경제 활동의 폭이 좁았던 과부들은 생계를 해결하기 위해 매춘을 하든지 나이 많은 사람의 부인이나 첩이 될 수밖에 없었다.

지금까지 알려진 고대의 유대 문헌이나 사마리아 문헌에서 여성의 이혼 권리를 논한 경우는 없다. 그러나 이혼을 허용하는 신명기 24:1의 '수치되는 일'을 남자에게 유리한 관점에서 해석하는 유대인들의 이혼율은 매우 높았고, 이는 사마리아 사회도 예외가 아니었다. 그런 상황에서 권력과 경제력을 지닌 남성들이 여러 여자를 거느릴 권리를 인정해주는 일부다처제가 허용되었다. 그리고 돈이 없는 남자들도 합법적인 이혼을 통해 부인을 쉽게 바꿀 수 있었다.

이런 사실들을 염두에 두면, 사마리아 여인은 음란한 것이 아니라 시대의 피해자였다고 생각할 수 있다. 그녀의 전 남편들은 모두 그녀에게서 이혼의 이유가 되는 '수치되는 일'을 찾아낸 것은 아닐까? 전 남편들이 그녀보다 더 젊고 매력적인 여인을 발견했을 수도 있다. 그녀가 더는 그들의 삶에 도움이 되지 않는다고 생각하거나, 더 이상 매력을 느끼지 못하거나, 그들의 욕망을 위해 부적당하다고 느꼈다면 그들은 그녀를 '합법적으로' 버렸을 것이다.

물론 본문에서 그녀가 여러 번 '버림받은 여인'이라는 증거를 찾을 수는 없다. 그러나 당시 사회는 아내를 학대하고 버리는 남자를 법적으로 보호하는 사회였다. 그녀는 불평등한 결혼 제도, 여성에 대한 사회적·경제적 압제, 조작된 빈곤의 희생자였을 가능성이 매우 높다. 그런 가능성을 모두 배제하더라도, 우리는 최소한 성경이 그녀를 음탕한 창녀 같은 여인으로 묘사하지 않는다는 사실은 인정해야 할 것이다.

많은 사람들이 사마리아 여인이 부도덕하다고 쉽게 생각하는 두 번째 이유는 그녀가 우물가에 나온 시간 때문이다. 요한복음에는 그녀가 '제 육시쯤'에 물을 길러 나왔다고 하는데, 이를 유대인의 시간으로 계산하면 한낮인 정오쯤이 된다. 유대인들은 낮을 열두 시간으로, 밤을 4경—1경은 약 3시간—으로 나누었기 때문이다. 로마제국의 시간 법은 지금처럼 하루를 24시간으로 나누는 방식이었지만, 각 지역에서는 고유한 시간 법도 함께 사용되고 있었다.

문제는 당시의 보통 여인들이 해가 뜨거운 정오에는 물을 길러 오지 않았다는 사실이다. 이 때문에 사마리아 여인이 자신의 부도덕한 과거와 삶으로 말미암아 남들의 눈을 피해 그 시간에 나왔을 것이라는 추측이 가능해진다. 그러나 요한복음의 시간이 로마 시간이 아닌 유대 시간으로 기록되었다는 것을 증명하기란 쉽지 않다. 만일 요한복음이 평범한 로마 시간을 기록한 것이라면 그녀는 보통 사람들이 물 길러 오는 시간에 물을 길러 온 것뿐이다.

사실, 그녀가 남들의 눈을 피해 한낮에 물을 길러 왔다고 해도 상황은 달라지지 않는다. 그녀를 괄시하는 마을 사람들의 시선이 정당하지 않기 때문이다. 이미 가부장적인 사회에서 선택권 없이 고통당하는 그녀를 두 번 죽이는 사람들의 시선은 옳다고 할 수 없다. 성경에

신앙, 그 오해와 진실

서 그녀는 끝까지 무명으로 나오고 우리는 그녀를 그냥 사마리아 여인으로만 기억한다. 그런데 유대인의 사회에서는 '사마리아'라는 말 자체가 버림받은 자, 혹은 유대인의 원수라는 의미를 가지고 있었다. 유대인들은 이 사마리아 여인을 '계속 생리 중에 있는 여자'로 낙인찍었을 것이다.[2] 즉 율법에 따라 영원히 불경하고 더러운, 가까이해서는 안 되며 하나님의 공동체에 받아들일 수 없는 존재로 여긴 것이다. 그러나 이는 그녀를 대하는 예수님의 태도와 상반된다. 물론 그녀가 성녀였다거나 의인의 삶을 살았다는 말은 아니다. 그러나 그렇지 않았다 하더라도 근거 없이 그녀를 부도덕한 여자로 만드는 것은 참으로 생사람 잡는 일이 아닐 수 없다.

그럼 예수님은 왜 영생의 물인 생수를 구하는 그녀에게 남편을 데리고 오라고 하셨을까? 모리스(Leon Morris)는 예수님이 그녀에게 남편을 데리고 오라 하신 말씀이 여인의 죄를 공개적으로 드러낸 것이라고 주장한다.[3] 그러나 예수님은 그녀를 꾸짖으신 적이 없고 죄에 대한 인정이나 회개를 촉구하지도 않으셨다. 예수님은 단지 그녀의 가장 아픈 곳을 건드리셨고, 이는 매우 상담학적인 접근이었다. 그녀가 지금까지 살기 위해 의지했던 것은 남자였다. 그리고 그녀는 어떤 이유에서인지 매번 실패했다. 어떤 남자도 그녀가 갈망했던 안정되고 지속적인 사랑과 보호를 제공하지 못했다.

예수님은 이제 그녀에게 자신이 영생의 생수를 줄 수 있다고 말씀하신다. 우리는 영생을 교리적으로 이해하는 경향이 강하다. 그러나 요한 문헌에서 영생은 참사랑에 거하는 삶을 의미한다. 따라서 요한

복음은 영생을 미래에 국한하지 않고(요 5:28-29; 6:27; 12:25), 예수님을 믿는 사람들에게 현재 실현되는 삶으로 소개한다(요 5:24). 많은 사람들이 죽음을 두려워하지만 죽음보다 훨씬 더 무서운 것이 있다. 사랑받지 못하고 사랑하지 못하는 상태에 있을 때, 인간은 죽음보다 더 무서운 상황을 겪는다. 실제로 자살을 선택하는 사람을 보면 삶의 의지가 약해서가 아니다. 그들은 죽음보다 더 삶을 힘들게 하는 고독과 삶의 불안함을 견디지 못해서, 아니 이미 죽음보다 더한 상태에 처했기 때문에 죽음을 선택한다. 실제로 죽음보다 더 무서운 사망, 그것은 사랑이 없는 상태다.

> 우리는 형제를 사랑함으로 사망에서 옮겨 생명으로 들어간 줄을 알거니와 사랑하지 아니하는 자는 사망에 머물러 있느니라(요일 3:14).

참사랑을 만나지 못하고 지나간 모든 남편으로부터 버림받은 그녀는 사망한 것과 다르지 않은 삶을 살고 있었다. 예수님은 그런 그녀를 참된 생명으로 초대하셨다. 그녀의 삶의 희망은 이제 남자들이 아닌 예수님이다. 사마리아 여인이 필요로 하고 갈급해했던 생명과 보호와 안전은 남자들에게서 오는 것이 아니라 예수 그리스도가 주시는 생수, 즉 영생의 삶에서 오는 것이었다. 세상이 주는 안전은 불완전하나, 오직 그리스도가 주시는 영원한 생명만은 참사랑, 불멸하는 행복을 보장한다.

사마리아 여인을 부도덕한 여성으로 보는 관점은 근거 없는 선입

관으로, 현대적 시각을 당시 문화에 투영하는 오류라고 할 수 있다. 가톨릭 여성학자인 슈나이더스(Sandra M. Schneiders)는 그녀를 음탕한 여자로 보는 관점은 성경이 아닌 가부장 제도에 맹종하는 것으로 여성들을 그들의 성(性)에 가두어놓고, 그들의 성 자체를 비도덕으로 치부하는 것이라고 보았다.[4] 우리는 최소한 그녀가 음탕하고 부정한 여자라는 증거가 본문에 없다는 사실을 인정해야 한다. 그녀가 다섯 번이나 결혼하고 지금은 다른 남자와 동거하는 이유에 대해 본문은 침묵한다. 본문은 그녀를 성적 욕망의 포로로 묘사하지 않았다. 또한 예수님은 그녀의 죄를 꾸짖거나 회개를 촉구하지도 않으셨다.

오히려 본문의 배경 문화를 고려할 때, 분명한 것은 그녀에게 이혼할 결정권이 없었다는 사실이다. 지금의 동거조차도 그녀의 선택이라기보다는 그녀와 함께 사는 동거남의 결정이었을 가능성이 높다. 이런 차원에서 그녀는 오히려 남성 중심 사회의 피해자였을 가능성이 높다. 이제 사마리아 여인에 대한 오해를 풀 때도 되었다. 정확한 근거도 없이 그녀를 음란하고 도덕적으로 부정한 여인으로 만들어 그녀를 두 번 죽이지 말자.

2부

신앙생활에 대한

오해와 진실

10장

천국행 티켓
예매 방법은?

지인 한 분이 암이 심하게 전이되어 중환자실에서 생의 마지막을 맞이하고 있었다. 그분은 평생 신실하게 예수님의 제자로서 살아오신 분이었다. 그래도 죽음은 누구에게나 낯설기에 그분의 눈빛에는 죽음에 대한 공포와 불안, 홀로 떠나야 한다는 외로움이 서려 있었다. 그때 함께 문병을 간 목사님이 환자에게 직설적으로 물었다. "구원받으셨습니까? 오늘 죽어도 천국에 갈 자신이 있으십니까?" 그분은 기운이 없으셔서 말씀은 못하시고 힘없이 고개를 끄떡이셨다. 목사님은 무엇을 근거로 그렇게 믿느냐고 또다시 물었다. 그분은 성경책을 가리켰다. 그의 고백에 감사하며 그 목사님과 나는 환자의 마지막을 위해 간절하고 뜨겁게 기도했다. 치유가 아니라 마지막 여정을 잘 가시기를 구하며…. 그분은 말씀은 못 하셨어도 상당히 편해진 눈빛을 우리에게 보여주셨고 하나님께 돌아갈 준비가 되신 것 같았다. 우리 주변에는 이처럼 올바른 구원의 확신을 가진 신앙인들이 많이 있다.

그러나 구원의 확신을 왜곡하는 경우도 있다. 길을 가다가 『사영리』를 가지고 집요하게 전도하는 사람을 만나 귀찮아서라도(?) 영접기도를 하면 그 전도자는 "성경은 하나님의 틀림없는 말씀입니다. 성경은 이제 당신이 구원받았다고 합니다. 그러니 이제부터 구원의 확신을 가지세요"라고 말하기도 한다. 그러나 이는 전도자의 소망 사항일 뿐 성경의 가르침은 아니다. 구원이란 길가에서 영접기도 한 번 한 것으로 보장될 수 있는 성질의 것이 아니다. 성경에서 구원이란 예수 그리스도를 주인으로 모시고 좁은 문, 좁은 길이라도 마다치 않고, 때론 목숨까지 요구될지라도 그분의 뜻을 따르는 제자의 삶을 각오한 자들에게만 주어지는 선물이다. 기계적인 영접기도로는 결코 구원을 얻을 수 없다. 구원은 장로교의 웨스트민스터 신앙고백에서 말하는 것처럼 죄를 고백할 뿐만 아니라 죄를 미워해, 버리려고 애쓰며 "하나님의 계명의 모든 길에서 그와 동행하기를 목적하고 또 노력하게" 되는 이들에게만 약속된 것이다.[1]

구원의 의미에 대한 혼동

사실, 구원이란 용어는 성경에서 다양한 의미로 사용된다. 기본적인 의미는 해악과 위험으로부터의 구출, 혹은 병 고침의 상태나 행위다. 구약에서는 주로 애굽의 종살이나 바벨론의 포로 생활로부터(출 20:2; 신 5:6; 24:18; 느 9:27; 사 45:17), 원수나 악한 자, 혹은 질병으로부터(시

69:29; 참고. 약 5:15), 혹은 환란으로부터(시 34:6, 19) 하나님이 자기 백성을 구출하시는 행위를 구원이라고 표현한다. 그러나 신약에서 구원은 전문적인 신학용어로 사용되는데, 이때 그 뜻은 기본적으로 인간이 그리스도를 통해 하나님의 진노에서 풀려나(롬 5:9) 죄로부터 해방된다는 의미다. 그리고 우리가 자주 사용하는 '구원'의 개념은 신약의 전문적인 의미에 가깝다.

그런데 정말 예수님을 믿기만 하면 십자가의 공로로 과거, 현재, 미래의 모든 죄를 사함 받아 의롭다 함을 입고, 단박에 구원을 받게 되어 아무렇게나 살아도 되는 것일까? 상급만 못 받을 뿐이지 부끄러운 구원이라도 받게 되는 것일까? 미리 답을 하자면 분명히 "아니요!"다. 믿는 자가 이미 구원받았다는 말은 틀리지 않지만, 현재의 과정과 미래의 완성에 대한 여지를 남기지 않는 오해를 만들어서는 안 된다.

한국 교회의 시급한 문제 중 하나가 바로 성경적 구원론의 확립이다. 서구 교회에서 오래전부터 엄청난 비판의 대상이었던 '안일한 믿음주의'(easy believism)는 한국 교회에 아직도 깊이 뿌리내리고 있다. 안일한 믿음주의란 쉽게 말해서 복음의 기초적인 진리, 즉 예수의 십자가 죽음과 부활에 대하여 호감을 가지거나 동의만 하면 누구나 단박에 구원을 받는다는 생각이다. 즉 믿는 자는 이미 구원을 받았다고 여기는 것이다.

구원의 조건

구약 시대에 죄를 용서받으려면 죄에 대한 자복, 회개, 믿음, 순종이 요구되었다(시 32:1, 5-7, 9-10). 이는 신약 시대에도 마찬가지다. 구원을 위해서는 '회개, 믿음, 순종'이 요구된다. 그렇다면 회개란 무엇일까? 예전에 어느 교회에서 예배를 드리는데 '회개의 시간'이라는 순서가 있었다. 목사님은 모두가 마음속으로 한 주간의 죄를 고백하라고 권유했다. 그리고는 로마서 8:1-2을 낭독하며 죄 사함을 선포했다. 그러나 과연 죄가 이런 방식으로—단순한 고백이나 인정으로—용서받을 수 있을지 의문이다.

구약에서 회개를 의미하는 '슈브'(שוב)는 잘못을 인정하고 뉘우치어 그릇된 길에서 돌이켜 하나님께로 돌아온다는 뜻이다(욥 42:6; 렘 31:19; 겔 3:18-21; 33:11-20; 암 4:6-11). 신약에서 회개로 번역한 '메타노이아'(μετάνοια)는 문자적으로 '뜻을 바꾼다'는 의미다. 그러나 성경에서 메타노이아는 죄를 인정하고 생각만 바꾸는 것이 아니라, 주로 사회적·경제적·도덕적으로 부정부패한 삶을 뒤바꾸어내는 것을 말한다(마 4:17; 눅 3:7-14; 행 2:37-38; 8:22; 17:30; 롬 2:4).

예를 들어, 세례 요한은 당시 부정부패했던 세리들과 군인들에게 회개를 촉구했다(눅 3:7-14). 그런데 세리가 회개하려면 이전과는 다르게 국가에서 정한 세금만 걷어야 한다. 마찬가지로 군인은 정한 월급에 만족하며 부당한 이득을 취하는 행동을 멈춰야 한다. 죄의 고백이 다가 아니었다. 특히 누가복음은 어떤 종교적 행위나 계명 준수에 열심을 내더라도, 재물에 대한 탐욕으로부터 돌이키지 않는 한, 참 회개는 불가능하며 구원을 얻을 수 없다고 강조한다(눅 18:18-26).

믿음이란 용어도 일반적으로 신약에서 여러 가지 의미로 사용되면서 혼동을 일으킨다. 그러나 진짜 믿음은 이론적 교리 신봉을 넘어 예수 그리스도를 통해 하나님과의 신실한 **관계 맺음**에 들어가는 것이다. 우리는 하나님을 믿어야 하고(요 14:1), 메시아이신 그의 아들 주 예수를 믿어야 한다(요 20:31; 행 17:3). 사실 예수를 믿는 것은 하나님을 믿는 것과 다르지 않다(요 12:44). 그리고 이 믿음은 사람들 앞에서 예수를 주님으로 시인할 수 있는 확신을 포함한다(롬 10:9). 또한 그리스도의 제자가 되어 예수의 말씀을 따르며 온전히 헌신하는 것도 포함한다(마 15:24-27; 눅 18:29-30; 요 6:35; 행 10:43).

순종은 구원을 체험하기 위한 필수 조건이다. 이는 믿음을 강조한 사도 바울도 동일하게 언급한 개념이다. "교훈의 본을 마음으로(wholeheartedly) 순종하여"(롬 6:17; 참고. 살후 1:8), "믿어 순종하게 하는 것"(롬 1:5; 16:26)이란 표현은 구약의 실천적 믿음인 '에무나'(신실, 순종)를 반영한 것이다. 그리고 순종은 서로 사랑하라는 예수님의 계명을 지키는 것으로 나타난다(요 14:15; 요일 3:23).

그러나 '안일한 믿음주의'에 빠진 성도들은 죄에 대한 회개를 불편하게 생각하거나 회개를 단순히 죄에 대해 인정하는 정도로만 생각한다. '오직 은혜, 오직 믿음'이 때론 도를 넘어서 아무렇게나 살아도 구원을 확신할 수 있다는 잘못된 신념까지 제공하는 것이다. 얼마나 많은 성도들이 '오직 믿음'을 좋아했기에 한글 성경들은 원어에 없는 '오직'이란 단어를 첨가했을까? 로마서 1:17의 "**오직** 의인은 믿음으로 말미암아 살리라"라는 번역은 필자가 본 성경 중 '오직' 우리말 성경(개역한글판, 개역개정판)만 채택한 번역이다. 이는 다음 구절에서도 마찬가지다.

> 그런즉 자랑할 데가 어디냐 있을 수가 없느니라 무슨 법으로냐 행위로냐 아니라 오직 믿음의 법으로니라(롬 3:27).

> 언약은 율법으로 말미암은 것이 아니요 오직 믿음의 의로 말미암은 것이니라(롬 4:13).

영어, 독일어, 프랑스어, 중국어 번역본에도 '오직'이란 단어는 찾을 수 없다. 확인해보니 표준새번역은 이 오류를 고쳤다. 즉 '오직'이란 말은 본문에 대한 해석적 견해가 개입되어 첨부되었다는 말이다.

여기에는 예수를 쉽게 영접하게 할 수 있도록 사용하는 『사영리』 같은 전도용 책자에도 책임이 있다. 많은 전도인들이 회개와 희생이 따르는 제자의 삶에 대한 각오를 확인하지 않고 영접기도를 시키는데, 이는 성경에서 벗어난 약속의 남발일 뿐이다. 복음은 결코 4가지 원리로 단순화시킬 수 없다! 단순히 죄에 대한 인정이 회개일 수 없듯이, 믿음 역시 단순히 정신적인 작용이 아니다. 그런데도 많은 사람이 신뢰와 신실함, 순종의 구원적 의미를 '행위 구원'으로 매도하기에 급급하다. 그 자체가 성경이 요구하는 '믿음'인데도 말이다.

신앙, 그 오해와 진실

하나님의 은혜는 '아무렇게나 살아도 구원받을 수 있는 기회의 제공'이 아니라 그리스도인의 윤리적 삶의 근거다(고후 8:1-7; 9장). 은혜는 더 이상 죄가 신자를 주관하지 못하게 하는 하나님의 능력임에도(롬 6:4), 우리는 그저 죄에 대한 용서에 매달린다. 나아가 죄에 대한 심각한 고민과 죄와 싸워보려는 노력을(히 12:4) 아름다운 순종으로 보는 것이 아니라, 오히려 '오직 은혜'를 심리적으로 믿지 못하는 것으로 치부해버리며 자신을 합리화하기도 한다.

나가는 말

사도 바울에게 '그리스도의 구원 행위'를 의미하는 은혜는 누가복음과 사도행전에서는 복음 혹은 구원과 같은 의미로 사용되었다. 은혜의 핵심은 사랑받을 자격이 없는 타락한 인류에 대한 하나님의 조건 없는 사랑이다. 그리스도의 사랑은 우리를 강권하신다(고후 5:14; 딛 2:11-14). 여기서 '강권'으로 번역된 단어는 원래 '강요하다'(공동번역개정판), '휘어잡다'(표준새번역)라는 뜻이다. 즉 은혜는 우리가 더 이상 죄의 종노릇할 수 없게 만든다.

일만 달란트를 탕감받은 종이 동료에게 용서를 베풀지 않았을 때 그에게 베풀어진 탕감이 취소되었다는 사실은 '오직 은혜'에 익숙한 우리를 불편하게 만든다(마 18:23-35). 그러나 하나님의 은혜는 은혜받은 자들의 변화된 삶을 목적으로 주어지는 선물이지, 죄책감 따위 버리고 뻔뻔한 삶을 살도록 자극하는 것이 아니다. 성경은 그런 가능성을 철저히 배제한다.

은혜는 우리를 변화시키는 하나님의 강한 능력이다. 성경은 성령의 능력으로 말미암은 변화를 통해 구원의 확신을 보장하는 은혜에 대해 말한다. 그리고 하나님의 은혜는 반드시 모든 민족 중에서 구원의 열매를 맺게 하실 것이다(눅 3:6; 행 2:17, 21). 하나님은 회개의 기회를 은혜의 선물로 베푸시는 분이시기 때문이다(행 5:31; 11:18).

/// 11장 ///

헌금함에 생활비 전부를 넣으라고?[1]

대부분의 그리스도인은 자신의 생활비 전부인 두 렙돈을 헌금한 과부의 이야기를 전적으로 하나님만을 신뢰하여 모든 것을 하나님께 바친 내용으로 이해한다(막 12:41-44; 눅 21:1-4). 도대체 얼마나 신앙이 좋으면 대책도 없이 생활비 전부를 바칠 수 있을까? 물론 액수로 보면 그녀가 바친 두 렙돈은 지금의 천 원 정도밖에 안 되는 금액이지만, 그것은 그 과부에게 생명과 같은 전 재산이었기에 의미가 남다르다.

그런데 이 이야기를 읽을 때 마음에 껄끄러운 느낌을 지우긴 어렵다. 정말 하나님은 그토록 가난한 과부에게 전부를 요구하신 것일까? 이 과부의 헌금을 보면 마지막 남은 한 줌 곡식 가루와 기름으로 떡을 해 먹고 죽을 생각을 하던 과부에게 그것을 내놓으라고 요구한 엘리야가 생각난다(눅 4:25-6; 왕상 17:8-15). 가난한 과부를 도와주지는 못할망정 종교적 권위를 이용해 마지막 먹을 것까지 빼앗는 듯한 엘리야의 요구는 너무 극단적이지 않은가! 그러나 우리는 그 이야기의 결말을 알기에 엘리야의 순수성을 의심하지 않는다. 하나님은 엘리야를 통해 그녀에게 밀가루와 기름을 차고 넘치게 공급하셨다.

그렇다면 두 렙돈을 성전에 바친 과부의 미래는 어떻게 되었을까? 그녀도 차고 넘치는 축복을 받아 행복하게 오래오래 살았을까? 결말이 매우 궁금하지만 성경은 이에 대해 침묵한다. 사실, 본문을 세밀히 보면 예수님은 그녀의 믿음을 칭찬하지 않으신다. 그렇다면 본문은 모범적인 헌금에 관한 내용이 아니라 혹시 다른 깊이 있는 내용을 우리에게 호소하는 것이 아닐까?

이야기의 문맥

어떠한 경우에도, 성경 해석의 기본은 본문의 문맥과 저자의 전반적인 신학이 가지는 중요성을 인식하는 것이다. 이 기본 원칙에 따라 먼저 본문의 문맥을 살펴보자. 이 내용을 독립된 누가복음 21:1-4이 아니라 누가복음 20:45-21:6의 일부로 볼 때, 그 의미는 확연히 달라진다. 게다가 원래 성경은 장, 절이 나누어져 있지 않았다. 찬찬히, 특히 예수님의 말씀을 염두에 두고 본문을 살펴보자.

> 45모든 백성이 들을 때에 예수께서 그 제자들에게 이르시되 46긴 옷을 입고 다니는 것을 원하며 시장에서 문안받는 것과 회당의 높은 자리와 잔치의 윗자리를 좋아하는 서기관들을 삼가라 47그들은 과부의 가

산을 삼키며 외식으로 길게 기도하니 그들이 더 엄중한 심판을 받으리라 하시니라 21:1예수께서 눈을 들어 부자들이 헌금함에 헌금 넣는 것을 보시고 2또 어떤 가난한 과부가 두 렙돈 넣는 것을 보시고 3이르시되 내가 참으로 너희에게 말하노니 이 가난한 과부가 다른 모든 사람보다 많이 넣었도다 4저들은 그 풍족한 중에서 헌금을 넣었거니와 이 과부는 그 가난한 중에서 자기가 가지고 있는 생활비 전부를 넣었느니라 하시니라 5어떤 사람들이 성전을 가리켜 그 아름다운 돌과 헌물로 꾸민 것을 말하매 예수께서 이르시되 6너희 보는 이것들이 날이 이르면 돌 하나도 돌 위에 남지 않고 다 무너뜨려지리라(눅 20:45-21:6).

이 이야기의 구조는 단순하다. 과부의 가산을 삼키는 서기관, 생활비 전부를 성전에 바치는 과부, 그리고 그런 헌물로 지어진 아름다운 성전이 돌 하나도 돌 위에 남지 않고 무너질 것이라는 말씀이다. 이렇게 보면 이 이야기는 과부의 가산을 삼키는 종교 지도자의 탐욕으로 과부의 헌물이 희생되고, 이것으로 화려하게 꾸며진 부를 자랑하는 성전에 대한 심판 선언으로 변한다.

강도의 소굴

예수님은 당시 종교 지도자들이 성전을 강도의 소굴로 만든 것에 대하여 분노하셨다(마 21:13; 막 11:17; 눅 19:46; 참고. 요 2:16). 그것은 성전 안에서 장사를 벌였던 장사치들과 결탁하여 이득을 챙긴 성전 당국자들에 대한 단죄였다. 그리고 성전 정화를 통해 성전이 멸망의 대상임을 보여주셨다(마 21:12-13; 막 11:15-18; 눅 19:45-46; 요 2:13-16). 맙소사! 그렇다면 이 과부는 강도의 소굴에 헌신적으로 전 재산을 바치고 있었던 것이 아닌가? 그 강도들은 마지막 한 푼까지 바치게 하는 율법 교사들의 가르침을 앞세워 날로 부유해졌고 자신들의 소굴을 점점 화려하게 치장하고 있었다.

당시 성전에 생활비 전부를 바친 그 과부는 자신의 생명을 바친 것이나 다름없었다. 그녀는 사렙다 과부처럼 자신도 전부를 바치면 하나님이 책임져주시리라는 믿음으로 성전에 헌금한 것일까? 아니면 마지막 생활비를 다 바쳐서라도 신명기적인 물질 축복을 받아내야 한다고 외친 종교 지도자의 희생양이었을까?

사실, 종교적 착취는 정치적·경제적 압제보다 단수가 더 높다. 종교 권력은 물리적 방법을 동원해 강탈하지 않는다. 그 피해자는 돈뿐 아니라 마음마저 빼앗긴다. 절박한 상황에 놓인 과부는 쉽게 탐욕적인 종교 지도자의 먹잇감이 된다. 그녀는 자발적으로 생활비 전부를 바쳤을 것이다. 아마도 사렙다 과부의 결말을 믿음으로 받아들이며 말이다. 그러나 탐욕에 물든 종교적 가르침으로 말미암아 과부는 더 가난해질 뿐이다.

예수님 당시의 성전 당국자들과 율법 교사들의 가르침은 탐욕에 근거하고 있었다. 힘을 다해 하나님의 뜻에 순종하던 엘리야와는 달리 그들은 성전 자체를 호화롭게 하는 데 힘을 기울였기 때문이다. 당시 종교 지도자들의 과부에 대한 착취는 전혀 새로운 소식이 아니었다. 당시의 문헌을 살펴보면, 과부가 바친 '한 줌의 고운 가루'를 작은 예물이라고 경멸하는 태도를 보인 제사장의 이야기,[2] 쿰란 공동체의 과부들을 강탈하는 예루살렘 제사장 무리를 비난하고, 과부들이 경제적 궁핍으로 말미암아 매춘을 해야 하는 현실을 한탄하는 이야기[3]들이 있다. 또한 고아와 과부를 억압하고 경제적으로 착취하는 성전 당국자들에 대한 구약 선지자들의 비판과 심판 선언도 잘 알려져 있었다(렘 7:6).

당시 과부는 고아와 마찬가지로 극단적 결핍의 상징이었다. 그리고 율법은 그들에 대한 사회적·경제적 보호를 명한다. 누구든지 "과부나 고아를 해롭게" 하면 하나님이 그에게 반드시 보응하실 것이다(출 22:22-24). 또한 신명기 언약은 하나님을 고아와 과부를 위하여 정의를 행하시는 분으로 묘사한다(신 10:18). 과부에게 토색하고 고아의 것을 약탈하는 자는 하나님이 반드시 심판하신다(사 10:2). 따라서 이스라엘의 재판관들은 고아와 과부를 포함한 소외된 자들을 정당하게 대우해야 한다(신 24:17; 27:19). 또한 고아와 과부는 십일조 복지 제도의 우선 수혜자다(신 14:29; 26:12-13). 초대교회는 이러한 전통을 받들어 과부의 가산을 탐하는 것을 비난하였고(막 12:40), 경건의 내용에 과부를 돌보는 것을 포함시켰다(약 1:27).

이런 맥락을 기억하면서 예수님의 말씀을 다시 살펴보자.

3 이르시되 내가 참으로 너희에게 말하노니 이 가난한 과부가 다른 모든 사람보다 많이 넣었도다 4 저들은 그 풍족한 중에서 헌금을 넣었거

니와 이 과부는 그 가난한 중에서 자기가 가지고 있는 생활비 전부를 넣었느니라 하시니라(눅 21:3-4).

이 말씀은 과부의 행동에 대한 긍정적인 평가라기보다는 종교적으로 착취당하는 과부에 대한 한탄으로 보인다. 사실 이런 해석은 성전과 유대 지도자들의 탐욕에 대해 경고하는 개혁적인 예수님의 모습과 잘 들어맞는다. 탐욕스러운 종교 지도자들이 바로 강도요, 가난한 자의 헌물로 사치스럽게 꾸민 성전은 그들의 소굴이라는 실상을 보여주는 예가 바로 이 본문에 나타난 과부의 이야기다.

예루살렘의 성전이 무너지게 된 것은 단순히 폭압적인 로마의 통치 때문이었을까? 그렇지 않다! 본문의 문맥에 따르면 성전 지도자들의 탐욕으로 말미암아 마지막 생활비까지 착취당하는 과부를 보며 한탄하시는 하나님의 진노가 성전의 멸망을 불러온 것이다. 아니, 정확하게 말하면 성전이 무너진 것이 아니다. 단지 강도의 소굴이 무너져 강도들이 심판받은 것뿐이다.

복 받으려면 헌금해라?

만일 기초생활보장제도의 수급자로서 매우 가난한 할머니가 끼니를 때울 마지막 남은 몇천 원의 생활비를 교회 헌금함에 넣는다면 우리는 어떻게 해야 할까? 사렙다 과부의 결말처럼 하나님이 채워주실 것을 기대하며 그녀의 믿음을 칭찬해야 할까, 아니면 그녀가 혹시 일부

신앙, 그 오해와 진실

탐욕적인 교회의 기복적인 설교로 말미암은 희생자는 아닌지 생각해 봐야 할까?

물론 가장 중요한 것은 그녀가 어떤 동기를 가지고 있는가 하는 것이다. 만일 어려운 중에서도 하나님의 은혜에 감사하기 위해 풍성하고 즐거운 마음으로 기꺼이 헌금에 동참하는 것이라면, 이는 우리 모두에게 규범이 되는 감동적인 일이 아닐 수 없다(고후 9:7). 그리고 교회는 그녀의 헌금을 다른 어떤 헌금보다 더욱 귀히 여기는 동시에, 그녀가 사렙다 과부의 결말을 체험할 수 있도록 경제적인 도움을 주어야 할 것이다. 교회가 예루살렘 성전처럼 사람을 차별하거나 착취해서는 안 된다. 대신 결핍한 과부들의 생계를 보살폈던 초대교회처럼(행 6:1) 가난하고 소외된 자도 초대받고 참여할 수 있는 평등하고 차별 없는 천국 잔치의 장을 만들어야 한다. 이것이 예수 그리스도의 몸이요, 새롭고 참된 성전인 교회의 제대로 된 모습이다.

그러나 만일 교회가 재정을 늘리기 위해 성공과 부에 대한 욕구를 자극한다거나, 가난한 사람들의 절박한 심정을 교묘하게 이용한다면 심판을 면하기 어려울 것이다. 물론 그 책임은 교회 지도자들의 윤리와 신학에서 먼저 찾아보아야 한다. 이는 한때 가톨릭 교회가 화려한 성 베드로 성당을 건축하기 위해 성경적으로 전혀 근거 없는 신학과 온갖 감언이설을 동원한 것과 다르지 않다. 그들은 이미 죽은 가족이나 조상에까지 적용되는 죄 사함, 천국 보장, 물질 축복에 대한 환상을 심어주며 가난한 사람들에게 헌금을 바치게 했다.

요즘에도 일부 목회자들, 특히 부흥사들 가운데 교회 건축과 재정을 늘리기 위해 온갖 저주와 축복을 남발하여 헌금을 억지로 빼앗는 사람들이 있는 것 같다. 교회의 성장이라는 허울을 내세우지만 인간적인 욕망에 사로잡힌 그들은 심판의 대상인 강도일 뿐, 하나님의 일꾼이 될 수는 없다. 절박한 상황에서 전 재산을 성전에 바친 과부의 이야기를 하나님에 대한 절대적인 믿음의 본이라고 칭찬하며 성도의 상황을 고려하지 않고 무조건 헌금을 강조하는 교회 지도자들이 있다면 제발 반성하기 바란다. 그가 바로 과부의 가산을 삼키는 강도다!

12장

십일조와 봉헌에
철저하라고?

'하늘 문을 여는 십일조', '십일조의 비밀', '축복의 통로'…. 십일조에 대한 묘사가 참 많다. 『십일조의 비밀을 안 세계의 부자들』이라는 책에는 이런 이야기가 나온다. 존 록펠러, 존 워너메이커, 벤저민 프랭클린, 콘래드 힐튼! 이 부자들의 공통점은 철저한 십일조였다. 특히 록펠러는 레스토랑에서 계산서의 내용을 확인하고자 가족들이 먹은 닭다리까지 세어볼 만큼 돈에 대해 무서운 사람이었지만 십일조를 어찌나 철저하게 했는지 십일조를 계산하는 직원만 40여 명을 두었다고 한다. 부자가 되는 것은 인간의 힘이 아니라 하나님의 능력이 필요한데, 그 도움을 받는 핵심이 십일조라는 것이다.

"십일조를 하지 않으면 구원받지 못한다"라고 설교하던 어느 대형 교회의 목사가 있었다. 그는 빚을 겨도 십일조만큼은 철저하게 지키되, 반드시 본 교회에 바쳐야 한다고 주장했다. 그의 가르침을 따르자면 '십일조는 축복의 종잣돈'인 셈이다. 그런데 그는 불륜으로 물의를 일으켜 고소를 당했다. 그리고 결국 교회 재정 31억 원을 횡령하여 불륜 관련 합의금, 부인 명의의 별장 구입비, 고소 합의금 등으로 사용한 혐의로 구속, 기소되어 징역 2년 6개월에 집행유예 3년의 유죄 선고를 받았다.

지난 2013년에는 대한예수교장로회 합동측 총회가 '십일조'를 하지 않는 교인의 자격을 박탈하는 헌법을 만들려고 했다. 그러나 이에 대한 교계 내외의 비판이 만만치 않자 한 발 물러설 수밖에 없었다. 교회의 재정 상황이 얼마나 어려워졌기에 그런 정책까지 나오는지 생각해봐야 할 문제다. 유수한 대형교회조차 마른 걸레 짜낼 정도로 긴급한 재정 긴축에 들어가는 판국에 작은 교회들이야 말할 수 없는 재정 압박에 시달리고 있음은 불을 보듯 뻔하다. 교회마다 봉헌은[1] 계속 줄어들고, 대형 예배당조차 심심찮게 법원 경매물로 나오고 있으니 상대적으로 더 열악한 작은 교회들의 상황은 말로 표현할 수 없이 비참한 지경일 것이다.

한국 교회는 현재 교인의 20퍼센트 정도가 십일조를 드리고 있고, 십일조는 평균 잡아 교회 예산의 70퍼센트 정도를 차지한다. 그래서 십일조 봉헌은 신학의 문제이기 전에, 현실적으로 교회의 생존과 파산을 결정하는 문제다. 뭐니뭐니해도 머니(money)가 가장 절실하다. 돈이 없으면 생존 자체가 불가능하기 때문이다. 교회 살림을 꾸려나가는 데에 있어 봉헌은 절대적인 요소다.

신약성경에 나타난 초대교회는 십일조를 훨씬 넘어선 봉헌을 보여주었다. 그러나 요즘 성도들은 사실 십일조 율법을 지킨 구약 백성보다도 봉헌에 훨씬 인색하다. 봉헌에 신경 쓰지 않고 목회하면 하나님도 그 교회를 책임지지 못하실(?) 정도다. 이러한 현실 속에서 십일조는 폐기되어야 하는 율법에 불과한지, 아니면 십일조를 포함한 봉헌에 대한 열정을 회복해야 하는지의 문제를 성경적으로 고찰해볼 필요가 있을 것이다.

십일조의 원래 의도

이스라엘의 열두 지파 중 레위 지파는 제사를 포함한 성전 업무를 감당하기 위해 구별되었다. 나머지 지파들과는 다르게 레위 지파는 땅을 기업으로 분배받지 못해 생계수단이 없었다. 하나님은 이 레위인들의 생계와 가난한 자들의 구제를 위해 십일조를 제정하셨다. 특히 신명기는 가난한 이웃을 위한 봉헌을 강조한다(신 12:12, 18-19; 14:22-29). 3년마다 드리는 십일조는 오로지 레위인, 나그네, 그리고 고아와 과부를 위해 쓰여야 했다(신 26:12). 모세 율법에서 가난한 자에 대한 배려는 희년을 포함한 다양한 제도를 통해 강조되는데, 거기에 십일조도 중요한 역할을 한 것이다. 이러한 십일조의 원래 의도를 고려해 오늘날 교회에 적용한다면, 별다른 수입이 없는 목회자들의 생계와 먹고 살길이 막막한 가난한 이들의 구제를 위한 봉헌이야말로 십일조에 가깝다고 할 수 있다.

말라기서의 십일조 문제

'십일조의 복'과 관련해 가장 오해받는 성경은 말라기서다. 말라기서 에서 하나님은 제사장들을 책망하며 헛된 제물을 더 이상 드리지 못 하도록 성전 문을 닫아버리면 좋겠다고 한탄하신다(말 1:10). 심지어 희생 제물의 똥을 제사장들의 얼굴에 바르겠다고 협박하신다(말 2:3). 그 이유는 무엇인가?

말라기 선지자가 활동하던 주전 5세기, 야곱의 자손인 유다 백성 은 율법을 지키지 않고 레위인, 가난한 이웃의 몫인 헌물과 십일조를 떼어먹기 일쑤였다. 게다가 십일조를 모든 제사장과 레위인, 고아와 과부, 그리고 나그네를 위해 분배하는 책임을 맡은 고위 제사장들은 자기 역할을 제대로 하지 않았다. 그 결과 유대에는 빈곤한 하위 제사 장들과 레위인들이 나타나기 시작했다.

한편 가난한 이들에게 돌아갈 몫을 빼돌려 부를 축적하며 호의호 식하던 고위 제사장들에 대한 신랄한 비판은 말라기 이후 중간기와 신약 시대까지 멈출 줄 몰랐다. 쿰란의 하박국 페셰르(해석집)는 고위 제사장들을 사악하다고 평가한다. 그들이 가난한 자에게 강도질을 하 고, 부를 쌓으며, '하나님의 성소'를 더럽힌다는 것이다.[2] 요세푸스도 대제사장의 뇌물 수수, 폭력을 비난한다.[3] 예수님 당시의 성전은 예수 님의 말씀대로 '강도의 소굴'이었음이 분명하다.

즉 말라기 선지자는 율법에 명시된 가난한 이웃에 대한 보살핌이 제대로 이루어지지 않는 것과, 고위 제사장들의 탐욕을 채우기 위해

신앙, 그 오해와 진실

나머지 제사장들과 레위인들, 가난한 이웃들이 고통받고 있는 사실에 대한 통합적인 비난으로서 십일조 문제를 거론한 것이다. 다시 말하면 말라기서에 나오는 소위 '십일조의 복'은 단순히 십일조만 바치면 개인적으로 복을 받는다는 이야기라기보다는, 율법을 지키지 않음으로 말미암아 발생한 경제적 양극화 문제에 대한 비판이라고 보아야 한다.

성전이 사라져버린 오늘날 정통 유대교에서는 회당에 십일조를 드린다. 그리고 그 십일조를 구제의 명목으로 사용한다. 레위인이 더 이상 존재하지 않기 때문이다. 뿐만 아니라 금액에 있어서도 산술적으로 정확한 십 분의 일을 강조하기보다는 형편에 따라 액수를 정해 봉헌한다.

신약의 십일조와 봉헌

신약성경에는 복음서에서만 '십일조'라는 말이 나온다. 그것도 모두 예수님이 바리새인의 외식에 대해 비판하신 내용이다(마 23:23; 눅 11:42; 18:12). 즉 신약성경은 십일조를 그리스도인의 의무로 가르치지 않는다. 사실, 십일조는 정치와 종교가 구분되지 않았던 신정국가 이스라엘에서 세금 제도로서 기능했다. 그리고 모든 봉헌을 다 합치면 십 분의 일보다 훨씬 많은 액수가 요구되었다(레 27장; 민 8장; 신 14:22-29; 대하 31장; 느 10, 12, 13장; 암 4장; 말 3장). 물론 초대교회는 율법의 완성으로 선포된 복음의 정신에 따라 십일조 제도를 수용하지 않았다.

그러나 십일조의 근본정신은 성도들의 구제 봉헌으로 되살아났다. 즉 율법에서 십일조가 레위인의 생계를 책임지고 가난한 자들을 돕는 기능을 했듯이 초대교회의 봉헌은 목회자와 가난한 이웃을 책임지기 위해 활성화된 것이다.

초대교회에서 율법에 속한 십일조의 폐지는 당연했지만, 그것이 결코 봉헌을 거부하는 핑곗거리가 되지는 않았다. 초대교회는 오히려 봉헌에 있어서 훨씬 헌신적이었다. 즉 십일조의 완성이라는 차원에서 모든 재물의 주인이 오직 하나님임을 인정하고, 청지기로서의 사명을 철저하게 감당한 것이다(눅 16:1-13). 그래서 그리스도인들은 십 분의 일이 아니라, 전 재산을 교회에 헌납하여 필요에 따라 나눠 쓰기도 했다(참고. 행 4:32-33).

또 재산과 소유를 팔아 각 사람의 필요를 따라 나눠 주며(행 2:45).

물론 그런 이상적인 상태가 계속 유지된 것은 아니었다. 그러나 그것은 분명히 율법의 요구를 완성한 복음의 결과였다(롬 8:4). 또한 "옷 두 벌 있는 자는 옷 없는 자에게 나눠 줄 것이요 먹을 것이 있는 자도 그렇게 할 것이니라"(눅 3:11), "네게 있는 것을 다 팔아 가난한 자들에게 주라"(막 10:21; 마 19:21)고 하신 예수님의 요청만 보아도 물질적 헌신에 대한 신약의 요구는 율법의 지향보다 훨씬 더 완성된 상태라는 것을 쉽게 알 수 있다. 신약성경은 기본적으로 하나님이 우리에게 모든 것을 요구하신다는 원칙을 강조한다. 예수님은 자신을 찾아온 부

신앙, 그 오해와 진실

자 청년에게 모든 소유를 가난한 자들에게 나누어 주고 자신을 따르라고 명하셨다. 경건을 자부했지만 돈이 많았던 그 청년은 근심하며 예수를 떠났다(마 19:16-26).

그런데 여기에서 강조되는 것은 **자발성**이다. 신약에서 봉헌은 구약의 십일조처럼 일률적으로 정해진 비율에 따른 것이 아니라 순수한 동기에서 우러나오는 자발성에 근거한다. 삭개오 이야기는 이런 자발성에 대한 바른 자세를 가르쳐주고 있다(눅 19:1-8). 삭개오는 예수님을 영접하고 너무나 감사해서 자신의 재산 절반을—십 분의 일이 아니라—가난한 자들에게 주기로 결심한다. 그리고 회개의 의미로, 부정직하게 속여 빼앗은 자들에게는 네 배의 보상을 약속한다. 여기서 우리는 삭개오의 마음을 읽을 수 있다. 가난하고 소외된 자들을 사랑하는 마음, 그리고 자신이 피해를 입힌 자들에게 보상하는 마음이 진정한 봉헌의 자세다. 이처럼 봉헌은 바치는 것도 중요하지만, 그 동기가 더욱 중요하다.

누가복음 18:9-14에서는 바리새인과 세리의 기도가 비교된다. 바리새인은 서서 따로 기도하면서 자신이 토색, 불의, 간음을 하는 자들, 그리고 세리와 같지 않음을 감사하며 이레에 두 번 하는 금식과 소득의 십일조를 내세웠다. 반면 세리는 멀리 서서 감히 눈을 들어 하늘을 쳐다보지도 못하고, 가슴을 치며 죄인인 자신을 불쌍히 여겨달라는 기도를 드렸다. 예수님은 둘 중 의롭다 하심을 받은 사람은 세리였다고 말씀하셨다. 여기에서 우리는 '소득의 십일조'를 드리는 외적인 행위 자체가 중요한 것이 아니라 내면의 신앙이 전제되어야 한다는 사실을 알 수 있다.

죽음의 형벌을 당한 아나니아와 삽비라의 이야기를 보면 남을 의식하는 봉헌이 얼마나 심각한 문제인지를 알 수 있다(행 5:1-11). 벌을 받을까 봐, 손해를 볼까 봐, 혹은 복을 받지 못할까 봐 드리는 봉헌은 잘못된 봉헌이다. 봉헌을 드리면서 사람의 눈을 의식해서는 안 된다. 사실, 봉헌을 할 때 생색을 내거나 분위기에 따르면 안 된다는 것은 누구나 다 아는 상식이 아닌가?

바울서신의 봉헌

바울서신에서 다루는 봉헌에 관한 내용은 주로 흉년으로 고생하는 예루살렘 교회를, 복음에 빚진 타 지역 교회들이 도와야 하는 특정한 상황을 배경으로 한다. 즉 바울서신의 봉헌은 주로 구제 봉헌을 말한다. 바울은 고린도 교인들에게 예루살렘 교회를 위한 봉헌에 동참하라고 명한다(고전 16:1-4). 그런데 바울은 예루살렘에 가지고 가는 것이 카리스, 즉 은혜라고 이야기한다. 여기서 카리스는 하나님의 은혜라기보다는 고린도 교인들의 '호의'나 '선물'을 뜻한다. 카리스는 '자선행위'로도 번역이 가능하다(참고. 고후 8:4, 6, 7, 19). 바울은 고린도 교회뿐만 아니라 갈라디아 교회에도 이 구제활동에 참여하라고 명했다(고전 16:1). 이로 보건대 타 지역 교회들이 궁핍한 예루살렘 교회를 구제한 것은 사도적 명령에 근거했다고 볼 수 있다.

이방 교회들이 예루살렘 교회를 도와야 하는 이유는 예루살렘 교회의 중요성 때문이기도 했지만(롬 15:27), 근본적으로 교회는 또 다른 빈곤한 교회를 도와야 한다. 바울은 교회가 봉헌을 통해 재물을 나누는 것이 다른 사람들은 평안하게 하고 당사자는 곤고하게 하려는 것이 아니고, **균등하게** 하려는 것이라고 말한다(고후 8:13). 이것이야말로 예수님이 친히 본을 보여주신 복음의 원리다.

> 우리 주 예수 그리스도의 은혜를 너희가 알거니와 부요하신 이로서 너희를 위하여 가난하게 되심은 그의 가난함으로 말미암아 너희를 부요하게 하려 하심이라(고후 8:9).

한편 사도 바울은 봉헌 방식과 관련하여 매주 첫날에 각 사람이 수입에 따라 모아두라고 말한다(고전 16:2). 이는 봉헌이 무계획적으로 급하게 이루어지기보다는 정성껏 준비되어야 함을 가르쳐준다. 이 가르침에 따라서 우리는 어떤 집회나 예배 때, 감정에 휩싸여 순간적으로 봉헌을 결단해서는 안 될 것이다. 어떤 사람들은 집회의 분위기에 따라서 봉헌을 작정하고, 감정이 식으면 자신의 결정을 후회하기도 한다. 그런 사람은 결국 마음에 상처를 입고 교회에 반감을 품게 될 수도 있다. 그리스도인들은 은혜를 감성적으로만 이해할 것이 아니라, 이성과 합리성에 근거해 올바른 결단을 해야 한다. 또한 목회자들은 성도들의 감정을 이용하지 말고, 성도들이 전인격적으로 신앙생활을 해나갈 수 있도록 도와야 할 것이다.

마게도냐 교회는 박해를 받을 뿐만 아니라 극심하게 가난한 교회였다(고후 8:1-5). 그러나 그들은 구제를 '성도 섬기는 일'(디아코니아, διακονία)로 이해해 구제 사역에 참여하게 해달라고 간절하게 요청했다. 그리고 오히려 많은 시련과 극심한 가난 중에도 힘에 지나도록 풍성한 연보를 했다. 자원하는 마음으로 드려진 이 봉헌은 예루살렘에서 전해받은 복음의 축복에 대한 감사 예물이었다.

바울은 구제 봉헌을 '봉사의 직무'(레이투르기아, λειτουργία)라고 표현한다(고후 9:11-12). 유대인들은 이 단어를 성전 제의에 대한 봉사나 회당 예배에 대한 봉사에도 사용했다. 즉 다른 성도들의 부족한 것을 보충하는 봉헌은 '물질 봉사'라고 할 수 있다. 사람들은 이런 물질 봉사를 보고 하나님께 많은 감사를 드린다. 그리고 사람들의 감사는 성도들이 봉헌을 넘치게 드릴 수 있는 힘이 된다. 또한 다른 교회와 모든 사람을 섬기는 성도들의 후한 연보는 하나님께 영광을 돌리는 이유가 된다(고후 9:13).

성경은 봉헌에 있어 준비하고 계획하는 자세를 요구한다(고전 16:2). 그리고 인색함으로나 억지로 하지 말고 즐겨 내라고 말씀한다(고후 9:7). 바울은 빌립보 교회가 그에게 봉헌한 것이 "받으실 만한 향기로운 제물이요 하나님을 기쁘시게 한 것"이라고 표현한다(빌 4:18). 우리는 교회가 복음의 일꾼을 돕는 것이 결국 하나님께 드리는 것이고, 하나님을 기쁘시게 하는 일이라는 사실을 기억해야 한다. 고린도 교인의 봉헌은 먼저 주께 바쳐지고 하나님의 뜻에 따라 사역자들에게 주어졌다(고후 8:5). 오늘날에도 봉헌은 하나님께 드리는 것인 동시에 동역자들의 재정적 필요를 채우는 것이다. 그래서 바울은 고린도 교인들의 봉헌이 "사랑의 진실함을 증명"하는 것이라고 했다(고후 8:8). 하나님 사랑과 형제 사랑은 지갑을 엶으로써 증명된다.

나가는 말

신약성경이 말하는 봉헌의 동기는 하나님의 은혜에 대한 순수한 감사다. 그리스도인의 복은 돈을 많이 벌고 성공하는 데에 있는 것이 아니라 나눔의 풍성함에 있다. 부자라도 나눔에 가난한 경우가 있고, 가난한 이가 나눔에 풍성한 경우가 있다. 그러나 그리스도인이라면 누구나 나눔에 부자가 되어야 할 것이다. 나눔을 통해 가난한 자는 높아지고 부자는 낮아져야만 한다(약 1:9-10).

그리스도인은 기본적으로 검소하게 살며 남을 위한 씀씀이를 크게 하는 훈련을 해야 한다. 나 자신이 아니라 타인을 섬기는 삶, 특히 소외된 이웃에게 복음을 전하고 경제적인 도움을 주는 삶을 추구해야 한다. 각 교회도 **힘에 지나치게** 풍성한 연보로 소외된 이웃과 빈곤에 처한 하나님의 교회들을 도와야 할 것이다. 결국 나눔에 풍성한 교회가 가장 성경적 봉헌관을 가졌다고 말할 수 있다.

바울은 "돈을 사랑함이 일만 악의 뿌리가 되나니 이것을 탐내는 자들은 미혹을 받아 믿음에서 떠나 많은 근심으로써 자기를 찔렀도다"(딤전 6:10)라고 말한다. 교회도 마찬가지다. 돈으로 치장한 화려한 건물, 고가의 음향 시설, 사치스러운 꽃꽂이, 고급 인테리어보다는 검소한 환경에 깃든 영성을 발견할 수 있어야 한다. 그런 것들이 모두 악하다는 말은 아니지만, 그런 것에 욕심을 부리기보다는 근본적으로 나눔을 우선시해야 한다는 말이다.

당신은 제자인가? 예수님은 제자인 당신의 모든 수입을 요구하신다! 내가 가진 모든 재산과 수입의 소유권은 주님께 있다. 나는 청지기일 뿐이다. 예수님도, 사도 바울도 복음만 전한 것이 아니라 가난한 자들을 돌보는 일에 힘썼다. 가난한 자를 돌보라는 명령은 하나님의 말씀에 기록되었고, 예수님이 몸소 실천해 보이셨을 뿐 아니라 사도의 부탁이기도 하다(갈 2:10).

심판을 이기는 것은 긍휼이다. 돈을 사랑하지 말라! 즐겁고 자원하는 마음으로 힘에 겹도록 풍성한 봉헌을 드려라. 당신의 재산과 수입은 하나님의 일꾼들과 소외된 이웃의 생계를 책임지기 위해서 주신 하나님의 선물이다.

주라 그리하면 너희에게 줄 것이니 곧 후히 되어 누르고 흔들어 넘치도록 하여 너희에게 안겨 주리라 너희가 헤아리는 그 헤아림으로 너희도 헤아림을 도로 받을 것이니라(눅 6:38).

범사에 여러분에게 모본을 보여준 바와 같이 수고하여 약한 사람들을 돕고 또 주 예수께서 친히 말씀하신 바 주는 것이 받는 것보다 복이 있다 하심을 기억하여야 할지니라(행 20:35).

초대교회의 봉헌은 십일조의 요구를 뛰어넘어 십일조 제도를 무효

화시키면서 그 취지와 정신을 완성한 것이었다. 그런데 오늘날 한국 교회에서는 그리스도인들이 봉헌에 인색한 상황에서 교회의 경제적 위기를 탈출하고자 십일조가 강조되고 있다. 이 위기를 제대로 넘어서기 위해서는 기계적인 십일조 제도를 강화시킬 것이 아니라 봉헌에 대한 초대교회의 열심을 회복하기 위해 힘써야 한다. 이를 위해 신약성경이 견지하는 물질관과 올바른 봉헌관을 성도들에게 정확하게 가르쳐야 한다. 정말 봉헌에 대한 올바른 신앙이 절실한 때다.

봉헌에 대한 생각을 사람들과 나누었을 때, 누군가 다음과 같은 이야기를 해주었다. 참으로 마음에 와 닿는 말이다.

> 나눔의 복을 누리고 있었다면 이런 일로 실망감을 느끼지 않았을 텐데, 낸 만큼 돌려받으려고 하니…. 많은 헌금이 나누어지지 않았으니 그 돈으로 크게 짓고 화려하게 치장하고 그랬던 것입니다. 성도는 자기도 복 받아 그렇게 될 것으로 기대했고…. 이제 빼도 박도 못하게 된 것입니다. 이런 식의 헌금을 부정하자니 그간 해온 신앙이 의미가 없고, 계속하자니 자신에게 돌아온 것은 없고 목사만 잘사는 것 같아 혼란스러워진 것이지요. 만일 이것이 우리 한국 교회의 체계였다면 우리는 잘못 믿고 있는 것입니다. 헌금은 열심히 하라고 해놓고 나눔의 기쁨은 목사 섬기는 것으로 만족하라 했으니….[4]

구약의 십일조 제도는 이스라엘 국가의 세금이었다는 점도 잘 기억해야 한다. 십일조로 마련된 예산은 성전 봉사자들의 생계 유지와

이스라엘 국가의 양극화 문제를 해결하는 복지제도를 위해 사용되었
다. 신약의 교회도 경제적인 구제 봉헌을 통한 '균등하게 함'으로 이
정신을 분명히 계승했다. 오늘날 십일조 정신의 회복에는 세금을 정
직하게 내는 것, 그리고 세금으로 마련된 국가 예산이 사회복지를 위
한 공공부문—사회보장, 구제, 의료, 교육, 행정 등—에 집중적으로 사
용되는 것이 포함되어야 한다.

13장

주일을 안식일처럼 지키라고?[1)]

어린 시절부터 미국에서 자란 교포 목사 한 분을 만난 적이 있었다. 나는 그 분에게 미국 교회와 한국 교회의 차이가 무엇이냐고 물었다. 그 젊은 목사님은 '율법적인 주일 성수'라고 대답했다. '주일 성수'란 말 자체도 생소할뿐더러 대부분의 미국 교회는 주일을 예배의 날이며 축제의 날로 여기지, 신약의 안식일로 지키지 않는다는 것이다. 그는 한국 교인들이 율법적이라는 점, 특히 주일을 신약의 안식일로 여긴다는 점을 신기하게 여겼다.

얼마 전에도 미국의 목사님 한 분과 통화를 하면서 미국에서는 주일을 예배의 날로 여기지 안식일과 무관하게 본다는 이야기를 들었다. 그 목사님도 한국 교회의 주일 성수 개념에 대해 매우 놀라는 눈치였다. 주일이 신약의 안식일이라는 전통은 자기가 아는 한 일반 교회에서는 없다고 했다. 사실, 한국 교회의 주일 엄수주의 전통은 과거 청교도 신학을 통해 세워진 것인데 막상 그 본원인 미국에서는 그런 전통이 거의 사라져버린 것이다.

한국 교회는 초기부터 주일 엄수주의를 맹목적으로 추종했다. 사회 격변기에 뿌리를 내리기 시작한 한국 교회는 신학의 측면에서 자생적이지 못했고, 특정 전통을 적극적으로 수용하는 경향이 강했기 때문이다. 결과적으로, 이미 주일과 안식일의 관계를 복음의 관점에서 정립한 서구의 교회들과는 달리, 한국 교회는 아직도 유별나게 주일을 신약의 안식일처럼 생각한다. 그래서 실제적으로 수많은 성도들이 주일을 그리스도인의 안식일로 지켜야 한다고 믿는다. 어떻게 보면 이는 날짜만 토요일에서 일요일로 바뀌었을 뿐, 나머지는 제7일안식일예수재림교의 가르침을 거의 문자 그대로 답습하고 있는 실정이다. 그래서 '주일 성수'란 이름으로 주일에는 사업이나 장사도 접고, 어떤 근무도 하지 않아야 신앙이 좋은 것으로 본다. 이처럼 한국 교회에서 주일은 말 그대로 신약의 안식일로 여겨진다.

물론 지금은 주일 성수가 예전처럼 과격하지는 않다. 전에는 청교도주의를 모범으로 삼아 노동을 하지 않는 것은 당연하고, 봉헌 이외에 돈을 쓰는 모든 행위와 오락, 공부까지 전면 금지를 요구한 교회들이 많았다. 따라서 버스, 택시와 같은 공중 교통수단 사용 금지, 식당이나 찻집 출입 금지, TV 시청 금지, 연극이나 영화 관람 금지, 세속 음악 청취 금지, 모든 스포츠 및 오락 금지, 각종 시험의 응시 금지가 주일 성수의 기본이었다. 어느 교회에서는 주일날 바자회도 안 했다. 어떤 목사님은 주일에 자판기 커피도 빼 먹지 않는다며 교인들이 그의 엄격한 경건 생활을 칭송하기도 한다. 그런데 의문이 생긴다. 과연 초대교회도 주일 성수를 했을까?

초대교회의 주일

초대교회는 주일을 예배드리는 날로 여겼지 쉬는 날로 여기지 않았다. 주일은 보통 때와 같이 일하는 날이었다! 주일에 일을 하는 것이 옳은지, 옳지 않은지에 대한 질문은 사실 주일을 구약의 안식일처럼 지켜야 한다는 생각에서 나온다. 그러나 초대교회 당시 로마제국에서 일요일은 공휴일이 아니었다. 유대교 출신 그리스도인들은 원래 자기 문화에서 하던 것처럼 계속해서 안식일인 토요일에 쉬었다. 그러나 이방 그리스도인들에게는 토요일도, 일요일도 당연히 일하는 날이었다. 유스티누스(Justinus), 테르툴리아누스(Tertullianus), 클레멘스(Titus Flavius Clemens), 그리고 오리게네스(Origenes)까지 초대교회의 교부들은 모두 주일을 예배의 날로 강조했을 뿐, 안식일이나 쉬는 날로 보지 않았다.

일요일이 공휴일이 된 것은 로마가 기독교를 국교로 삼으면서부터다. 콘스탄티누스 대제는 주후 321년 3월 3일에야 주일을 쉬는 날로 정하라는 칙령을 내렸다. 그리고 같은 해 7월 3일, 로마법은 주일을 공휴일로 선포했다.[2] 그러나 이때에도 주일은 예배의 날로 강조되었지, 안식일로 강조된 것은 아니었다.[3] 즉 초대교회는 주일을 신약의 안식일로 바꾼 적이 없다. 단, 성 암브로시우스(Ambrosius, 339-397)처럼 일요일에는 여행과 연극 관람 등을 금하고 성찬 행위와 자비로운 행위만 하라고 권한 경우는 있었다.[4] 그러나 교회사 초기를 거치며 주일은 안식의 날이라기보다는 예배의 날로 정착되었다.

그렇다면 주의 날, 초대교회의 성도들은 언제 예배를 드렸을까? 그들은 하루 일과를 마치고 주의 만찬을 포함하는 저녁 예배를 주로 드렸다. 기독교가 탄생하고 300여 년이 지난 시점까지도 주일은 일하는 날이었다. 따라서 주일날 사업을 접고, 직장을 가지 않고 쉬어야 한다고 생각한 그리스도인은 없었다. 오히려 초대교인들에게 주일은 육체적으로 가장 '힘든 날'이었다. 일은 일대로 하고 예배는 예배대로 드렸기 때문이다.

아퀴나스의 오류

일요일이 공휴일로 선포된 이후에도 주후 6세기까지, 주일에 일하는 것을 금지하려는 시도는 드물었다.[5] 그런데 주후 1200년경에 토마스 아퀴나스(Thomas Aquinas)는 주일 엄수주의(Sabbatarianism) 교리를 확립한다. 그는 주일을 기독교의 안식일로 선포했으며 안식일은 거룩하므로 모든 일을 금해야 한다고 주장했다. 그는 안식일에 관한 제4계명은 폐지 가능한 '의식법'이 아니라, 신약의 백성에게도 유효한 '도덕법'이라고 보았다. 구약과 신약의 안식일은 토요일에서 일요일로, 즉 날짜만 바뀌었다는 것이다.[6]

토마스 아퀴나스는 율법의 내용을 분류했다. 그는 절기와 의식, 제

신앙, 그 오해와 진실

사에 관한 의식법은 예수 그리스도의 십자가로 대치되었고, 이스라엘의 실제 생활을 다룬 시민법 역시 민족을 넘어선 복음으로 효력이 다하였으며, 오직 도덕법만이 남는다고 보았다. 여기에서 안식일의 쉼은 도덕법에 속하기에 오늘날도 유효하다는 것이다. 그러나 구약의 율법을 도덕법, 의식법, 시민법으로 분류하는 토마스 아퀴나스의 전통은 상당한 문제점을 안고 있다. 국가와 종교가 구분되지 않았던 고대 이스라엘 사람들에게 종교법과 시민법, 혹은 도덕법의 분류는 불가능했기 때문이다. 사실, 이런 구분 자체가 그리스적 이원론의 산물에 불과하다. 신정 통치를 추구한 이스라엘은 종교 국가로서 율법은 국가법이자 종교법이며 도덕법이다. 예를 들면 그들에게 있어서 제사 제도는 곧 시민법이요 도덕법이다. 율법을 통합적으로 보는 그들에게는 절기, 의식, 제사법을 다른 법에서 구분할 방법이 없었다.

　설사 토마스 아퀴나스의 분류 방식을 인정한다 해도, 실제 율법 조항에는 분류하기가 모호한 것들이 너무 많다. 예를 들어, 희년은 의식법이라고만 하기도, 시민법이라고만 하기도 애매하다. 가난한 이들을 위해 밭의 모퉁이를 남겨두라는 율법은 시민법일까, 도덕법일까? 오늘날 십일조를 강조하는 이유는 십일조가 도덕법이기 때문일까? 율법은 유기적인 하나이지, 단절된 세 부분으로 나누어 해석할 수 없다. 안식일 법도 둘로 쪼개서 도덕법(휴식의 보장)과 의식법(요일의 변경)으로 나눌 수 없다.

종교개혁자들의 반기

종교개혁자들은 이러한 주일 엄수주의 신학에 반기를 들었다. 칼뱅은 주일을 기독교의 안식일로 선포한 토마스 아퀴나스와 그의 추종자들을 유대교의 미신을 기독교에 접목한 거짓 선지자로 몰아세웠다. 안식일 엄수주의적인 주일 성수에 대한 칼뱅의 입장은 다음과 같다.

> 이처럼 거짓 선지자들의 덧없는 이야기들은 사라진다. 그들은 지난 수백 년에 걸쳐 사람들을 유대교의 견해로 감염시켰다. 그들은 이 안식일 계명의 의식적 부분(그들이 하는 말로, 일곱째 날의 '제정')만이 폐지되었고, 도덕적 부분(즉 으레 7일 가운데서 하루를 정하는 것)은 남아 있다고 주장했다. 그러나 이것은 유대인들을 비난하는 의미에서 날을 변경한 것일 뿐이고, 그날을 거룩하다고 하는 생각은 여전하다.…이러한 자신들의 교회 규정들을 고수하는 자들의 미신은 유대인들보다 세 배나 더 유치하고 육욕적인 안식일 엄수주의적 미신이다.[7]

칼뱅은 안식일이 그리스도 안에서 분명히 폐지되었음을 강조한다.[8] 칼뱅은 예배를 꼭 일요일(주일)에 드려야 할 필요가 없다는 점을 명확히 한다. 교회가 주일에 예배를 드리는 이유는 다 함께 모여 예배를 드릴 수 있는 편의성 때문이다. 칼뱅은 안식일의 성취와 관련하여 그리스도인이 그리스도 안에서 "영원한 안식을 누린다"고 보았다.[9] 즉 주일을 안식일로 지킬 절대적 필요란 없다.

루터는 칼뱅보다 더욱 비판적이었다. 루터는 그리스도인이 매주 '쉼의 날'이나 심지어는 '예배일'까지도 종교적 의무로써 지켜야 할 아무런 근거도 없다고 보았다.

> 사람들이 그리스도인의 자유의 모범을 누리고, 따라서 안식일이나 혹은 다른 한 날을 지키는 것이 필수적이 아니라는 사실을 아는 것을 즐거워할 일이다.[10]

청교도의 주일 엄수주의

긴 세월이 지나면서 종교개혁자들의 후예들은 종교개혁의 전통을 지켜내지 못한다.[11] 그리고 결국 청교도들은 율법주의적인 주일 엄수주의를 교리화한다. 청교도들은 분명 불의와 타협하지 않고, 금욕적이고 정숙한 신앙을 엄격하게 추구한 공로가 있다. 그러나 그들은 율법주의적·배타주의적 성향이 강해 다른 이들을 쉽게 정죄하면서 경건의 모습으로 자신들의 의를 드러내는 모습을 자주 보였다. 심지어 영어권에서 '청교도'(Puritan)란 말이 속어로 '위선자'를 의미하기도 했다. 호손(Nathaniel Hawthorne)의 『주홍글씨』라는 소설은 미국 청교도들의 억압적인 분위기와 엄격성, 바리새적 위선을 꼬집는 것으로 유명하다.

청교도 운동의 주일 엄수주의는 〈웨스트민스터 신앙고백〉, 〈웨스트민스터 소요리문답〉, 〈웨스트민스터 예배모범〉에 잘 나타나 있다.[12]

그중 1647년에 작성된 〈웨스트민스터 소요리문답〉의 제59문, 제60문
을 살펴보면 다음과 같다.

제59문 하나님께서 칠 일 중에 어느 날을 안식일로 정하셨는가?
답: 세상 시작으로부터 그리스도의 부활하시기까지는 하나님이 이레
중에 일곱째 날을 안식일로 정하셨고, 그 후로부터 세상 끝날에 이르
기까지는 이레 중에 첫날을 정하셨으니 이날이 곧 그리스도인의 안식
일이다.

제60문 안식일을 거룩히 지키는 방법은 무엇인가?
답: 안식일을 거룩히 지키는 방법은 다른 날에도 할 수 있는 모든 세상
의 일과 오락을 끊고 그날을 종일토록 거룩하게 쉬며, 공적으로나 사
적으로 하나님께 예배드리는 일로 그 모든 시간을 보내야 하는 것이
다. 다만 부득이한 일이나 자비를 베푸는 일에 드려야 할 시간만큼은
예외다.

이에 대해 보캄(Richard Bauckham)은 〈웨스트민스터 예배모범〉에
나타난 주일의 노동, 운동과 오락 금지를 "위험할 정도로 바리새주의
에 가깝다"고 하면서 말은 좋지만 비복음적인 위험을 내포하고 있다
고 주장한다.[13] 사실 아무리 엄격하게 주일을 지킨다 해도 구약의 명
령을 그대로 지키기란 몹시 어려운 일이다. 주일이 신약의 안식일이
라면 일반적인 노동 이외에도 불을 피우는 일(출 35:3), 음식을 만드는

일(출 16:23), 나무를 줍는 행위(민 15:32-35), 여행(사 58:13)도 금지되어야 하지 않을까?

더군다나 이에 대한 해석은 더욱 큰 문제가 된다. 오늘날 '불을 피우는 일'에 전기 사용을 포함해야 하는가? '음식을 만드는 일'에는 전자레인지에 음식을 데우는 행위가 포함될까? 그리고 돌에 맞아 죽임을 당했던 '나무를 줍는 행위'에 휴지—원재료가 나무다—를 줍는 행위가 포함될까? 또한 여행이 금지되었으니 주일 예배는 동네에 있는 교회에서만 드려야 할까? 유대교 랍비들은 출애굽기 16:29과 민수기 35:5에 근거해 안식일에는 2천 규빗(약 1.2킬로미터) 이하의 거리만 걷도록 허락했었다.

신약의 안식일

어떻게 보면 청교도의 주일 엄수주의는 다시 유대교로 돌아가자는 말과 별반 다를 것이 없었다. 그런데 그리스도인이 율법으로 돌아가 유대교의 절기와 안식일을 지켜야 한다는 주장은 초대교회에서도 논쟁거리가 되었다.

사도 바울은 복음과 대치되는 '율법의 행위'에 대해 적극적으로 반대하는 입장에 있었다. 갈라디아서 4:9-11에서 바울은 유대교 율법 교사의 요구를 따라 안식일을 지키는 행위는 복음을 부인하고 초등학문으로 돌아가 종노릇하는 것이라고 말한다. 또한 골로새서를 통해 안식일을 지키는 것은 혼합주의에 물드는 것이라고 경고한다. 안식일 계명은 본질적으로 이전 세대에 속한 것이고 그리스도가 오신 이후에는 더 이상 구속력이 없다. 안식일은 그리스도로 인해 나타난 영원한 안식의 그림자에 불과하다(골 2:16-17). 로마서에서는 아직 율법의 행위에 대하여 자유를 얻지 못한, 믿음이 약한 유대인들을 위해서만 안식일 준수가 허락된다(롬 14:1-12).

히브리서 3:7-4:11은 하나님의 안식을 다룬다. 복음에 응답하여 구원에 들어가는 것이 안식에 들어가는 것이며(히 4:1-3), 이는 하나님이 이스라엘을 애굽에서 구출해낸 목적과 일치한다. 히브리서 저자는 창조의 일곱 번째 날에 하나님이 안식하신 사건의 의미가 마지막 때 주어질 참된 안식(히 4:3-4, 10), 즉 '하나님 나라', 혹은 요한복음의 '생명'과 연결되어 있다고 주장한다. 이처럼 안식일은 그리스도의 참된 안식이 제공되는 종말론적인 구속으로 성취된다. 안식일 율법이 날짜만 바뀌어 연장되는 것이 결코 아니다.

복음서는 기본적으로 예수님이 율법의 지배를 받는 것이 아니라 율법 위에서 율법을 지배하는 분임을 주장한다(막 2:23-28; 눅 6:1-11). 이러한 사실을 가장 잘 드러내는 핵심 구절은 마태복음 12:1-14(참고. 눅 13:10-17; 14:1-6; 요 5:1-8)이다.[14] 사실, 마태복음 12:1-14의 안식일 논쟁은 "수고하고 무거운 짐 진 자들아 다 내게로 오라 내가 너희를 쉬게 하리라"(마 11:28)라는 예수님의 말씀과 연결되어 있다. 무거운 짐인 율법에 대해 예수님이 주시는 자유는 무엇일까?

여기에서 율법의 무거운 멍에를 진 자들이란 당시 율법을 지키던 모든 유대인을 총칭하지는 않는다. 당시 기득권층은 율법의 혜택을 누렸기 때문이다. 기득권층이었던 율법사들은 율법 준수에 대한 복잡한 규정들을 만들었고, 이는 소외된 계층의 사람들에게 불리할 수밖에 없었다. 따라서 율법의 무거운 짐을 진 피해자들은 소외된 사람들과 가난한 이들이었다. 안식일 규정도 마찬가지였다. 예수님의 제자들은 정말 배가 고파서 밀 이삭을 손으로 훑어 먹은 것이었다(마 12:1). 그런데 당시 율법사들은 이를 '추수 행위'로 보았다. 부유한 이들은 이런 억울한 고소를 당할 리 없었다. 오히려 그들은 안식일이면 집에 앉아 일주일 중 최고의 만찬을 즐겼다.

이에 대해 예수님은 다음과 같이 대응하셨다. 첫째, 예수님은 다윗과 그를 따르던 무리가 사울 왕에게 쫓겨 다닐 때 제사장만 먹을 수 있었던 성전의 진설병을 먹은 사건을 말씀하셨다(마 12:3; 참고. 삼상 21:1-6). 그리고 예수님은 자신이 다윗보다 큰 자라고 선포하셨다. 둘째, 예수님은 제사장들이 성전 봉사를 위해 안식일 노동 금지 규정에서 제외되었다는 사실을 지적하셨다(마 12:5). 그리고 자신이 성전보다 큰 자라고 선포하셨다(마 12:6). 새 성전이 되신 예수님은 자신을 위해 일하는 제자들이 제사장과 같은 존재들이기에 안식일 노동 규제에 영향받지 않는다고 말씀하신 것이다. 셋째, 예수님은 호세아 6:6을 인용하면서 안식일의 참뜻은 자비를 행함으로 성취된다고 밝히셨다(마 12:7). 율법적 제의에 치중하기보다 안식일의 참된 정신인 자비를 실천하라는 말씀이다. 이러한 근거를 들어 예수님은 제자들의 무죄를 선언하고 예수님 자신이 안식일의 주인임을 선포하셨다(마 12:8). 예수님이 율법에 얽매이는 분이 아니라 율법의 주인이심이 드러나는 장면이다.

마태복음은 철저히 기독론적·종말론적 안식을 제공하는 하나님이신 예수 그리스도를 소개하는 차원에서 안식일 논쟁을 전개한다. 다시 말하면, 안식일 논쟁은 '예수님은 누구신가?'라는 질문에 대한 대답으로 사용된다. 예수님은 다윗보다 크신 분이고, 참된 성전이시며, 안식일의 본질인 자비를 실현하시는 분이시다. 더욱 놀라운 것은 예수님이 안식일의 주인이신 하나님과 동급이라는 사실이다. 즉 마태복음에서 안식일 논쟁은 예수님이 안식일법을 성취·완성하는 하나님/주님이심을 보여준다. 예수님의 구속 사역이야말로 구약의 안식일이 추구하는 원래 의도요, 안식일 율법의 종말론적 성취이자 완성이다. 이제 하나님의 백성은 예수 그리스도를 통해 종말론적인 안식에 참여하게 되었다. 마태복음은 예수님을 주님으로 만나 구원에 참여하여 영원한 안식을 누리는 것이 안식일 율법의 성취이자 완성이라는 사실을 극적으로 보여준다. 따라서 예수님 안에 있는 자들은 더 이상 안식일을 지킬 필요가 없다.

그렇다면 안식일은 완전히 폐지되었다고 말할 수 있는가? 아니다! 예수님은 안식일을 폐하러 오신 것이 아니라 완전하게 하려고 오셨다. 안식일은 그리스도의 대속적 구원으로 성취되었다. 그리고 안식일의 근본정신은 십자가 복음으로 완성되었다. 그래서 예수님을 만나고 구원의 안식에 거하면 안식일 율법을 지키는 것이 된다. 구약의 율법보다 높은 차원에서, 그리스도인에게는 매일이 안식일이다.

그러나 우리의 육체가 완전하게 구원받는 것은 장래의 일이다(고전 15:51-54; 빌 3:21). 따라서 지금 우리에게는 육체적 안식이 필요하고, 하나님이 일곱째 날에 안식하셨다는 창세기의 내용은 좋은 기준이 될 수 있다. 그리고 이는 빈부를 막론하고, 노동자와 피고용인을 포함한 모든 사람이 쉼이 있는 인간다운 삶을 살아야 한다는 가르침을 준다. 즉 구약의 안식일 율법에는 오늘날도 배워야 할 사회복지의 정신이 있다.

지금까지의 논의를 정리해보자.

① 예수님의 말씀에 따르면 안식일 법은 구약의 원래 의도에 따라 가난한 자의 절실한 필요의 입장에서 해석되어야 한다. 구약의 선지자들은 국가·종교·정치적 차원에서 위정자들을 향해 사회정의를 부르짖으며 안식일 정신의 구현을 말했다. 반면 예수님은 국가적 차원이 아니라 하나님 나라의 차원에서 자신을 따르는 개개인과 제자 공동체의 소외된 자들이 가지고 있는 영적·육체적 필요에 관심을 보이셨다.

② 예수님은 안식일에 가난하고 병든 자들이 안식을 누릴 수 있도록 일을 하셨다. 즉 모두에게 쉼과 예배하는 날로서의 안식일 전통도 중요하지만, 그리스도인들은 소외된 자들의 안식을 위해 안식일에도 휴식을 포기할 수 있어야 한다. 이는 안식일을 어기는 것이 아니라 적극적인 선을 행함으로써 안식일의 참된 의미를 성취하는 것이다.

③ 예수님은 안식일에 모든 사회적·경제적 장벽을 허무는 것으로 참된 안식을 제공하셨다.

④ 그리스도가 안식일의 주인이므로 그리스도를 섬기며 그분의 사역에 동참하는 것이 안식일의 성취다.

⑤ 신약성경에는 안식일을 지켜야 한다거나 주일을 신약의 안식일로 대치한다는 개념이 없다. 그러나 안식일의 정신을 지속해 가난한 자와 소외된 자에게 안식을 제공해야 하는 의무는 오늘날도 계속된다.[15)]

안식일과 주일

안식일과 주일의 연관성에 대한 연구도 있었지만,[16)] 현재까지 성서학 연구는 주일과 안식일이 신학적으로 상관이 없다고 밝히고 있다. 여러 가지 추상적인 주장은 가능해도, 성경 본문에서는 관련성을 찾을 수 없다는 말이다. 신약성경은 '안식 후 첫날'을 신약의 안식일로 내세우거나, 안식일 행사를 주일 예배로 바꾸려 하지 않는다. 초대교회의 주일은 단지 예배의 날이었다. 그래서 초대교회는 안식일에 상응하는 공휴일이 필요하다고 여기지 않았다.

우리는 '주일'이란 표현에 익숙하다. 그러나 신약성경에는 '퀴리아케 헤메라'(ἡ κυριακῇ ἡμέρα), 즉 '주의 날'이란 표현이 딱 한 번 나온다(계 1:10). 이 '주의 날'은 ① 심판과 구원의 날인 종말론적 주의 날(욤 아도나이, יום יהוה), ② 안식일(토요일), ③ 부활절, ④ 일요일로 해석할 수 있다. 물론 요한계시록의 문맥에서는 일요일로 보는 것이 가장 타당할 것이다. 그런데 주후 2세기 초에 제작된 기독교 문헌, 12사도의 가르침을 적은 디다케는 주일 예배에 대해 다음과 같이 가르친다.

> 주님의 주일마다 여러분은 모여서 빵을 나누고 감사드리시오. 그러나 그 전에 여러분의 범법들을 고백하여 여러분의 제사가 깨끗하게 되도록 하시오.[17]

또한, 초대교회 교부인 이그나티우스(Saint Ignatius of Antioch)는 일요일을 주의 날로 표현하면서 일요일을 "안식일화하지 말고 주님의 날(Lord's Day)에 따라 살아야 한다"고 명령한다.[18] 이 명령은 초대교회가 주일을 '신약의 안식일'로 여기려던 시도를 금지한 증거이기도 하다. 대략 주후 70년 이후에 기록된 것으로 알려진 바나바 서신도 지금의 주일인 '제8일'의 기념을 강조한다.

> 우리 역시 8일을 기념하며 즐거워해야 한다. 왜냐하면 예수가 죽음에서 부활하셨기 때문이다.[19]

2세기 이후에는 그리스도인들에게 일요일이 '주일'로 확실하게 정착되어갔다. 그전에는 '주일'보다는 '안식 후 첫날'이란 표현이 자주 등장했다. 개역한글판 사도행전에도 '안식 후 첫날'이라는 표현이—개역개정역은 '그 주간의 첫날'이라고 번역했다—나온다(행 20:7). 이 단락은 예배시간에 졸다가 3층에서 떨어져 죽은 청년 유두고로 유명하다(행 20:7-12).

그런데 '안식 후 첫날'은 일요일 아니면 토요일 저녁을 의미할 수 있다. 사도행전을 기록한 누가가 로마식 날짜 계산법을 따랐다면 '안식 후 첫날'은 자정부터 자정까지의 일요일을 의미할 것이다.[20] 그러나 누가가 일몰에서 일몰까지를 하루로 보는 유대식 날짜 계산법을 따랐다면 여기서 안식 후 첫날은 '토요일 저녁'이 된다. 그리고 '이튿날'로 번역된 헬라어 '에파우리온'($\epsilon\pi\alpha\acute{\upsilon}\rho\iota\upsilon\nu$)은 '그다음 아침'이라고 번역할 수 있다. 그래서 사실 New English Bible과 Good News Bible, Today's English Version 등의 영어 성경은 이날을 토요일로, 표준새번역은 난외주를 통해 '안식일 밤'으로 번역한다. 그렇다면 사도행전 20:7-12은 일요일 오전에 선교지로 출발하는 사도 바울의 마지막 강론을 듣기 위해 토요일 저녁에 애찬식(성찬식)을 하며 예배를 드리던 시간을 배경으로 하는 것이 된다.

마찬가지로 고린도전서 16:2도 고린도 교회가 '매주 첫날'에 예배를 위해 모였다는 암시를 준다.

> 매주 첫날에 너희 각 사람이 수입에 따라 모아 두어서 내가 갈 때에 연보를 하지 않게 하라(고전 16:2).

당시에는 저녁 만찬을 포함하는—애찬식, 혹은 성찬식을 겸하는—예배를 드렸기 때문에, 로마식 날짜 계산법을 따르거나 디다케의 고정화된 표현대로라면 '매주 첫날'은 분명히 일요일 저녁을 말하는 것이다. 그러나 유대식 날짜 개념을 따른 것이라면 '매주 첫날'이 토요일

밤을 의미할 가능성도 있다. 사실, 성만찬을 주일에 하는 전통은 디다케에서 가장 확실하게 나타난다. 이러한 사항들을 고려했을 때, 초대교회는 전반적으로 오늘날과 같은 엄격한 주일 전통을 세운 것 같지는 않다. 그 이유는 아마도 대부분의 교인들이 주일에도 노동을 해야했고 사도들도 특정한 날을 지키는 것을 경계했기 때문일 것이다.

주일과 매일

그렇다고 주일을 소중하게 여기지 말란 말은 아니다. 주일은 특별하고 소중한 날이다. 예수님이 부활하신 날이기 때문이다. 그러나 주일뿐만 아니라 다른 날들도 다 특별하고 소중하다. 바울의 의도는 '모든 날'을 거룩하게 지켜야지, 특정한 날만 거룩하게 지키는 것은 새 언약의 성도들에게 가하지 않다는 것이다.[21] 그래서 우리는 다음과 같이 말할 수 있다. **"주일은 특별하게 거룩한 날이다. 그러나 다른 날들도 똑같이 특별하게 거룩하다."**

주님의 날이 아닌 날은 없고 주일만 거룩한 것이 아니다. 우리는 모든 날을 거룩한 날로 지켜야 한다. 이것이 바울이 특별한 날을 지키는 것을 금한 의도다. 예배도 마찬가지다. 주일 오전 예배는 중요하고, 오후 예배나 평일 날 드리는 예배는 덜 중요한가? 그렇지 않다. 모든 날이 소중한 것같이 모든 예배가 중요하다. 우리는 율법의 무거운 짐에서 우리를 구해주신 예수님이 "수고하고 무거운 짐 진 자들아 다 내게로 오라"고 하신 말씀을 기억하며, 신령과 진정으로 예배를 드리고 구원의 기쁨에 참여하는 것이 마땅하다.

주일을 특별하게 거룩한 날로, 주일 예배를 특별하게 소중한 예배로 드리는 차별적인 태도는 성경적이지 않다. 만일 그렇다면 한국 교회는 아직도 안식일 율법을 지키는 제7일안식교와 차이가 없다. 우리는 주일뿐만 아니라 모든 날을 거룩하게 여겨야 하고 주일 예배뿐만 아니라 모든 예배를 소중하게 생각해야 한다. 토요일이 공휴일로 변하면서 일부 교회에서 주일 대체 예배에 대한 논의가 있었다. 그러나 '대체 예배'라는 말 자체가 가능하지 않다. 모든 예배는 대체할 수 없는 거룩하고 특별한 예배다.

양용의 교수가 어디선가 이런 말을 했던 기억이 난다. "그리스도인은 주일날 할 수 없는 것을 다른 날에 해서는 안 된다. 다른 날 할 수 있는 일이라면 주일날 해도 아무 상관이 없다."[22] 참 공감되는 말이다. 우리는 우선 이 원칙에 따라 주일을 율법적으로 사업이나 운동, 오락을 금하는 날로 여기면 안 될 것이다. 그러나 주일 엄수주의를 떠날 때, 또 다른 위험이 따른다. 그리스도 안에 있는 자유를 방종의 기회로 삼을 위험이다. 여가 생활이나 사회적 활동을 위해 주일의 참된 의미를 무시하거나 간과한다면 이는 율법주의만큼이나 하나님의 뜻과 어긋나는 처사다. 주님이 부활하신 날을 기념하는 주일 예배는 기독교의 중요한 전통이다. 그리고 예배와 성도의 교제는 우리에게 주어진 하나님의 명령이다.

우리나라에서 주일은 사회적으로 공휴일로 지정되어 성도들이 함께 모여 예배드리기에 적합한 환경이 되었다. 이런 상황에서 예배를 온전히 드릴 목적으로 주일에 일을 하지 않는 것은 하나님의 명령이라 할 수는 없어도 매우 바람직한 권장 사항이다. 경건한 예배와 성도의 교제를 위해 포기할 것은 포기해야 한다. 또한 창세기 2:2을 따라 일주일에 하루를 육체적으로 쉬는 것은 본질적으로 중요하다.

나가는 말

신약의 주일은 구약의 안식일이 변하여 된 것이 아니다. 안식일 율법은 예수 그리스도의 십자가 사역으로 인한 영원한 안식, 즉 구원으로 성취되고 완성되었다. 예수 그리스도의 부활은 새로운 시대의 시작점이다. 그리고 초대교회는 이를 기념하고 축하하기 위해 부활의 날인 주일에 모여 예배를 드렸다. 초대교회는 안식일이 아닌 날에 예수님의 영원한 안식인 복음을 기념한 것이다.

안식일은 모세의 율법으로서 이스라엘 백성에게 특별하게 주어졌다. 그런데 신약에서 율법의 어떤 것은 폐하여지고, 어떤 것은 유지되고, 어떤 것은 어정쩡하게 타협되는 것이 아니다. 율법은 그리스도의 오심과 함께 통째로 폐하여졌고 통째로 갱신·성취·완성되었다. 하나님이 의도하신 율법의 뜻과 정신은 예수님의 새로운 계명으로 거듭났다. 안식일도 예수 그리스도의 영원한 안식으로 성취되었다(히 4:1-11). 절대로 주일을 신약의 안식일로 지켜서는 안 된다! 새롭게 창조된 세상에서 어린 양이신 예수님과 왕노릇하는 참된 안식에 이르기까지는(계 22:3-6), 예수님을 주님으로 믿고 따르며 안식을 누리는 것이 안식일 계명을 성취하고 온전하게 지키는 것이다.

물론 안식일의 정신 중에는 신약의 성도들이 이어받아야 할 부분이 있다. 예를 들어, 우리는 일의 노예가 되어서는 안 된다. 우리 몸은 아직 연약한 가운데서 구원을 기다리고 있다. 완전한 몸의 구원은 미래의 부활 때 이루어질 것이다(고전 15:51-54; 빌 3:21). 그전에는 우리 몸에 정기적인 쉼이 필요하다. 특히 피고용인들에게 쉬는 날을 제공하는 것은 오늘날 전 세계에 적용되어야 할 안식일 정신이다.

그러나 신약은 안식일을 지키라고 명하지 않는다. 오히려 안식일과 같은 특정한 날을 지키는 것을 금한다(골 2:14-16). 그렇게 하면 그리스도의 복음을 욕되게 하기 때문이다. 안식일 율법은 그리스도의 참되고 영원한 안식에 대한 그림자였을 뿐이다. 안식일 율법은 그리스도의 복음으로 성취·완성되었기에 구원의 안식을 누리면 안식일을 온전히 지키게 된다.

미덥지 않은 율법 준수는 이제 피해야 한다. 우리는 이제 그리스도의 복음을 순종하는 신약의 교회가 안식일 율법의 무거운 짐을 질 필요는 없다는 사실을 다시 한 번 확인해야 한다(마 11:28). 우리는 구약과 동일한 방법으로 주일을 지킬 수 없고, 지켜야 할 의무도 없다. 종교개혁자들도 주일 엄수주의가 성경에 근거할 수 없는 가르침임을 간파하고 다시 초대교회의 성경적 신학으로 돌아가려고 노력했다.

그렇다면 우리는 주일을 어떻게 지켜야 하는가? 주일은 율법 준수가 아닌 거룩한 예배를 드리기 위한 날로 지켜야 한다. 주일은 주님이 부활하신 날로서, 초기 그리스도인들에게 특별한 의미가 있었다. 그래서 그들은 은혜의 날인 주일에 자발적으로 모여 예배를 드렸다(디다케 14:1; 고전 16:2). 그때부터 주일 예배는 율법적인 의무가 아니라 기쁨의 잔치였다. 기쁨의 잔치인 예배를 억지로 드리거나 자주 빠진다면 둘 다 문제가 있다. 그런 사람은 구원의 선물이 무엇인지를 아직 잘 모를 가능성이 많다.

이번 장을 마치며 또 다른 위험성을 경고하고 싶다. 이 글이 오해되면 반(反)율법주의로 빠질 가능성을 제공하기 때문이다. 현재 한국 교회는 율법주의의 수렁에서 빠져나와 반율법주의의 수렁으로 다시 기어들어가고 있는 것 같다. 그래서 이 글이 오히려 주일 예배를 가볍게 만드는 여지를 제공하는 것 같아 두렵다. 요즘 같은 시기에 주일 엄수주의에 빠진 사람이 과연 얼마나 되겠는가? 오히려 그런 성도라도 있으면 좋겠다고 푸념하는 목회자들이 늘어나고 있다. 그리스도인은 예배 모임에 충실하라는 명령을 받았다.

24서로 돌아보아 사랑과 선행을 격려하며 25모이기를 폐하는 어떤 사람들의 습관과 같이 하지 말고 오직 권하여 그 날이 가까움을 볼수록 더욱 그리하자(히 10:24-25).

진정성 있는 복음을 살아내기란 정말 쉬우면서도 어렵다. 봉헌과 예배, 기도와 말씀에 전혀 신경 쓰지 않으면서 바리새인들을 욕하면 안 된다. 율법주의와 반율법주의 사이의 균형! 그것이야말로 오늘날 우리에게 가장 절실한 덕목일 것이다.

14장

술은 입에
대지도 말라고?[1]

나는 아무래도 성경에는 술에 대해 부정적인 내용이 긍정적인 내용보다 훨씬 많을 것이라는 선입견을 가지고 있었던 것 같다. 성경에 나타난 술에 대한 가르침들을 연구하다 보니 음주에 대한 시각이 너무 긍정적이어서 깜짝깜짝 놀랐기 때문이다. 성경에서 음주는 인생을 즐기기 위한 도구로 묘사된다. 성경이 말하는 음주란 기본적으로 하나님이 주시는 인생의 크나큰 즐거움이고, 풍성하고 넘치는 술이야말로 하나님의 복이다. 반대로 술이 없는 것은 하나님의 심판에 따른 재앙이다. 물론 성경은 음주에 대한 폐단을 엄중히 비판하면서 건전한 음주 문화를 추구한다.

성경의 음주관

구약성경은 구원의 시대에 도래할 하나님 나라를 최상급 포도주가 차고 넘쳐나는 잔치로 묘사한다. 초대교회에서는 예배 때 예수님의 피를 상징하는 포도주를 마시던 풍습에서 술에 대한 열린 마음을 볼 수 있다. 성경에서 음주는 하나님이 주신 선물로서 괴로움을 잊게 하는 삶의 큰 즐거움이다. 시편 기자는 "내 잔이 넘치나이다"라고 고백하며 하나님이 넘치게 부어주심을 찬미한다(시 23:5). 노아가 방주에서 나왔을 때 처음 한 행위도 포도나무를 심은 것이었고(창 9:20), 예수님의 첫 기적도 포도주를 넘치도록 풍성하게 만드신 것이었다(요 2:1-10).

그러나 성경은 음주의 위험성을 누차 강조하며, 잘못된 음주로 발생하는 문제에 대해서는 엄중하게 경고한다. 성경의 술에 대한 부정적 시각은 여느 문화와 마찬가지로 지나친 음주에 따른 과도한 행동에 대한 것이지, 타 문화와 비교해 특별하게 부정적이지는 않다. 정리하자면, 성경은 술이란 잘 마시면 즐거움이고 과하면 독이 된다는 입장이다.

사실, 성경의 음주에 대한 긍정적인 태도는 고대 이스라엘과 로마 사회가 오늘날 식사 때마다 포도주를 마시는 프랑스나 맥주를 음료수처럼 가볍게 마시는 독일과 비슷했기 때문이다. 따라서 예수님이 식사 때 제자들과 포도주를 나눈 것도 술 문화가 아니라 음식 문화의 차원에서 이해해야 한다. 당시 이스라엘 문화에서는 어린아이부터 어른까지 포도주를 마셨다. 평소에는 포도주를 물에 수십 배 희석해서 음료수처럼 마셨고, 잔치 때는 희석하지 않은 포도주를 마셨다. 성인들은 주로 묵은 포도주를 선호했지만, 알코올 도수가 높지 않은 새 포도주로도 충분히 취할 수 있었다(사 49:26; 호 4:11; 행 2:13; 참고. 삿 9:13; 사 65:8; 미 6:15). 쿰란 공동체는 새 포도주를 음료수처럼 즐겼다.[2] 로마인들도 매일 포도주를 마셨다. 예수님이 십자가에서 건네받은 신 포도주(포도 초)는 심한 갈증을 두고두고 가라앉히기에 알맞은 음료로서, 로마 군인들이 늘 가지고 다니면서 마시던 것이었다.

지나친 음주로 심각한 문제들이 발생한 것은 알코올 도수가 높은 증류주가 나온 이후부터다. 그때부터 술이 허가된 마약처럼 사용되어 수많은 이들이 알코올 중독에 빠져 삶이 파탄 나고 목숨을 잃기도 했다. 그러나 증류주를 아직 만들지 못했던 당시, 지독하게 더운 지방인 이스라엘에서 술이 심각한 사회문제가 되는 경우는 추운 북방 지역보다는 상대적으로 적은 편이었다. 그렇다고 음주로 말미암은 문제가 전혀 없었다는 말은 아니다. 단지 음주에 대한 긍정적인 성경의 태도는 당시의 음주 문제가 그렇게 심각하지 않았던 상황에 기인한다는 점을 이해해야 한다는 말이다. 오늘날 우리 사회는 오히려 술 취함의 폐단에 대한 성경의 경고에 귀를 기울여야 하는 부분이 많다.

성경에서 술은 포도주와 독주를 말한다. 어떤 사람들은 성경의 포도주가 포도 주스라고 믿고 싶어한다. 그러나 성경은 발효되지 않은 음료를 포도주라 부르지 않는다. 성경의 포도주는 알코올이 함유된 엄연한 술이다. 가나안 혼인 잔치에서 물로 만든 포도주를 가져왔을 때 연회장이 한 말을 보자.

말하되 사람마다 먼저 좋은 포도주를 내고 취한 후에 낮은 것을 내거
늘 그대는 지금까지 좋은 포도주를 두었도다 하니라(요 2:10).

예수님이 만드신 것은 포도 주스가 아니라, 사람들이 먹고 취하는
술이었다. 냉장고가 없던 중동 지역에서 포도즙은 반나절만 지나도
발효가 시작되기 때문에, 발효가 안 된 포도 주스를 찾기란 쉬운 일이
아니었을 것이다.

성경에서 보통 포도주로 번역하는 '오이노스'(οἶνος)는 사실 건포
도를 의미하기도 하고,[3] 포도 이외에 석류(아 8:2), 사과, 야자, 꿀 허
브, 무화과 등으로 만든 술을 의미하기도 한다. 즉 오이노스는 과실주
를 통틀어 부르는 명칭이지만, 그중 가장 대중적이었던 포도주로 번
역되는 것이다. 반면 '독주'는 히브리어 '쉐카르'(שֵׁכָר), 그리스어 '시케
라'(σίκερα)에 대한 번역으로 보리를 발효시켜 만든 맥주와 유사한 술
을 가리킨다(잠 20:1; 사 24:9; 28:7-8; 29:9; 삼상 1:15). 맥주는 주전 3500
년경부터 바빌로니아와 이집트에서 만들기 시작했다고 알려져 있다.
고대 이집트인들은 보리 빵을 걸쭉하게 물에 갈아 넣어 자연 발효시
켜서 맥주를 만들었는데, 이는 약으로도 사용되었다. 맥주는 치료 효
과가 있어서 당시 어떤 의사가 환자들에게 내린 700개의 약 처방 중
에 100개가 맥주일 정도였다. 이는 신약성경에서 바울이 디모데의 위
장병에 포도주를 쓰라고 권면한 내용을 생각나게 한다(딤전 5:23). 바
빌로니아에서는 보리즙을 토기 그릇에 담아 발효시켰고, 탄산가스가
빠져나가게 해서 마셨다. 이런 주류 제조법은 널리 퍼지며 발전했고,

신앙, 그 오해와 진실

예수님 당시의 유대를 포함한 로마제국에는 다양한 종류의 '독주'들이
있었다.

술 취하지 말라

성경에서 금주는 종종 율법에 따른 종교적 정결을 위해 강조되었다.
예를 들어 다니엘과 세 친구는 왕의 포도주를 마시길 거부했는데, 이
는 그 술이 이방인의 제사 때 바쳐졌기 때문이었다(단 1:8-16). 레갑 사
람들도 선조가 지정해준 고유한 전통을 지켜나가기 위해 포도주를 금
했다(렘 35장). 나실인은 금욕적 차원에서 포도주와 독주뿐만 아니라
포도나무에서 난 것은 모두 금했다(민 6:1-4; 삿 13:4-5, 7, 14; 참고. 암
2:11-12). 세례 요한이 포도주를 마시지 않은 것은 그가 나실인이었기
때문일 가능성이 높다(마 11:18; 눅 7:33).

　성경은 술에 취하는 것을 비판한다(삼상 1:14; 렘 13:13; 겔 23:33; 눅
21:34; 롬 13:13; 갈 5:21; 벧전 4:3). 모세 율법은 사형에 마땅한 패륜아의
특징으로 '술에 잠긴 자'를 제시한다(신 21:20-21). 술 취함은 종종 성
적 타락, 매춘, 부도덕과 연관성이 있다(창 9:20-27; 19:30-38; 암 2:8; 합
2:15). 그래서 성경은 술의 남용에 대하여 엄하게 경고한다.

　　포도주는 거만하게 하는 것이요 독주는 떠들게 하는 것이라 이에 미혹
　　되는 자마다 지혜가 없느니라(잠 20:1).

또한 성경은 술을 좋아하면 가난하게 된다고 가르친다(잠 21:17). 특히 술을 절제하지 못해 방탕하고 게으른 자는 술을 쳐다보아서도 안 된다(잠 23:31). 이사야 선지자는 술이 재앙의 원인이 된다고 경고한다.

아침에 일찍이 일어나 독주를 마시며 밤이 깊도록 포도주에 취하는 자들은 화 있을진저(사 5:11).

포도주를 마시기에 용감하며 독주를 잘 빚는 자들은 화 있을진저(사 5:22).

에브라임의 술 취한 자들의 교만한 면류관은 화 있을진저 술에 빠진 자의 성 곧 영화로운 관같이 기름진 골짜기 꼭대기에 세운 성이여 쇠잔해가는 꽃 같으니 화 있을진저(사 28:1).

이외에도 이사야 28:7; 29:9; 56:12; 예레미야 23:9; 51:7; 요엘 3:3은 모두 술의 위험을 경고하고 있다.

특히 지도자가 술에 빠지는 것은 치명적이다. 잠언은 왕에게 독주를 멀리하라고 권고한다(잠 31:4-5). 이사야 선지자는 술을 탐하는 지도자를 질책하고(사 56:11-12), 술에 취한 상태에서 직무를 소홀히 하는 제사장들과 선지자들을 비난한다(사 28:7). 호세아 선지자는 임금과 대신들이 밤새 술에 취해 제정신이 없는 동안에 반역을 꾀하는 자들이 모반을 꾸미는 상황을 묘사한다(호 7:1-7).

음주가 보다 보편적이었던 로마 문화에 영향을 받는 독자들을 향해 신약성경은 음주 문제에 대해 더욱 엄중하게 경고한다. 에베소서는 술 취하는 것은 방탕한 것이므로 술 취하지 말고, 성령으로 충만함을 받으라고 권고한다(엡 5:18). 젊은 여인들에게 모범이 되어야 하는 나이 많은 여인들은 술의 노예가 되어서는 안 되었다(딛 2:3). 요한계시록은 특히 포도주를 하나님의 진노나 부도덕의 은유로 사용한다(계 14:8, 10; 16:19; 17:2; 18:3). 예수님도 복음서에서 술 취함이 육신에 속한 생활이며 구원에 위협적이라고 경고하셨다(눅 21:34). 예수님의 비유에는 술에 취해 방탕한 생활을 한 종이 천국에서 쫓겨나는 내용이 나온다(마 24:45-51; 눅 12:42-48).

교회의 치리와 관련하여, 술을 탐닉하는 자는 교회의 감독이나 집사가 될 자격을 상실했다(딤전 3:3, 8; 딛 1:7). 그런데 디모데전서 3:3의 우리말 번역은 정확하지 않다.

술을 즐기지 아니하며 구타하지 아니하며 오직 관용하며 다투지 아니하며 돈을 사랑하지 아니하며(딤전 3:3).

여기서 '술을 즐기는 자'의 의미로 번역된 헬라어 '파로이노스'(πάροινος)는 단순히 술을 무리 없이 즐기는 정도가 아닌 술고래, 술주정뱅이, 모주망태를 의미한다. 따라서 이를 '술주정을 하지 않고'로 표현해야 정확한 번역이 될 것이다. 이는 디도서 1:7도 마찬가지다.

포도주를 쓰라

성경에는 음주에 대해 중립적이거나 긍정적인 시선으로 바라보는 부분도 많다. 포도주는 오래전부터 유대인들이 즐겨 마시던 대중적인 술이었기 때문이다. 먼저 멜기세덱은 아브라함에게 포도주를 주며 복을 빌어준다.

> 18살렘 왕 멜기세덱이 떡과 포도주를 가지고 나왔으니 그는 지극히 높으신 하나님의 제사장이었더라 19그가 아브람에게 축복하여 이르되 천지의 주재이시요 지극히 높으신 하나님이여 아브람에게 복을 주옵소서(창 14:18-19).

심지어 하나님은 하나님 앞에서 식구들이 다 같이 술을 먹고 즐기라고 하셨다. 십일조로 제물을 바친 사람이 자신의 제물을 먹을 때, 하나님 앞에서 포도주든 독주든 마음껏 즐기라고 명령하신 것이다.

> 네 마음에 원하는 모든 것을 그 돈으로 사되 소나 양이나 포도주나 독주 등 네 마음에 원하는 모든 것을 구하고 거기 네 하나님 여호와 앞에서 너와 네 권속이 함께 먹고 즐거워할 것이며(신 14:26).

이뿐 아니다. 시편 기자는 주님을 향한 기쁨이 포도주의 풍성할 때보다 더 크다고 표현한다(시 4:7). 이는 포도주의 기쁨이 크다는 것을 전제한다. 시편 기자는 다른 곳에서도 하나님이 사람의 마음을 즐겁게 하려고 포도주를 창조하셨음을 노래한다.

> 사람의 마음을 기쁘게 하는 포도주와 사람의 얼굴을 윤택하게 하는 기름과 사람의 마음을 힘있게 하는 양식을 주셨도다(시 104:15).

구약성경은 하나님이 인간을 풍요롭게 하시려고 은과 금뿐만 아니라 기름과 포도주를 넉넉하게 공급하셨다고 기록한다(호 2:8). 그래서 하나님을 경외하면 하나님이 복을 주셔서 창고가 가득 차고 포도즙 틀에 새 포도즙이 넘치게 될 것이다(잠 3:10). 물론 사랑하는 연인의 입맞춤은 포도주보다 달콤하고(아 1:2; 7:9), 사랑은 포도주보다 진하다(아 4:10).

우리가 존경하는 성경 인물들도 금주와는 거리가 멀다. 느헤미야는 아닥사스다 왕의 술을 관리하는 고위 공무원으로서 당연히 술을 시음해야 했다(느 2:1). 나라를 구한 에스더는 왕과 함께 연회에서 술을 마셨고(에 5:6), 그다음 날에도 마셨다(에 7:1-2). 당대의 의인 욥도 가족들과 포도주를 마셨다(욥 1:13). 다니엘도 평상시에는 포도주를 즐겼다(단 10:3).

다시 말하지만, 구약성경에서 포도주가 모자라거나 사라지는 것은 하나님의 심판으로 인한 재난이다(신 28:30; 사 16:10; 24:11; 렘 48:33; 애 2:12; 호 2:9; 욜 1:5; 학 2:16; 참고. 사 55:1; 65:21; 렘 31:12; 슥 9:17). 언젠가 하나님은 모든 민족을 시온 산으로 부르시어 오래된 잘 익은 포도주로 잔치를 베푸실 것이다(사 25:6).

신약성경의 술

예수님은 "새 술은 새 부대에 담아야 한다"는 비유를 말씀하셨다(마 9:14-17). 그뿐 아니라 예수님은 하나님을 포도원지기로 소개하셨다 (요 15장). 나아가 사도 바울은 직접적으로, 위장병을 치료하기 위해 포도주를 마시라고 권고한다(딤전 5:23). 이런 모든 증거들은 기독교가 술에 대해 부정적이지 않음을 보여준다.

예수님은 첫 번째 표적으로 혼인 잔치에서 물을 포도주로 바꾸셨다(요 2:1-11). 당시 하인들은 6개의 돌 항아리에 물을 가득 채웠는데, 그 양을 계산하면 360-540리터의 어마어마한 양이었다. 예수님은 왜 이렇게 포도주를 필요 이상으로 많이 만드셨을까? 이것은 구약의 배경을 염두에 두어야 이해할 수 있는 문제다. 구약성경과 유대 문헌에서 풍성한 포도주는 다가올 구원의 시대에 누릴 복을 의미한다.[4]

넘치는 포도주는 메시아의 도래 때 유다 지파가 받을 복과 관련이 있다(창 49:11-12). 메시아가 오시면 포도주가 흔해져 사람들은 포도주에 옷을 빨고, 포도주를 마음껏 마신 사람들의 눈이 붉어질 것이다. 낙원이 회복될 때는 산들이 단 포도주를 흘릴 것인데(욜 3:18), 그 양이 어찌나 많은지 작은 산들은 포도주에 녹아버릴 것이다(암 9:13). 즉 가나 혼인 잔치의 포도주 이적은 구약이 바라본 메시아의 도래, 이스라엘의 회복의 증거로 주어졌다고 볼 수 있다.

신앙, 그 오해와 진실

로마서 14장은 믿음이 약한 형제를 위해 고기와 포도주를 포기할 수 있다는 내용을 담고 있다. 그런데 이 본문은 기본적으로 우상 숭배에 드려진 고기와 포도주에 관한 내용이지 음주 자체에 대한 논의는 아니다. 성도는 화평하고 덕을 세우도록 힘을 써야 하기에(롬 14:19), 우상의 제물을 먹는 것을 거리끼는 형제나 자매를 시험에 들게 하는 행동을 자제함이 옳다(롬 14:21). 그리스도인의 자유가 누군가에 대한 강요가 되어서는 안 되는 것이다. 내가 우상에게 바쳐진 고기와 포도주를 먹고 마실 자유가 있다고 해도, 이웃에게 해를 끼치는 것은 덕스럽지 못하다.

그러나 이러한 결정은 결코 다른 이의 고집 때문에 하나님이 주신 자유를 포기하는 방향으로 고정되면 안 된다(롬 14:22). 만일 그렇게 한다면 이 세상에서 할 수 있는 일은 정말 아무것도 없게 될 수 있기 때문이다. 무슨 일이든지 반대하는 사람은 항상 있다. 바울의 처방은 단지 율법주의적인 믿음을 가진 자들의 연약한 믿음을 배려하여 그들의 실족을 막기 위한 대응이었을 뿐이다. 바울은 그리스도인들이 율법주의자들의 위세에 눌려 평소에 하지 않을 행동을 하게 되는 상황에서는 율법주의와의 타협을 완전히 거부했다(갈 2:11-14).

나가는 말

우리나라는 여전히 과도하고 잘못된 술 문화 때문에 말할 수 없는 손해를 보고 있다. 술만 덜 마셔도 개인과 가정 파탄이 줄어들고, 성적 타락도 덜할 것 같다. 우리 문화에서 접대는 곧 술이고, 술을 마시면 정신을 놓을 때까지 마신다. 한 잔만 하자고 말하지만 한 잔으로 끝나지 않는다는 것은 모두 다 알고 있다. 유흥업소가 이렇게 많은 나라가 세상에 어디 있을까 싶다. 우리나라에서 쾌락과 방탕, 성적 타락을 조장하는 문화에 술이 한몫한다는 것을 누구도 부정할 수 없다. 한국 사회의 술 소비는 지금보다 훨씬 더 줄어야 하고 건전하지 못한 음주 문화는 반드시 몰아내야 한다.

그러나 증류주가 없었던 성경의 배경 문화에는 오늘날같이 술로 인한 심각한 사회문제가 존재하지 않았다. 성경에서 술은 하나님이 주신 선물이고, 넘치는 포도주는 순종하는 이스라엘을 향한 하나님의 복이다. 넘치는 포도주는 메시아 잔치의 위대함을 상징하며 완성될 낙원 또한 포도주가 넘치는 곳으로 소개된다. 그래서 예수님은 첫 기적으로 물을 변화시켜 차고 넘치는 포도주를 만드셨고, 세례 요한과는 달리 제자들과 함께 잔치에 참여하여 술을 드셨다. 천국 잔치를 몸소 보여주신 것이다.

성경에서 술은 하나님이 인생을 즐겁게 살라고 주신 선물이다. 물론 마시지 않을 자유도 있다. 적당하고 건전한 수준으로 즐길 때 술은 좋은 것이다. 그러나 과유불급! 좋은 것이라도 과하면 위험이 따르는 법이다. 성경은 술이 과할 때 발생하는 수많은 문제에 대하여 지혜로운 경고를 한다. 성경은 과도한 음주가 마약과 같이 쾌락, 무절제함, 방탕함과 음란함으로 흘러 죄의 빌미가 될 수 있음을 경고한다. 특히 술 때문에 자제력을 잃는 자는 아예 술을 멀리해야 한다(잠 23:31).

신앙, 그 오해와 진실

절제된 음주는 하나님의 복이지만 절제되지 못할 때 술은 백해무익하다. 결국 술이 잘못이 아니라 술을 대하는 사람이 문제다.

그러나 오늘날 지나친 음주로 문제를 일으키는 애주가들 때문에 건전한 음주까지 죄인 취급하거나 음주를 경건하지 못한 신앙인의 태도로 보고 정죄하는 것은 바리새인의 시각이지 예수님의 시각은 아니다. 잘못된 술 문화로 발생하는 문제 때문에 금주를 강제하는 것은 성경적이지 않다. 이제 우리 기독교는 성경의 주장을 넘어서는 금주를 주장할 것이 아니라 방탕한 음주 문화를 건전한 음주 문화로 바꿔 나가야 할 것이다.

15장

원래 성탄절은
12월 25일이 아니라고?[1]

성탄절을 뜻하는 '크리스마스'는 '그리스도의 성찬식'(Mass of Christ)에서 유래했다. 서방 교회는 주후 4세기부터 이날을 공식적인 성일로 기념하기 시작했다. 그런데 크리스마스는 실제 예수님의 생일이 아니라 이란의 태양신 미트라(Mithra)의 탄생 축전을 선교적인 차원에서 기독교 문화로 흡수한 것이다.

12월 25일은 겨울이 되면서 짧아졌던 해가 다시 길어지기 시작하는 동지(冬至) 즈음이다. 지금은 정확한 천문학적 계산에 의해 12월 22일이나 23일이 동지인 것을 알지만, 고대 로마인들은 12월 25일을 동짓날로 여겼다. 사실, 그런 문화는 이날을 태양신의 생일로 믿고 기념한 이란 지역에서 유래한 것이었다. 태양신을 숭배하는 페르시아의 미트라교는 초대교회 당시 로마제국에 널리 퍼져 있어서 기독교의 막강한 경쟁 상대였다. 로마인들은 태양이 절대 죽지 않는다는 사실에 감사하며 이날을 "(밤에) 정복당하지 않는 태양의 탄생일"(*natalis solis invicti*)이라 부르며 태양의 따뜻함과 꺼지지 않는 생명력의 승리를 축하하기 위해 흥겨운 축제를 벌였다.

그러나 주후 4세기에는 결국 기독교의 세력이 더 커졌고 기독교는 미트라교의 태양 숭배 풍속을 이용해 예수님의 탄생을 기념했다. 기독교는 '세상의 빛'이시며 구약에서 예언된 '의로운 태양'이신 그리스도를 진정한 영적 태양으로 선포한 것이다(말 4:2). 이는 하나님의 아들이신 예수님의 성육신의 본질을 바꾸지 않고, 선교적 차원에서 문화를 수용한 '문화적 상황화'였다. 당시 사람들이 대중적으로 즐기던 축제를 없애는 데 힘을 기울이기보다는 예수님 생일로 축하하게 하는 것이 기독교 전파에 훨씬 효과적이었다.

예수님의 탄생

그렇다면 예수님은 실제로 언제 탄생하셨을까? 누가복음은 아기 예수님이 태어날 때 목동들이 양들을 데리고 들녘에 있었다고 증언한다(눅 2:8). 이로 보건대, 예수님은 12월에 태어나지 않으셨을 확률이 높다. 이스라엘의 목동들은 12월에는 춥고 비가 많이 와서 절대로 양들을 들판에 두지 않기 때문이다(참고. 아 2:11; 스 10:9, 13). 보통 유월절이 지나야 양들을 들이나 산에 풀어놓는 목동들의 습성을 생각하면 예수님이 태어나신 시기가 봄부터 가을 중의 어느 날이라 생각할 수 있다. 그러나 이는 너무 광범위한 기간이다.

또한 우리가 쉽게 사용하는 주전(BC), 주후(AD)의 개념은 소 스키타이 지역의 디오니시우스 엑시구우스(Dionysius Exiguus)—겸손함의 의미로 '작은 디오니시우스'라는 뜻—라는 수도사가 교황의 요청으로 만든 연표에 기초한다. 그런데 그는 헤롯의 사망 연도를 잘못 계산하는 실수를 범했다. 그래서 예수님이 주후 1년에 탄생하셨다는 말은 틀린 말이 된다.

학자들은 기원전 73년에 태어나 기원전 4년에 죽은 헤롯 대왕 살아생전에 예수님이 태어나신 것이 분명하기에 예수님의 탄생 연도를 주전 7-4년 사이로 본다(마 2:1). 현대의 천문학자들은 밝은 '베들레헴의 별'이 나타난 때를 초신성 현상, 별들이 겹쳐 밝아진 때, 밝은 운석이 떨어진 사건 따위를 기록한 중국의 고대문헌을 통해 추적해왔으나, 예수님의 탄생 연도와 날짜에 대한 정확한 증거는 아직 없다.

그뿐만 아니다. 예수님의 탄생에 대한 오해도 많다. 예를 들어, 사람들은 아기 예수님께 바쳐진 세 가지 예물을 보고 동방박사가 세 사람이었다고 속단한다. 그러나 선물이 세 가지라는 사실이 선물을 준비한 사람이 세 명이었다는 증거는 아니다(마 2:2). 오히려 아우구스티누스나 크리소스토무스는 그들을 12명으로 보았고, 70명이었다고 말하는 교부도 있었다. 물론 이것도 이스라엘의 지파를 상징하는 숫자에 끼워 맞춘 이야기일 것이다.

크리스마스 풍습

크리스마스의 풍습은 다양한 문화를 흡수해서 만들어졌다. 로마인들은 12월 17일을 농경신 사투르누스(Saturnus)의 축제일로 즐겼고 이는 로마의 가장 큰 축제였다. 이날 부모는 자녀와 빈곤한 자들에게 선물을 나누어 주었고, 많은 사람들이 선물을 교환했다. 이 축제 분위기는 연말까지 이어져서 설날에는 집안을 푸른 나무와 등불로 장식했다. 서양 사람들이 12월에 크리스마스 트리를 세우고 자선을 베풀며 자녀에게 선물을 주고 벽난로에 불을 지피는 것은 이처럼 로마의 관습에서 유래했다고 볼 수 있다.

크리스마스와 관련하여 산타클로스(Santa Claus)도 전 세계에 잘 알려진 인물이다. 산타클로스는 소아시아 지역 루시아 지방 뮈라—신약성경의 서머나, 현재 터키의 이즈미르 지역—의 주교였던 니콜라우스(Nicholaus)가 신화화되어 탄생했다. 주후 300년경 부유한 집의 외동아들로 태어난 그는 어릴 때 전염병으로 부모를 잃었으나 가난한 이들에게 재산을 나누어 주고, 17살의 나이에 사제가 된 인물이다. 그는 디오클레티아누스 황제가 기독교 지도자들을 박해할 때 투옥되었지만, 콘스탄티누스 황제가 즉위하면서 풀려나 오히려 거룩한 영웅이 되었다. 그는 니케아 공회에 참석해서 아리우스를 이단으로 정죄하기도 했다. 또한 아이들을 너무나 사랑해서 자기가 받은 유산은 물론 수입의 대부분을 가난한 아이들을 위해 사용했다고 한다.

그가 죽은 후 각 지역에서는 그에 대한 여러 민담이 만들어지기 시작했다. 그중에는 다음과 같은 이야기도 있다. 어느 가난한 집에 세 딸이 있었는데 지참금이 없어 아무도 결혼을 할 수가 없었다. 그래서 그 아버지는 딸 하나를 종으로 팔아 다른 딸들을 시집보내기로 했다. 당시의 소녀들은 대부분 사창가로 팔려갔기에, 니콜라우스는 이 이야기를 듣고 밤에 몰래 그 집 굴뚝으로 금이 들은 주머니 세 개를 던졌다고 한다. 그런데 이 금은 소녀들이 벽난로에 걸어 말리던 양말로 들어갔다. 니콜라우스는 다른 두 딸이 결혼할 때도 마찬가지로 해주었고, 그들은 모두 결혼해서 행복하게 잘 살았다고 한다. 많은 부분은 뒷사람들이 꾸며낸 것이 분명하지만, 그가 아이들을 사랑하고 가난한 자를 도왔던 역사적 인물임은 틀림없는 듯하다. 그의 라틴식 이름이 니콜라우스(Nicholaus)고, 보통은 성 니콜라스(Saint Nicholas)로 알려져 있다. 그는 훗날 영국에서는 '크리스마스 할아버지'(Father Christmas), 러시아에서는 '얼음 할아버지'(Grandfather Frost), 미국에서는 '산타클로스'(Santa Claus), 중국에서는 '크리스마스 노인'이라고 불리게 된다.

그렇다면 산타클로스가 타고 다니는 썰매는 어디서 유래했을까? 이는 북극 지방 원주민들의 영향을 받은 결과다. 북극 지방에서는 물건을 나르기 위해 순록이 끄는 썰매를 사용했으며 그곳의 토속신앙에서는 종교 지도자인 샤먼(무당)이 하늘로 날아다니는 능력이 있다고 믿었다. 그래서 그들은 기독교 선교사들로부터 니콜라우스에 대하여 들었을 때 순록이 끄는 썰매를 타고 날아다니며 선물을 주는 서양의 샤먼으로 이해했다. 이런 동화 같은 이야기가 다시 서구로 들어와서 오늘날의 '하늘을 나는 썰매'가 탄생한 것이다.

사실, 이 세상에 문화적으로 순수한 종교는 없다. 모든 종교의 문화는 항상 주변에 있는 다른 종교, 민담, 문화의 영향을 받으며 끊임없이 변화한다. 이에 대해 교회 안에서는 크리스마스를 이방 문화로 보아 교회에서 몰아내려는 시도가 계속되었다. 크리스마스가 성일로 지정된 초기부터 메소포타미아의 그리스도인들은 서방 그리스도인들이 태양신 숭배일을 예수님의 탄생일로 기념하는 것을 우상 숭배로 정죄하고 손가락질했다. 종교개혁자 중에서 루터는 크리스마스를 기념하는 것을 수긍했지만, 칼뱅은 제네바에서 크리스마스를 기념하는 자에게 벌금형을 내리거나 감옥에 가두는 법령을 만들었다. 17세기의 청교도들은 니콜라우스의 이름을 언급하는 것조차도 금지했다. 특히 크리스마스를 기념하며 선물을 주고받거나 촛불을 켜는 행위, 크리스마스 캐럴을 부르는 것은 모두 불법적인 행동으로 간주했다. 왜냐하면, 그들은 이 모든 것을 심각한 우상 숭배로 보았기 때문이다.

그런데 미국의 뉴욕에 도착한 네덜란드 이주민들에 의해 산타클로스가 부활하게 된다. 네덜란드 이주민들이 자신들의 '씬터 클라스'(Sinter Klass)—산타클로스의 네덜란드식 이름—를 미국에 퍼트렸던 것이다. 그러던 1920년에는 오늘날 우리에게 잘 알려진 산타클로스, 즉 멋진 수염을 지니고 빨간색에 하얀 옷깃을 단 옷을 입고 즐겁게 웃는 뚱뚱한 산타 할아버지를 선보였다. 그리고 이 전형적인 산타클로스의 모습이 대중에게 각인된 계기는 1931년 코카콜라 회사의 광고 디자이너였던 하돈 썬드블롬(Haddon Sundblom)이 산타클로스의 이미지를 코카콜라 광고에 사용하면서부터다. 이 덕분에 미국에서 창시된 산타 할아버지의 모습은 세계적으로 전파되기 시작했다.

노래도 한몫했다. 로버트 메이(Robert L. May)는 1939년에 우리가 잘 알고 있는 루돌프 사슴에 대한 시를 지었고, 십 년 뒤에 죠니 마크(Johnny Mark)라는 작곡가는 이 시를 배경으로 "루돌프 사슴코"라는 노래를 지었다. '매우 반짝이는 코' 때문에 따돌림 당하던 루돌프가 안개 낀 성탄절 날 산타클로스에게 발탁되어 썰매를 끌게 된 이야기는 미국에서 외모 때문에, 혹은 수줍거나 몸집이 작아서 외톨이가 된 어린이들에게 많은 희망과 용기를 불어넣어 주었다. 그런 아이들은 오히려 산타 할아버지가 자신을 더욱 사랑하고 있다고 믿었다.

나가는 말

하나님 외에는 크리스마스의 정확한 날짜를 아무도 모른다. 앞으로 알려질 가능성도 희박하다. 복음서의 기자들은 그 중요한 날짜와 연도를 왜 정확하게 기록하지 않았을까? 사실은 그 날짜를 몰라도 신앙생활에 별 문제가 되지 않기 때문일 것이다. 생각해보자. 그리스도의 성육신의 의미를 되새기지 못하면서 정확한 날짜를 기념한다면, 그런 기념이 무슨 의미가 있을까? 반대로, 그 의미를 잘 기억하고 삶으로 구현하고 있다면 정확한 날짜가 뭐가 그리 중요할까? 연도나 날짜는 결국 인간이 인위적으로 만든 것일 뿐이기에, 성탄의 진정한 의미를 기억하고 기념하는 한, 우리는 날마다 크리스마스를 즐겨도 된다.

성탄의 본질은 날짜가 아니다. 성탄은 지금 이 순간 나에게 의미가 있어야 한다. 예수님의 성육신은 현재형이기 때문이다. 그렇게 보면 크리스마스 문화에 대해 너그러운 마음을 가질 수 있다. 오늘날 우리의 상황에 맞게 예수님의 탄생을 축하하면 된다. 문화는 지혜롭게 사용하면 되는 문제일 뿐, 본질은 아니기 때문이다. 그러나 그 안에 예수님의 오심에 관한 내용은 반드시 담아야 할 것이다. 예수 그리스도의 성육신이야말로 크리스마스의 본질이기 때문이다.

아기 예수님이 탄생했을 당시, 종교 지도자들인 제사장과 랍비들은 아무도 경배하러 오지 않았다. 가장 먼저 알아보고 찾아와 기뻐하며 경배해야 할 사람들이 바로 그들인데 왜 그랬을까? 성경 지식이 부족했던 것도, 기도와 헌신이 부족했던 것도 아닐 텐데 말이다. 사실, 인류의 구원자이신 하나님의 아들은 외모로 알아볼 수 있는 분이 아니시다. 아무리 종교심으로 포장해도 자기중심적인 이들에게 예수님은 가려져 있다. 어차피 그들이 기대했던 메시아는 가난하고 초라한 갓난아기가 아니었다.

구유에 누인 아기를 가장 먼저 경배할 수 있는 은총은 양치기들에게 내려졌다. 그 양치기들이 성전의 양들을 관리하던 자들이라는 주장도 있으나, 그렇다 하더라도 당시의 양치기는 대체로 세리와 같이 경멸받고 부정하게 여겨지던 천박한 계층이었다. 그리고 다음으로 이방인이었던 동방박사들이 베들레헴의 별을 따라 그를 찾아왔다. 어떻게 보면 하나님의 아들, 온 인류를 구원할 구세주의 탄생은 절대로 초라하지 않았다. 양치기들이나 멀리서 온 이방인들은 예수님이 찾으러 오신 '귀중한' 잃어버린 양들이었기 때문이다. 아기가 뉘인 구유도, 서민들의 삶의 터전인 베들레헴의 허름한 여관도 결코 초라하지 않았다. 세상에서 가장 귀한 선물인 그가 바로 그곳에 누워계셨다.

그러나 우리가 아는 대로 이 아기의 운명은 참담했다. 이 아기는 외롭고 험난한 구원의 길, 십자가 죽음을 위해 태어난 유월절 희생양이었기 때문이다. 여기에 크리스마스의 참된 의미가 있다. 우리를 구원하기 위해 왕궁의 좋은 침대가 아닌 구유를 택하여 오신 아기, 참담한 유월절 어린 양의 운명으로 태어난 이 아기는 우리에게 가장 소중한 크리스마스 선물이다. 우리도 이 선물을 다른 이들과 나누어야 한다. 특히 가난하고 소외된 이웃들에게 사랑으로 다가가야 한다. 예수님이 낮은 곳에 있던 자들과 사랑으로 함께하셨던 것처럼 말이다.

16장

여자는 교회에서 잠잠하라고?[1]

"아니! 이렇게 험한 말이 성경에 있단 말이야?" 신학을 전공하지 않은 동료 남자 교수에게 다음 구절을 보여주면서 어떻게 생각하느냐고 물었을 때 터져 나온 첫마디였다.

> 11여자는 일체 순종함으로 조용히 배우라 12여자가 가르치는 것과 남자를 주관하는 것을 허락하지 아니하노니 오직 조용할지니라 13이는 아담이 먼저 지음을 받고 하와가 그 후며 14아담이 속은 것이 아니고 여자가 속아 죄에 빠졌음이라 15그러나 여자들이 만일 정숙함으로써 믿음과 사랑과 거룩함에 거하면 그의 해산함으로 구원을 얻으리라(딤전 2:11-15).

노벨상 수상자로 저명한 아일랜드의 극작가이자 소설가인 쇼

(George Bernard Shaw)는 이런 구절들에 근거해 바울이 '여성의 영원한 원수'(eternal enemy of women)라고 말했다.[2] 쇼의 의견에 동의하지 않는 그리스도인이라고 해도 본문에 대해 긍정적인 반응을 보이기란 쉽지 않을 것이다. 이 본문은 "여자는 남자의 권위에 순종하며 배워야지 여자가 남자를 가르치는 것은 절대 안 된다. 왜냐하면 남자가 아니라 여자가 먼저 뱀에게 속았으니 죄에 대한 책임이 남자보다 크기 때문이다. 여자는 그저 믿음 생활 잘하면서 지은 죄의 대가인 출산이나 잘 감당해야 구원을 받을 수 있다"라고 말하는 것 같기 때문이다. 이 문제만큼 오해가 깊은 부분도 많지 않을 것 같다는 생각이 든다. 이번 장에서는 이 문제에 대해 여러 학자들의 연구를 정리하고 소개하면서 어지럽게 엉킨 실타래를 풀어보고자 한다.

디모데전서는 사도 바울이 에베소 교회의 책임자였던 디모데에게 쓴 편지다. 그런데 디모데전서 2:11-15은 그동안 학자들의 무수한 노력에도 불구하고 합의된 결론을 내놓지 못한 '난해 구절'이다. 이 난해성은 축약적인 이 본문이 우리가 모르는 내용을 전제하고 있기에 발생한다. 편지가 쓰인 당시에서 2천 년이나 지난 지금, 에베소 교회의 내막과 정황을 모르고 본문을 읽다보니 그 내용 중 일부가 오해되는 것이다.

물론 명쾌한 해석이 가능했다면, 분명 누군가 벌써 기본적인 해석의 방향을 잡아놓았을 것이다. 그러나 문제는 관련 자료가 부족해 이 본문의 배경을 자세히 알기가 쉽지 않다는 데에 있다. 이 글 역시 정확한 해석을 위한 하나의 제안에 불과하며, 앞으로 더 설득력 있는 해석

신앙, 그 오해와 진실

을 위해 탁월한 학자들의 계속된 고민과 연구가 이어질 것이라고 기대한다.

순종함으로 조용히

먼저 11절을 보자. 여자는 온전히 '순종함으로 조용히' 배워야 한다는 말은 여성도 배워야 한다는 것을 강조하는 말이 아니라, 어떻게 배워야 하는지를 지시하는 내용이다. 그렇다면 누구에게 순종해야 할까? 전통적으로는 이를 교회 지도자에 대한 순종이라고 해석했다. 그렇다면 여성은 참된 복음을 가르치는 지도자의 권위에 순종해야 한다는 말인가? 가능한 해석이지만 순종의 대상이 반드시 사람일 필요는 없다.

최근의 연구는 '순종하는 가운데 배운다'라는 표현이 당시의 관용구임을 밝혀냈다. 즉 이 순종은 지도자에 대한 순종이 아니라 그들이 배우는 복음의 진리에 대한 순종을 말한다는 해석이다. 사실, 유대교에서도 율법에 순종하기 위해서는 배워야 한다는 것이 보편적인 사상이었다.[3] 특히, '조용함과 순종'은 당시 유대 랍비들에게는 누구에게나 요구되는 긍정적인 배움의 방식이었다(전 9:17).[4] 즉 우리말로 바꾸자면 조용히 말씀에 순종하는 자세로 배우라는 뜻이다. 말씀에 조용히 순종하는 자세가 아니라면 아무리 배운다 해도 결코 진리에 이를 수가 없기 때문이다(딤후 3:7).

그렇다면 '조용히 배운다'라는 말은 질문도 하지 말고 그냥 침묵하며 배우라는 뜻은 아닐 것이다. 디모데전서의 다른 부분을 보면 이 말은 빈둥거리며 이집저집 돌아다니면서 험담하거나 참견하지 말라는 가르침과 관련이 있는 것 같다.

> 또 그들은 게으름을 익혀 집집으로 돌아다니고 게으를 뿐 아니라 쓸데 없는 말을 하며 일을 만들며 마땅히 아니할 말을 하나니(딤전 5:13).

또 다른 해석도 가능하다. 베일리는 '조용한 가운데서 배운다'는 말이 여성도 방해받지 않고 배울 수 있어야 함을 뜻한다고 해석한다.[5] 즉 여성이 조용한 가운데 방해받지 않고 복음에 대한 순종을 배울 수 있도록 허락해야 한다는 것이다. 그의 주장이 의도하는 바는 준비하는 일로 분주했던 마르다가 예수님께 마리아가 일을 돕게 해달라고 부탁한 장면을 생각해보면 쉽게 알 수 있다(눅 10:38-42). 당시 가사 일을 책임지던 여성들이 방해받지 않고 조용히 공부하기란 쉽지 않은 일이었다. 그러므로 이 말은 여성도 방해받지 않고 조용한 가운데 배움을 가질 수 있게 하라는 말이지, 여성은 배울 때 질문해도 안 되고, 토론에 참여할 수도 없고, 그저 '침묵은 금이다'라는 속담만 되뇌어야 한다는 말은 결코 아니다.[6]

여자가 가르치는 것

신약성경의 다른 본문들을 고려할 때 디모데전서 2:12의 금지는 여자의 가르침에 대한 총괄적인 금지는 아니다. 왜냐하면 아굴라의 부인인 브리스길라가 아볼로에게 그리스도의 복음을 가르친 사건은 부정적으로 다루어지지 않기 때문이다(행 18:26). 또한 복음을 전파할 때 남녀차별이란 있을 수 없고, 복음전파에는 분명히 가르치는 일이 포함되어 있다. 바울은 여성들을 자신의 동역자로 여기는데(롬 16:1; 빌 4:2-3), 바울에게 있어 동역자의 의미는 분명히 말씀을 가르치는 사역과 설교를 포함한다.

초대교회는 원칙적으로 여성이 그들의 받은 은사에 따라 가르치거나 지도력을 행사하는 것을 반대하지 않았다. 그렇다면 디모데전서 2:12이 금지한 '여자가 가르치는 것'은 무엇을 말하는 것일까? 본문은 자세한 정보를 우리에게 주지는 않지만, 사도 바울은 이런 말을 해야 하는 특별한 이유가 있었던 것 같다.

바울의 이 명령은 아데미(Artemis) 여신을 섬기는 여성 사제들이 장악한 에베소의 종교 풍습과 관련이 있어 보인다. 고대의 전설에 따르면 에베소 도시는 궁술에 능한 여전사(女戰士) 부족인 아마존이 건설했다고 한다. '유방이 없는'이라는 의미의 '아마존'은 활과 화살의 조작에 방해되기 때문에 오른쪽 유방을 잘라내는 관습으로 인해 붙여진 이름이다. 신화에 나오는 그들은 여왕과 여전사로 이루어진 민족으로서, 일 년에 한 번씩 다른 나라 남자들과의 성관계를 통해 종족을 보존하며, 태어난 사내아이는 모두 죽였다고 한다. 그들은 숲과 언덕의 여신인 아데미를 섬겼는데, 고대 사회에서 아데미는 사냥, 야생동물, 광야, 출산, 처녀성과 관련이 있고, 어린 소녀의 보호자로 추앙받으며, 여성의 질병을 치유하고 활과 화살을 지닌 사냥꾼으로 묘사되

기도 한다.[7]

　에베소는 아데미 숭배가 가장 지배적인 도시였다. 에베소에 있는 거대한 아데미 신전에는 상당수의 처녀성을 간직한 여 사제―멜리사이(μέλισσαι), 혹은 벌들(bees)이라 불린―와 소수의 거세된 남자 사제들이 있었다. 그리고 아데미 숭배는 체계적인, 여신과 여성 중심의 위계질서 속에서 이루어졌다. 그래서 모든 남성은―물론 여성 신도들도 마찬가지지만―여성 사제들의 지배를 받으며 그들의 권위에 절대복종해야만 했다. 이것이 에베소의 독특한 종교 문화였다.[8] 물론 이 이야기들은 주후 4세기에 기록된 "나그함마디 문서"의 내용을 토대로 추론한 것이어서, 디모데전서가 쓰인 주후 1세기를 얼마나 정확하게 설명할 수 있는지는 미지수다.

　아직 열띤 논쟁 중이긴 하지만, 난해한 이 본문의 배경에는 여성이 남성을 지배해야 한다는 가르침을 주장한 아데미 숭배 문화의 영향을 받은 여성 그리스도인들이 있었던 것으로 보인다. 그들은 아마도 여성의 우월성을 주장하며 남성을 지배하고 가르치는 것을 영적인 해방으로 생각했던 것 같다. 특히 그들은 성관계와 혼인, 자녀 출산의 포기를 요구하는 영지주의적인 이단 교리를 전했던 것으로 보이며(참고. 딤전 4:3), 바울은 그런 여성들이 행하는 권위적인 가르침을 금한 것으로 보인다.

　본문은 가르치는 내용을 넘어 가르치는 방식, 즉 남자를 주관하면서 가르치는 것도 반대하고 있다. 여기서 여자가 주관하는 것이 금지된 남자는 누구일까? 여기서 남자란 좁게는 교회 감독을 의미할 수도 있고 넓게는 교회의 모든 성인 남자를 의미할 수도 있다. 그런데 여기에서 '여자가 남자를 주관하는 것'으로 번역된 '아우텐테인'(αὐθεντεῖν)은 '여자가 남자 위에서 주관하는 것', 즉 강제적인 권위 행사를 의미한다. 따라서 12절은 '여성이 남성 위에 군림하며 가르치는 것을 허락하지 않는다'는 의미로 해석할 수 있다.

바울은 에베소에 새롭게 개척된 작은 교회를 목회하는 자신의 대변인 디모데에게 편지를 썼다. 바울은 복음의 진리를 담은 교회가 아데미 종교처럼 여성에 의해 가르침을 받고 여성 사제들이 지배하는 것을 바라지 않았다. 즉 배움은 여성에게도 허용되어야 하지만, 아데미 신전의 경우와는 달라야 한다는 것이다.

아담이 먼저 지음을 받고 하와가 그 후

'아담이 먼저 지음을 받고 하와가 그 후'라는 말은 당시 특정 영지주의의 가르침에 빠진 에베소 여성들의 주장을 뒤집는 것이다. 에베소의 특정 영지주의에서는 여성을 생사의 근원, 우주의 어머니로 보았고, 신성한 창조의 진리가 여성 안에 있기에 여자를 찬미하고 경배해야 한다고 주장했다. 그리고 에베소의 여성 중심 영지주의에서는 타락 이전에 하와가 아담의 영적 지도자 역할을 했다고 보았다. 그래서 그들은 여성이 남성보다 먼저 창조된 존재라 믿었던 것 같다.

그것은 여성이 남성보다 우위에 있다는 것을 의미했다. 그러나 바울은 이 순서가 옳지 않음을 밝힌다.

창조의 순서는 무엇을 의미할까? 혹자는 창조의 순서가 권위의 우열을 나타내는 것으로 오해하기도 한다. 그러나 신약성경에서 권위의 상징은 '머리'나 '장자권'으로 표현되지, 결코 창조의 순서로 나타나지 않는다. 만일 권위가 창조의 순서대로라면 동물들이 아담보다 훨씬 더 권위가 있었을 것이다. 또한 아담에게서 하와가 나온 것 때문에 아담이 더 권위가 있다면 아담 역시 흙에서 창조되었으니 흙이 아담보다 권위가 있는 것이 된다. 본문은 그런 권위를 말하지 않는다. 즉 디모데전서 2:13은 아담의 우월성이나 권위를 강조하기보다는, 여성의 우월성의 근거로 사용되는 영지주의적인 창조의 순서가 잘못되었음을 보여주기 위한 것이다.

여성은 조용히 배워야 하고, 남자를 지배하며 가르치면 안 된다는 것과 창세기의 타락 이야기는 무슨 연관이 있을까? 단언컨대, 여성이 먼저 죄를 지었으므로 여성은 남자의 권세에 순종하라고 하는 말은 아니다. 인간의 타락을 기록한 창세기 3장을 꼼꼼히 보면 여자는 뱀에게 속아서 선악과를 먹게 된다. 즉 아담은 속은 것이 아니라 자의적으로 범죄했지만, 하와는 속임을 당해 죄에 빠졌다는 것이다.

유대인들의 사고에 따르면 속임을 당해 지은 죄보다 고의적인 행동에는 훨씬 엄격한 책임이 따른다. 이러한 사고는 디모데전서에서 사도 바울이 자신이 모르고 저지른 잘못을 묘사할 때도 엿보인다.

내가 전에는 비방자요 박해자요 폭행자였으나 도리어 긍휼을 입은 것은 내가 믿지 아니할 때에 알지 못하고 행하였음이라(딤전 1:13).

신앙, 그 오해와 진실

따라서 여성이 속임을 당해 죄를 지었다는 사실에 대한 강조는 여성들이 잘못된 창세기 이해로 말미암아 더 큰 죄의식을 가질 이유가 없다고 말하는 것이다.

해산함으로 구원을

그렇다면 15절에서 "해산함으로 구원을 얻으리라"라는 말은 무슨 뜻일까? 에베소 교회의 내막을 모르는 우리는 축약적인 이 말을 오해하기 쉽다. 문자적으로 읽으면 여성의 출산이 구원의 조건처럼 제시되었기 때문이다. 그러나 에베소의 여성 우월주의적인 영지주의를 배경으로 추정컨대, 이 말은 여성들에게 해산을 하나님의 벌로 보지 말라고 호소하는 것이다. 즉 사도 바울은 여성으로 하여금 출산을 포기하게 만드는 영지주의의 가르침을 반대했다.

놀라운 기쁨이 따르기는 하지만, 해산은 기본적으로 어렵고 고통스러우며 위험하다. 특히 열악한 환경 속에서 살던 고대 여성에게 해산은 가장 힘든 일 중 하나였을 것이다. 실제로 출산 중 사망률이 매우 높았던 당시, 여성에게 해산은 목숨을 걸어야 하는 두려운 일이기도 했다. 그러나 이것을 저주로 생각하면 안 된다. 출산을 포기하지 않아도 여성에게 구원은 이루어진다. 하나님의 구원은 예수님 안에서 '믿음과 사랑과 거룩함을' 지니는 모두에게 동일하게 주어진다.

당시 에베소의 일부 영지주의는 여성과 남성의 성 구별이 없는 것을 구원의 상태로 가르치며 결혼과 출산까지도 제한했다. 그러나 사도 바울은 오히려 여성이 생명을 잉태하는 본연의 역할을 구원과 연결시켰다. 어머니가 된다는 것은 무척 힘든 일이고, 극심한 고통이 타락의 결과임은 틀림없다. 그러나 여성은 새 생명의 '해산을 통해' 창조의 통로가 된다. 어머니의 고통을 통한 새 생명의 탄생은 또한 생생한 구원의 이미지다.

나가는 말

디모데전서 2:11-15은 여성이 복음의 말씀을 조용히 순종하는 자세로 배워야 한다고 가르친다. 당시 에베소 교회의 여성들 중 일부는 아데미 신전의 영향을 받아 남자를 가르치며 지배하길 원했다. 그러나 사도 바울은 그런 차별 구조를 허락하지 않는다. 그리스도의 복음은 남녀차별을 허락하지 않기 때문이다. 여자가 남자보다 먼저 창조되어서 우월하다는 주장 또한 허구에 불과하다. 성경은 남자가 먼저 창조되었을뿐더러 창조의 순서가 우열의 기준이 아니라고 가르친다.

바울은 창세기의 창조와 타락 이야기를 제대로 이해하여 여성 차별을 합리화하는 사고를 벗어버리라고 말한다. 하와는 속아서 죄를 지었기에 여자가 남자보다 더 큰 죄를 지은 것이 아니다. 따라서 하와가 아담보다 더 큰 죄를 지은 결과로 여자들에게 출산의 저주가 주어졌으며, 여자가 출산의 저주를 벗어나야만 구원을 받을 수 있다는 일부 영지주의 가르침은 성경적이지 않다. 누구나 마찬가지로 여자들도 정절과 믿음으로 사랑과 거룩에 거하여 구원받는 것이며 '출산을 통해서도' 구원은 가능하다.

우리는 잘못된 성경 해석을 근거로 성차별을 정당화하는 실수를 하지 말아야 한다. 교회 안에서 남성에 대한 여성의 차별을 반대했던 본문으로 오히려 여성들을 차별한다면 성경을 우습게 만드는 꼴이 될 것이다. 복음은 차별적이지 않다. 그리스도의 교회는 남녀 모두에게 평등한 문화를 지향해야 한다. 남녀에 대한 차별이 없는 교회와 세상을 꿈꾸자!

/// 17장 ///

밤낮으로
부르짖어야 한다고?

기도에 관한 가르침을 주는, 과부와 불의한 재판관의 비유(눅 18:1-8)는 대체로 가장 오해를 많이 받는 본문 중 하나다.

> 1 예수께서 그들에게 항상 기도하고 낙심하지 말아야 할 것을 비유로 말씀하여 2 이르시되 어떤 도시에 하나님을 두려워하지 않고 사람을 무시하는 한 재판장이 있는데 3 그 도시에 한 과부가 있어 자주 그에게 가서 내 원수에 대한 나의 원한을 풀어주소서 하되 4 그가 얼마 동안 듣지 아니하다가 후에 속으로 생각하되 내가 하나님을 두려워하지 않고 사람을 무시하나 5 이 과부가 나를 번거롭게 하니 내가 그 원한을 풀어주리라 그렇지 않으면 늘 와서 나를 괴롭게 하리라 하였느니라 6 주께서 또 이르시되 불의한 재판장이 말한 것을 들으라 7 하물며 하나님께서 그 밤낮 부르짖는 택하신 자들의 원한을 풀어주지 아니하시겠느냐

그들에게 오래 참으시겠느냐 8내가 너희에게 이르노니 속히 그 원한을 풀어주시리라 그러나 인자가 올 때에 세상에서 믿음을 보겠느냐 하시니라(눅 18:1-8).

많은 신앙인이 "하물며 하나님께서 그 밤낮 부르짖는 택하신 자들의 원한을 풀어주지 아니하시겠느냐 그들에게 오래 참으시겠느냐"라는 말씀을 근거로, 우리가 밤낮으로 간절히 하나님께 부르짖으면 하나님이 속히 응답하실 것이라고 믿는다. 그러나 이런 이해는 본문의 배경과 문맥을 무시한 엉뚱한 해석에 불과하다. 8절의 '속히'는 근본적으로 예수님의 재림과 연결된 시점이기 때문이다. 이 본문의 앞 문맥인 누가복음 17:20-37은 예수님의 재림에 관한 내용이다. 또한 본문의 마지막 구절인 8절에서 예수님이 찾으시는 믿음도 재림과 연관되어 있다.

예수님 당시 사회에는 불의로 말미암아 고통당하는 이들이 많았다. 특히 누가복음 전반에 등장하는 사회적 약자들, 즉 가난한 자, 병든 자, 소외된 자, 억압받는 자, 여인들, 부정한 자들에게 당시 사회는 냉혹했다. 착취와 불의와 억압이 만연했던 사회에서 당시 가난하고 억압받던 사람들은 정의실현을 놓고 밤낮 하나님께 부르짖으며 응답을 간구했다. 그러나 그들의 소망은 쉽게 성취되지 않았다. 온갖 불의한 현실 속에서 오랫동안 낙심한 그들은 이제 어떻게 해야 할까? 혹시 하나님이 그들을 외면하신 것은 아닐까? 본문은 이에 대한 답이다.

유전 무죄, 무전 유죄

우리나라에도 유전 무죄, 무전 유죄라는 말이 있는데, 돈과 권력 앞에서 정의의 기준이 변하는 상황은 옛날이나 오늘이나 별반 차이가 없어 보인다. 예수님의 비유는 당시 비리에 찌들어 공정성을 상실한 법정 현실을 적나라하게 반영해준다. 이 비유에는 정의에 대한 결정권을 가지고 가장 막강한 기득권을 누리던 관료 중 하나인 재판관과 그와는 정반대로 가장 비참한 사회적 약자로 살던 과부가 등장한다. 히브리어로 과부(알마나, אַלְמָנָה)는 '침묵하는 자', '목소리를 낼 수 없는 자'를 의미한다. 그리고 이는 단순히 남편이 죽은 여인뿐만 아니라 경제적인 자립이 불가능해서 특별하게 법적 보호가 필요했던 여인을 통틀어 지칭하는 말이었다. 과부는 고대 근동 사회에서 사회적으로 가장 소외된 계층에 속한 힘없는 약자였다(출 22:22-24; 시 68:5; 애 1:1; 약 1:27). 특히 그녀가 가난한 경우는 최악의 상황에 이를 수밖에 없었다.

철저히 남성 중심적 사회인 고대 팔레스타인에서는 여성의 공적인 활동이 금기시되었다. 이런 사회에서 과부는 결혼한 큰아들이 있는 경우 큰아들에게 의존하여 살거나, 아니면 친정아버지에게 돌아가서 살아야 했다(참고. 레 22:13). 한편 젊은 과부에 대한 인식은 부정적이어서 가능한 한 빨리 재혼을 해야 하는 것으로 여겼다(참고. 딤전 5:3-16). 이런 사회에서 과부가 자신의 권리를 스스로 찾는다는 것은 있을 법한 일이 아니었다.

더군다나 당시 사회에는 힘없는 자들을 무시하고 뇌물을 좋아하는, 부패한 관리나 재판관이 많았다. 특히 재판관과 한통속이 된 율법사들이 유서를 조작해 과부의 재산을 강탈하는 일이 종종 있었다. 예수님의 비유에 나오는 과부도 무언가 몹시 억울한 일을 당했다. 그러나 이 과부가 문제를 해결할 가능성은 거의 없어 보인다. 상황은 꼬일 대로 꼬였다. 억울한 일을 당한 가난한 그 과부는 뇌물을 사랑하는 불의한 재판관을 상대해야 하기 때문이다.

> 이르시되 어떤 도시에 하나님을 두려워하지 않고 사람을 무시하는 한 재판장이 있는데(눅 18:2).

하나님도 무심하시지, 그녀는 어쩌다가 '하나님을 두려워하지 않고 사람을 무시하는' 순 악질 재판관을 만난 것일까? 정말 기가 찰 노릇이다. 여기서 '하나님을 두려워 아니한다'는 표현은 그가 자신이 행하는 불의한 행위들에 대한 하나님의 심판을 전혀 염려하지 않고 사는 사람임을 보여준다. 또한 '사람을 무시한다'는 말은 헬라어 '엔트레포'(ἐντρέπω)로 표현되었는데, 이는 영어로 'to be ashamed' 혹은 'to be made ashamed'의 의미다. 즉 그 재판관은 사람을 수치스럽게 만드는 재주를 가지고 있었다. 그는 자신보다 약한 사람을 무시하고 수치심을 주는 유형의 사람이었다. 아니나 다를까, 그는 과부의 소송을 접수하지 않고 능장을 부린다. 과부의 소송은 재판관에게 어떤 유익도 돌아가지 않는 하찮은 것이거나 상대하기 껄끄러운 권력가 혹은 부자를 상대하는 것이었을 수 있다.

신앙, 그 오해와 진실

과부에게 뇌물로 쓸 물질이 있거나, 특별히 부탁할 만한 사회적 인맥이 있었다면 이 사건이 이처럼 지연될 리는 없다. 정확하게 알 수는 없지만 재판관이 과부의 소송을 해결해주지 않은 기간은 적잖이 길었을 것이다. 그러나 과부는 포기하지 않는다.

그 도시에 한 과부가 있어 자주 그에게 가서 내 원수에 대한 나의 원한을 풀어주소서 하되(눅 18:3).

그냥 죽으란 법은 없다! 여자는 약해도 아줌마는 강하고, 아줌마보다 더 무서운 사람은 바로 과부다. 산전수전 다 겪고, 어차피 잃을 것이 없는 그녀가 두려울 것이 무엇이란 말인가? 죽기 아니면 까무러치기로, 갈 데까지 가보자는 마음으로 그녀는 날마다 재판관을 찾아가 졸라댔다. 결국 끈질긴 과부 때문에 거만한 재판관은 다음과 같은 독백을 하게 된다.

4그가 얼마 동안 듣지 아니하다가 후에 속으로 생각하되 내가 하나님을 두려워하지 않고 사람을 무시하나 5이 과부가 나를 번거롭게 하니 내가 그 원한을 풀어주리라 그렇지 않으면 늘 와서 나를 괴롭게 하리라 하였느니라(눅 18:4-5).

재판관은 과부의 권리에는 조금도 관심이 없었지만, 자기 자신의 안위에는 관심이 많은 사람이었다. 귀찮고 번거로운 것이 싫었던 것이다. 옳지 않은 재판관은 옳지 않은 이유로 옳은 일을 한다. 그녀가 계속 귀찮게 하는 게 싫어서 그녀의 권리를 찾아줄 마음을 먹은 것이다. 그런데 예수님은 이 비유를 다음과 같이 해석하셨다.

> 6주께서 또 이르시되 불의한 재판장이 말한 것을 들으라 7하물며 하나님께서 그 밤낮 부르짖는 택하신 자들의 원한을 풀어주지 아니하시겠느냐 그들에게 오래 참으시겠느냐 8내가 너희에게 이르노니 속히 그 원한을 풀어주시리라 그러나 인자가 올 때에 세상에서 믿음을 보겠느냐 하시니라(눅 18:6-8).

먼저 우리가 과부의 '원한'이라고 잘못 알고 있는 내용을 살펴보고자 한다. 7, 8절에서 원어인 '엑디케시스'(ἐκδίκησις)는 정의의 실현(rendering of justice), 보복(retribution), 처벌(punishment), 복수(revenge) 등으로 번역할 수 있다. 개역개정 성경은 이를 하나님이 원한을 풀어주신다는 뜻으로 번역했지만, 이는 오역으로 보인다. 그와 달리 표준새번역은 권리를 찾아주신다는 의미로, 공동번역은 올바르게 판결하신다는 의미로 번역했다. 왜냐하면 이 비유의 배경이 법정이기 때문이다. 법정은 상대적인 개인의 원한을 해결하는 기능을 하는 것이 아니라, 절대적인 기준으로 판결하는 기능을 한다. 따라서 엑디케시스는 원한을 풀어준다는 뜻보다는 정의를 실현한다는 뜻으로 번역하는 것이 더 설득력 있어 보인다. 이는 영어 성경 NIV도 지지하는 번역이다(bring about justice, get justice).

예수님의 비유에서 힘없는 과부는 약자를 상징하지만, 불의한 재판관은 하나님을 직접적으로 상징하지는 않는다. 오히려 예수님은 하나님이 이 불의한 재판관과는 전혀 다르게 행하실 것이라고 말씀하신다. 이렇게 말하는 방식은 유대인들에게 익숙한 '좀 더 작은 것에서 좀 더 큰 것으로' 표현하는 방식이다. 예수님은 이 불의한 재판관이 한 말을 상기시키며 이 재판관과 대조되는 하나님의 특성에 대해 설명하신다.

하다못해, 하나님의 심판을 두려워하지 않고 약자를 무시하는 교만한 재판관도 과부의 끊임없는 간청을 결국에는 들어주었다. 하물며 선하신 하나님이 자기 백성의 부르짖음을 모른 척하실까? 예수님은 곧 재림하셔서 자기 백성의 권리를 **속히** 찾아주시겠다고 하신다. 여기서 '속히'로 번역된 '엔 타케이'(ἐν τάχει)는 '빨리'(speedily), '급작스럽게'(quickly), '지체 없이'(without delay), '예기치 않게'의 뜻을 지녔다(신 11:17; 수 8:18-19; 시 2:12; 집회서 27:3). 물론 하나님의 '속히'는 인간의 기대와는 다르다. 믿음의 눈으로 볼 때 하루는 천 년이고 천 년은 하루니까!

> 사랑하는 자들아 주께는 하루가 천 년 같고 천 년이 하루 같다는 이 한 가지를 잊지 말라(벧후 3:8).

대부분의 사람이 기도 응답이 지연될 수 있다는 사실을 받아들이기 어려워한다. 거기에는 다른 이유가 없다. 하나님을 신뢰하지 못하기 때문이다. 그래서 예수님은 재림 때에 낙심하지 않고 기다리면서 지치지 않고 기도하는 신실한 자들을 보기가 어렵다고 말씀하신다. 정말 많은 그리스도인이 자신이 경험하는 불의와 마음 아픈 일들이 자신의 때에 곧바로 해결되어야만 한다고 고집하며 하나님에 대한 실망감을 감추지 않는다. 그러나 8절의 "인자가 올 때에 세상에서 믿음을 찾아볼 수 있겠느냐"라는 말씀에서 '믿음'은 기독교의 교리에 동의하고 예수님을 영접함을 의미하는 것이 아니라 흔들림 없이 신실하게 하나님을 신뢰하는 태도를 의미한다.

오늘날 우리

과부와 재판관의 비유가 오늘날 우리에게 요청하는 것은 무엇일까? 먼저, 첫 번째로 기억해야 할 것은 우리가 모든 문제에 있어서 정의 실현을 놓고 끊임없이 기도해야 한다는 사실이다. 예수님은 이 비유를 통해 과부와 같은 약자들이 억울한 일을 당하는 사회적 상황에서도 하나님의 정의 실현을 위해 낙심하지 말고 지속적으로 기도하라고 명령하신다. 특히 우리는 개인적인 문제뿐만 아니라 우리나라의 지역 갈등, 양극화 문제, 통일 문제, 청소년과 가정 문제, 그리고 전 세계의 기아, 테러, 정치적 갈등, 종교 문제 등 세상의 모든 문제를 끌어안고 끊임없이 기도해야 한다.

두 번째, 이 비유는 우리에게 곧바로 결과가 나타날 것을 기대하지 말라고 가르친다. 본문의 과부를 보라! 그녀는 재판관을 줄곧 찾아갔다. 반복적으로 만났다. 비록 재판관은 강퍅했지만, 그녀는 계속해서 설득했다. 우리는 문제를 곧바로 해결해달라고 기도할 수 있다. 그러나 정확하게 말해서, 기도의 결과는 우리의 소관이 아니다. 우리는 오로지 신실하고 간절하게 구할 수 있을 뿐이다. 언제, 어떻게 기도가 응답될지 모른 채, 우리는 그 결과를 하나님께 맡겨야 한다. 교회사를 살펴보면, 성도들의 끈질긴 기도에도 인간의 죄악이 얼마나 뿌리 깊은지, 세상은 조금도 변하지 않는 것처럼 보일 때가 많았다. 변화는 정말 더디다.

우리가 세상에 사는 동안 정의 실현을 위한 기도의 응답을 받는다면 너무나 기쁠 것이다. 그러나 그것은 항상 보장된 약속은 아니다. 하나님은 우리가 더 높은 차원의 성숙한 믿음으로 나아가길 원하신다. 우리는 믿음으로 간절하게 기도할 뿐, 해결은 하나님의 때에 일어날 것이다. 세상은 언제나 불공평했고, 불공평하고, 불공평할 것이다. 하나님은 예수님의 재림 이전에는 고통과 불의 속에 사는 성도들이 원하는 것처럼 쉽게 개입하지 않으신다. 아무리 성도들이 기도해도 세상의 악은 바로 제거되지 않는다. 악이 제거되면 또 다른 악이 그곳에서 자라난다. 본문은 그것이 왜 그런지에 대한 답을 주지는 않는다.

북한에서 박해받는 지하 교회 성도들은 밤낮없이 눈물을 흘리며 기도한다. 하나님은 왜 속히 개입하지 않으시는 것일까? 김일성, 김정일에 이어 손자인 김정은까지 대를 잇는 박해는 꺾일 기세가 보이지 않는다. 그 오랜 시간에 걸쳐 밤낮으로 하나님께 절규하는 성도들의 기도는 왜 속히 응답되지 않는지, 우리의 심정으로는 정말 답답한 일이다. 전지전능하신 하나님은 그 문제를 속히 해결하실 수 있을 텐데 하나님은 묵묵부답이시다. 그러나 예수님의 비유는 그런 상황에 대해 다른 관점을 제시한다.

기도 응답이 늦어지는 것 같을 때, 우리는 '기도가 별 소용이 없나 보다!'라고 생각하며 좌절하기 쉽다. 그러나 이는 사실 **하나님의 때**에 대한 신뢰가 모자라기 때문이다. 내가 원하는 시기는 그저 '나의 때'일 뿐이다. 하나님을 믿어야 한다! 진짜 하나님이 원하시는 때에 문제가 해결되어야 좋은 것이다. 때로 응답이 늦어지는 것은 오히려 절대 물러서지 않는 강한 믿음, 끈질긴 믿음을 키우시는 하나님의 교육 방법일 수 있다.

세 번째, 이 비유는 하나님의 정의가 결국은 이긴다는 사실을 보여 준다. 과부를 보라. 모든 상황이 그녀에게 불리했지만, 그녀는 결국 이겼다. 그녀가 할 수 있는 일이라고는 끈질기고 모질게, 포기하지 않고 간청하는 것뿐이었다. 하나님의 정의는 이와 같다. 하나님은 그의 백성이 밤낮으로 부르짖는 탄식 소리를 들으신다. 기도 응답은 갑자기 온다. 경우에 따라서 예수님의 재림 때가 응답의 시점이 될 수도 있겠지만, 정의를 구하는 기도는 반드시 응답된다!

네 번째, 기도는 우리의 책임이지만 결과는 하나님의 영역임을 기억해야 한다. 우리는 진심을 담아 간절히 기도할 뿐 그 결과에 대해서는 마음을 비워야 한다. 결과가 나타나기까지, 혹은 재림 때까지라도 기다릴 수 있는 믿음, 그것이 본문이 요구하는 바다. 이런 믿음은 어떻게 생겨날까? 이런 강한 믿음은 기도하는 자에게만 주어진다. 과부와 같이 끊임없이 물러나지 않고 간구하는 자에게 말이다. 어떤 이는 반복적인 기도가 성경적이지 않다고 한다. 한번 기도했으면 믿고 하나님께 맡겨야 한다고 생각한다. 그러나 그런 생각은 성경적이지 않다. 과부는 반복해서 똑같은 사건으로 재판관을 찾아갔다. 사실, 반복해서 하는 기도는 우리의 믿음을 지속시키기 위한 것이다.

아무리 상황이 불리해 보여도 하나님의 사람은 기도 응답을 절대 의심하지 않는다. 그에게는 응답의 시기가 문제가 아니다. 당장 하나님의 응답 없음도, 세상의 모순도 그를 흔들지 못한다. 그는 믿음으로 기도가 응답될 것을 확실하게 알지만, 그 응답의 시점에 연연하지 않는다. 하나님을 믿기 때문에 조바심내지 않는 것이다. 그리고 절대 낙심하지 않는다. 그는 최종적 해결점인 예수님의 재림을 현재의 삶 속에서 살아 있는 소망으로 믿으며 살기 때문이다. 그런 사람이 바로 예수님이 재림하실 때 찾아보기 어렵다고 하신 믿음의 소유자다.

다섯 번째, 원대한 기도는 응답도 늦는다는 사실을 알아야 한다. 사람들은 기도가 빨리 응답되면 기뻐한다. 그러나 그렇지 않으면 크게 낙심해 '죽겠네, 살겠네' 하며 엄청나게 구시렁댄다. 믿음이 없기 때문이다. 그러나 사실, 기도가 하나님의 뜻에 합당하다 하더라도 응답은 빨리 되지 않을 수 있다. 그분의 뜻대로 구했어도 늦게 응답하시는 경우가 부지기수다. 이는 결코 하나님이 우리의 기도를 못마땅해 하시거나 그분의 사랑과 관심이 우리를 떠났기 때문이 아니다. 우리는 진실하게 끊임없이 기도할 수 있을 뿐이지, 빠른 기도 응답을 이끌어낼 수 있는 비법은 없다. 정확하게 말하자면 기도의 내용이 쉽거나 크지 않아서 쉽게 응답되는 경우가 많다. 그러나 쉽게 응답되지 않는 기도일수록 확실하게 좋은 기도인 경우가 더 많다.

예를 들어 나는 한국 교회의 개혁을 위해 간절하게 기도한 지 10년이 넘었다. 사도 바울처럼 되게 해달라고 기도한 지 20년이 지났다. 모든 사람이 구원받을 수 있도록 기도한 것은 30년이 넘었다. 땅 끝까지 복음을 전파하기 원한 사도 바울의 기도는 아직도 응답되지 않고 있다. 기독교 교부들의 간절한 염원이었던 세계 평화는 요원하기만 하다. 어찌 보면 죽을 때까지 응답되지 않는 것들이 진짜 하나님이 원하시는 최고의 기도일 수 있다.

나가는 말

죄악의 뿌리가 깊은 이 세상에는 수없이 많은 문제가 존재한다. 문제란 마치 끊임없이 밀려오는 파도와 같아 하나를 해결하면 또 다른 문제들이 발생한다. 그러나 믿음의 사람은 모든 문제에 대하여 포기하지 않고 응답받을 때까지 끈질기게 기도한다. 그 기도가 언제 응답될지는 나보다 상황을 더 잘 아시는, 전지전능하신 하나님께 전폭적으로 맡기면서 말이다. 응답이 늦어도 포기하지 않는 그의 기도는 더 강해지고, 그의 믿음은 더 자라날 뿐이다. 끊임없이 기도하는 것, 그것이 예수님의 원하시는 삶이다! 간절한 소망을 담은 기도 자체가 하나님의 뜻이기 때문이다.

응답 여부와는 관계없이, 우리는 기도를 통해 성령으로 충만해지고 하나님과의 깊은 관계에 들어간다. 그것은 이미 기도의 응답을 넘어선 더 큰 축복이다. 정말 간절하게 기도하자! 하나님의 뜻대로 기도할 때 그 기도는 반드시 응답된다. '언제?'라는 질문은 하나님께 맡기자. 하나님이 정하시는 그때가 내게도 최고로 유익한 때다.

우리는 빠른 해결을 원한다. 그리고 우리의 생각대로 되지 않을 때 쉽게 지친다. 이런 연약한 신앙에서 벗어나야 한다. 우리는 밤낮으로 기도해야 한다. 그러나 그 응답은 하나님의 뜻에 맡겨야 한다. 이것이 하나님이 원하시는, 보기 드문 참 믿음의 사람이 되는 비결이다. 실제로 오늘날 우리 주변에서 이런 믿음을 가진 사람을 찾기는 어렵다. 예수님의 말씀처럼 재림 때에는 더더욱 없을 것이다. 다들 인내가 부족하고 믿음이 없는 연고다.

기도는 나의 의무요 내가 일할 영역이고, 응답은 하나님의 의무이자 영역이다. 우리의 역할은 진실하고 간절하게 구하는 것일 뿐, 응답에 관한 모든 영역은 하나님께 맡겨드려야 한다. 모든 것을 주관하시는 하나님을 하나님으로 인정하자. 하나님께 기도는 OK, 간섭은 NO!

18장

기도하면
다 지켜주신다고?[1]

자신이 원하는 것을 이루고 싶지 않은 사람이 있을까? 원하는 것을 이루려는 의지는 모든 인간의 본능이다. 그러나 세상은 마음대로 안 되고 인간의 능력에는 한계가 있다. 그 결과 사람들은 예로부터 보이지 않는 고귀한 신에게, 혹은 귀신이나 조상신에게 그것을 이루어달라고 부탁하기 시작했다. 기도는 한계를 느끼는 모든 인간에게 자연스러운 현상인 것 같다.

기도 방법은 참 다양하다. 공짜는 없다고 느끼기 때문일까? 중요한 기도일수록 별별 방법이 다 동원된다. 제물을 바치고 고행을 하며 자신들이 원하는 것을 이루어달라고 몸과 마음을 다해 빈다. 이런 식으로 재앙을 물리치고 복을 구하는 것은 거의 모든 종교현상에서 나타나는 보편적인 기도의 모습이다.

예수님 당시의 이방인들도 신의 능력을 끌어와 자신들의 소원을 이루려 했다. 그들은 기도할 때 능력 있는 신의 이름을 반복해서 부르거나 마술 주문을 끊임없이 외웠다. 그들은 신의 이름이나 강력한 주문을 밤낮으로 외쳐야, 또는 말을 많이 해야만 그들의 간절함을 증명할 수 있다고 생각한 것이다.

> 7또 기도할 때에 이방인과 같이 중언부언하지 말라 그들은 말을 많이 하여야 들으실 줄 생각하느니라 8그러므로 그들을 본받지 말라 구하기 전에 너희에게 있어야 할 것을 하나님 너희 아버지께서 아시느니라 (마 6:7-8).

이 말씀은 당시 이방인의 기도 문화를 배경으로 한다. 예수님은 이방인의 기도 방법을 거부하셨다. 왜냐하면 참된 기도란 자신의 소원을 이루기 위한 것이 아니라 언제나 하나님의 뜻이 이루어지길 바라는 청원이기 때문이다. 재앙을 막고 복을 구하는 것이 아니라 언제나 하나님과 대화하면서 그분의 뜻을 발견하고, 자신의 소원이 아닌 그분의 뜻이 이루어지길 바라는 요청! 그것이 바로 예수님이 원하시는 기도다.

마술이 아니다

마태복음 6:6-8은 마술적 주문을 되풀이하고 자신이 원하는 것에 대하여 말을 많이 하는 방식으로 신의 능력을 불러내는, 이방인들의 주술적인 기도 방식을 비판한다. 그런데 우리말 성경의 '중언부언'은 원어인 '바탈로게세테'(βατταλογήσητε)에 대한 오역인 듯하다. 중언부언(重言復言)이란 '이미 한 말을 자꾸 되풀이한다'는 뜻이지만 성경은 같은 내용에 대한 반복적인 기도를 반대하지 않기 때문이다. 물론 중언부언하는 기도가 좋다는 말은 아니지만 굳이 나쁘다고 말할 수 없다는 것이다. 솔직함과 간절함이 문제지 반복 여부가 본질은 아니다. 반복적이지만 진실한 기도일 수 있다.

그렇다면 바탈로게인은 무슨 뜻일까? 사실, 이 단어는 매우 드물게 사용되기 때문에 그 정확한 의미에 대해서는 아직도 논란이 있다. 이 단어는 '말을 더듬는 사람'을 의미하는 '바토스'(βάττος), 혹은 '말을 더듬는다'는 의미의 '바탈로게오'(βατταλογέω)에서 파생되었다. 그러나 문맥의 흐름상, 어떤 언어장애를 지칭한다기보다는 특정 문장이나 단어를 반복하는 모습을 묘사한 것으로 추정된다. 따라서 '중언부언'이라는 번역보다는 표준새번역이나 공동번역 성경처럼 '빈말을 되풀이하다'라는 의미로 번역해야 옳다. 학자들은 대체로 이 단어가 마술 주문이나 신의 이름을 주술적으로 되풀이하는 당시의 기도 문화를 묘사한다고 본다.

그런데 예수님은 하나님께 기도할 때 많은 말을 하면 안 된다고 말씀하신 것이 아니다. 개인 기도 상황이라면 기도할 때 말을 많이 하는 것은 전혀 문제가 되지 않는다. 물론 공중 기도에서 시시콜콜한 이야기를 하는 것은 피해야 한다. 그러나 간결한 기도만이 최상의 기도인가? 그렇지 않다. 기도는 쉬지 말고 항상 해야 한다. 그런데 어떻게 반복적이지 않고 매번 간결하게만 기도할 수 있겠는가? 예수님이 제자들에게 경고하신 것은 이방인들의 '동기'다. 예수님은 단지 그렇게 하면 신이 응답할 것이라는 이방인의 믿음을 공격하신다. 이방인들의 기도는 '많은 말'로 집요하게 기도하여 신을 자신의 뜻대로 움직이려는 시도다. 기도는 드리지만 본질적으로 신의 뜻보다 자기 뜻이 앞서 있는 모습이 이방인의 기도라고 할 수 있다.

이 본문이 경고하는 대로, 기도는 마술이 아니다. 아무리 내가 간절하게 기도를 많이 해도 하나님은 내 소원을 들어주시는 분이 **아니다.** 이방인의 마술적인 신앙과 달리 하나님이 내 뜻을 이루게 하는 방법이란 없다. 내가 하나님 뜻에 맞추어야 한다. 하나님은 어떤 방법을 통해 우리가 원하는 대로 움직일 수 있는 꼭두각시가 아니시기 때문이다. 따라서 기도를 통해 내 뜻을 이루려고 하면 안 된다. 어떤 사람은 자기 방식대로 살다가 실패한 후, 이제는 교회에서 하나님을 통해 또다시 자기 욕심을 이루려 한다. 세상에서 교회로 배경만 바뀌었을 뿐 욕망을 채우려는 간절함이나 태도는 똑같다. 그런 방식이라면 기도는 마술로 전락한다. 예수님은 바로 기도에 대한 그런 자세를 비판하셨다. 하나님은 램프의 요정이 아니시며, 성경에는 알라딘의 램프 같은 요술이 존재하지 않는다. 기도는 철저하게 하나님 중심이어야 하며, 하나님을 하나님으로 인정하는 태도에서 시작해야 한다.

미리 아시는 하나님

확실한 기도 응답을 위해 우리의 상황과 원하는 것을 하나님께 자세히 알려야 하지 않을까? 오늘날 많은 그리스도인은 자신의 소원을 구체적이고 꼼꼼하게 기도 제목으로 정하고, 이를 위해 간절하게, 그리고 최대한 자주 하나님께 매달리는 것이 기도 응답을 받는 비결이라고 생각한다. 교회에서나 신학교에서 그렇게 가르치고 그렇게 배웠기 때문이다. 그런데 정말 그럴까?

기도는 정보 전달의 수단이 아니다. 전지전능하신 하나님은 사람이 아니시기 때문이다. 우리가 원하는 것을 최대한 구체적이고 꼼꼼하게 기도해야만 하나님이 응답하신다는 말은 성경적이지 않다. 그것은 전적으로 기도의 본질을 모르기 때문에 생겨난 오해다. 이미 하나님은 우리에게 무엇이 필요한지 다 알고 계신다. 사실, 신학적으로 따진다면 전지전능하신 하나님은 우리가 기도하기 전부터, 아니 창세 전부터 우리가 무엇을 기도할지 이미 다 알고 계신다. 어쩌면 하나님은 우리의 기도가 필요 없지 않으실까? 하나님께 부족한 것이 무엇이란 말인가! 그분은 본질적으로 인간을 의존하지 않으신다.

그렇다면 기도는 왜 해야 할까? 가장 근원적인 이 질문에 대해 생각해보자. 우리에게 꼭 필요하고 하나님이 원하시는 것은 **대화**다. 그런데 이 대화는 사람 사이에 오고가는 쌍방 간의 소통과는 다르다. 하나님은 인간과 달리 모든 것을 다 알고 계시기에 쌍방 간의 소통이 필요 없으시다. 정말 기도가 필요한 것은 우리이며, 우리가 하나님의 뜻을 알기 위해 대화하는 것이 바로 기도다.

하나님은 먼저 우리의 이야기를 들어주길 원하신다. 다 아시면서도 말이다. 그 이유는 우리가 하나님의 뜻을 모르기 때문이다. 이 소통 방식은 하나님이 일방적으로 우리에게 명령하시는 것이 아니라, 자기 뜻을 우리 스스로 알아차리고 수용할 수 있도록 우리의 생각과 결정을 존중하며 교육하는 방식에 가깝다. 이런 방식을 통해 우리가 무엇을 요구해야 하는지, 우리에게 무엇이 필요한지도 알려주시는 것이다. 이는 모두 우리를 위한 소통 방식이다. 기도는 전적으로 우리의 필요로 말미암은 것이다. 기도를 통해 우리는 우리를 돌보시는 하나님을 신뢰하며 그분의 뜻대로 살도록 교육하시는 하나님의 사랑과 전지전능하심을 배우게 된다. 그래서 우리는 특별히 그의 나라와 의를 구해야 한다. 그것을 위해 쉬지 말고 항상 기도해야 한다. 그러면 우리에게 필요한 나머지 것들은 다 채워진다. 기도하는 삶은 그것을 배우는 교육 과정이다.

나가는 말

마태복음 6:7-8은 절대 중언부언이나 말을 많이 하는 기도를 반대한 것이 아니다. 하나님의 뜻을 찾기 위한 간절하고 솔직한 기도라면 어떤 방식이 문제는 아니다. 예수님이 비판하신 것은 당시 이방인들이 추구하던 마술적인 기도 방식과 자기중심적인 동기였다.

기도는 절대 하나님의 능력을 빌려 자기 뜻을 이루는 마술이 아니다. 우리는 우리의 소원을 하나님께 아뢸 수 있다. 우리가 싫어하는 일이나 재앙을 피하게 해달라고 구할 수 있다. 그러나 내 생각대로 안 된다고 해도 하나님의 결정을 무조건 믿고 따를 수 있어야 한다. 정성을 다해 자신이 원하는 것을 이루려 했던 이방인들과 달리, 예수님의 제자는 어떤 상황에서도 오직 하나님의 뜻을 우선해야 한다. 하나님의 뜻이 실패와 고난, 심지어 죽음이라도 그렇게 해야 한다. 이것이 재앙을 물리치고 나쁜 상황을 피하려는 마술과 다른 점이다. 본질적으로 기도는 고난을 피하는 방법이 아니라, 재앙과 복 가운데서도 나를 돌보시는 하나님과 동행하며 그분의 뜻을 배워나가는 대화다.

어떤 그리스도인들은 기도란 항상 간결해야 하며 반복적으로 할 필요가 없다고 주장한다. 하나님이 이미 다 아시는데 뭐 하러 길게 기도하느냐는 것이다. 특히 기도의 열정이 없는 사람들이 기도하지 않는 핑곗거리로 그렇게 말하곤 한다. 그러나 본문은 기도란 간결해야 한다, 반복하면 안 된다고 주장하는 것이 아니다. 여기에서 금지된 '빈말을 되풀이함'과 '많은 말'은 당시 이방인들이 신의 이름과 특정 주문, 그리고 자신의 요구를 끊임없이 반복하여 신의 능력을 불러오는 마술적 기도 방식과 동기를 비판하는 표현일 뿐이다.

기도에 대한 정말 큰 착각은 기도로 내 소원을 관철할 수 있다는 신념이다. 간절히 기도하면, 밤낮없이 부르짖으면 하나님이 들어주신다는 터무니없는 생각은 이방인이 추구하는 기도 방식에나 어울린다. 예수님은 그런 잘못된 신념에 대해 심각하게 경고하셨다. 하나님은 근본적으로 우리가 원하는 대로 움직일 수 있는 분이 아니다. 아무리 간절하게 기도한다—떼를 쓴다—한들 내 뜻을 관철할 방법은 없다. 나를 가장 잘 아시고 모든 것을 주관하시는 하나님의 뜻이 나에게 관철되어야 할 뿐이다. 기도의 대화에서 들어야 하는 것은 우리다. 하나님은 실제로 모든 것을 이미 다 알고 계시기에 들으실 필요조차 없다. 기도는 우리의 필요와 유익에 관한 모든 것을 아시는 하나님과의 대화를 통해 우리가 하나님의 뜻을 수용하며 배워나가는 교육과정이다. 그리고 하나님의 뜻이 우리 안에 관철될 때, 하나님의 나라와 의가 이루어지기 시작한다.

3부

교리에 대한

오해와 진실

19장

공짜
은혜라고?

'은혜'는 그리스도인이라면 누구나 참 좋아하는 단어다. 신약성경의 저자 중, 사도 바울은 은혜라는 단어를 눈에 띄게 좋아했다. 우리말 '은혜'는 헬라어 '카리스'(χάρις)의 주된 번역인데, 신약성경 전체에서 154번 등장하는 카리스는 바울서신에서 100번이나 사용된다. 특히 그리스도 사건을 온 인류를 위한 하나님의 구원 방식으로 서술하는 로마서에는 카리스가 23번이나 집중적으로 사용되었다.

그런데 기독교에서 말하는 '값없이 주어지는 은혜'란 정말 우리가 생각하는 대로 '아무런 조건 없이' 받기만 하면 되는 어떤 것일까? 다음과 같은 말씀들은 은혜에 대한 오해를 불러일으킨다.

그러나 사람은, 그리스도 예수 안에서 얻는 구원으로 말미암아, 하나님의 은혜로 값없이 의롭다는 선고를 받습니다(롬 3:24, 새번역).

너희는 그 은혜에 의하여 믿음으로 말미암아 구원을 받았으니 이것은 너희에게서 난 것이 아니요 하나님의 선물이라(엡 2:8).

서구의 전형적인 은혜 개념은 필립 얀시(Philip Yancey)의 『놀라운 하나님의 은혜』에서 잘 드러난다. 이 책에서 필립 얀시는 아이작 디네센(Isak Dinesen)이 쓴 『바베트의 만찬』의 감동적인 내용을 통해 은혜가 무엇인지를 이야기한다.

이곳에 은혜는 만찬, '바베트의 만찬'이란 형태로 찾아왔다. 프랑스에서 거액의 복권에 당첨되었다는 연락을 받은 바베트는 그 돈을 가지고 제대로 된 프랑스 요리로 온 마을 사람들을 위한 만찬을 차린다. 그것은 받을 자격도 없고 값도 내지 않은 자들에게 베풀어진 평생 한 번 있을까 말까 한 진수성찬이었다. 잔뜩 굳은 얼굴로 식탁에 둘러앉은 사람들에게 로벤헬름 장군이 말한다. "우리는 모두 은혜가 우주 안에서 발견될 수 있는 것이라고 들었습니다. 그러나 우리 인간은 어리석고 시야가 좁다 보니 하나님의 은혜마저 유한한 줄 압니다. 눈이 열리는 순간에야 은혜의 무한함을 보고 깨닫게 되지요. 친애하는 여러분, 은혜가 요구하는 것은 아무것도 없습니다. 믿음으로 기다리다 감사로 인정하면 그뿐입니다."[1]

사실, 서양에서 생각하는 은혜란 로벤헬름 장군의 말처럼 아무것도 요구하지 않는 것이다. 즉 '공짜'다. 필립 얀시는 이 세상에 공짜가

신앙, 그 오해와 진실

없기 때문에 우리가 하나님의 은혜를 이해하기 어렵다고 한다.

그와 비슷하게, 영국의 저명한 설교자 마틴 로이드 존스(Martyn Lloyd-Jones)는 "믿음으로만, 은혜로만 의롭다 함을 받는다는 메시지는 분명 위험의 소지가 있다.…하지만 구원의 교리를 제대로 전하는 데는 이런 위험 요소가 따른다"고 지적한다.[2] 성경의 은혜 개념이 '이용'당할 수 있는 위험을 안고 있다는 말이다. 그에게 있어서 은혜란 공짜로 주어지며 아무런 조건도 없는 것이기에 은혜에 대한 합당한 반응은 의무사항이 아니라 선택사항이다. 만일 은혜가 정말 그런 개념이라면 마틴 로이드 존스의 지적은 옳다. 실제로 다른 어느 종교보다 은혜를 강조하는 우리나라의 개신교를 살펴보면, 상상하기도 힘든 비윤리적인 모습이 성도뿐만 아니라 목회자에게서도 자주 목격되지 않는가?

그러나 이는 은혜에 대한 서구문화의 오해에서 나온 결과다. 성경의 은혜는 '선물'의 다른 이름이다. 그런데 현대인들은 이상적인 선물과 베풂에 대해 다음과 같은 개념을 가지고 있는 것 같다.

① 상대에게 베풀 때 아무 조건이나 기대 심리 없이 순수한 마음으로 베풀어야 한다.
② 베풀면서 상대에게 무엇을 바라는 것은 거래지, 진정한 베풂이 아니다.

그리고 사람들은 하나님의 은혜에 대해서도 바로 이런 개념을 적용한다. 아무 기대 없이 순수하게 베풀어진 하나님의 선물! 구원의 은혜란 우리에게 아무 조건 없이 그냥 믿기만 하면 거저 주어지는 선물이다. 얼마나 놀라운가? 현대 문화에서 선물 혹은 은혜란 순수한 베풂이어야 한다. 무언가 조건이 있다면 그것은 선물이 아니다. 이처럼 현대인들이 생각하는 이상적인 선물이란 조건 없는 독립적 무상증여, 쉬운 말로 '공짜'다.

구원이 공짜 선물이라면 그것을 수용하는 것 이외에는 어떤 의무도 부과될 수 없고 부과되어서도 안 된다. 그리고 선물을 수용하는 것이야말로 올바른 믿음이다. 인간의 선한 행위가 구원의 근거나 조건이 될 수 없다. 즉 구원 이후에는 선한 삶을 살아야 마땅하지만 본질적으로 인간의 선행이란 구원에 아무런 기여를 할 수 없다. 오로지 하나님의 은혜로 천국에 가는 것이지 인간의 행위로 가는 것이 아니기 때문이다. 선행은 구원을 위해 무가치하지 않은가?

그러나 이런 이해는 성경과 상응하는 부분이 있더라도 은혜에 대한 올바른 이해는 아니다. 성경에서 말하는 값없는 은혜란 필립 얀시가 말하는, 그리고 마틴 로이드 존스가 이해하는 '조건 없는 공짜'가 아니다. 사실, 성경에 조건 없는 은혜는 없다! 아무 기대 없이 그저 순수하게 베푸는 것을 선물이라고 한다면, 하나님의 구원은 절대로 선물이 아니다. 성경의 문화에서는 선물 또는 은혜를 이런 방식으로 이해하지 않았다. 관계 지향적 사회를 기반으로 하는 성경의 문화에서 구원의 선물 또는 은혜란 공짜가 아니라 일종의 **투자**다. 왜냐하면 하나님의 호의는 **철저한 청산**을 요구하기 때문이다. 씨 뿌리는 자의 비유를 보라. 씨 뿌림은 삼십 배, 육십 배, 백 배의 열매를 목적으로 하는 투자다(마 13:1-9; 막 4:1-9; 눅 8:4-8). 또한 불의한 청지기의 비유(눅 16:1-13)와 달란트 비유(마 25:14-30), 므나 비유(눅 19:11-27)에서도 베풀어진 은혜에 대한 합당한 반응, 철저한 청산이 강조된다.

지금 우리 주변에는 너무나 많은 사람이 이런저런 이유로 감당하기 힘든 부채를 안고 실의에 빠져 있다. 국가에서는 그런 사람들을 갱생시키기 위해 파산면책제도를 운영한다. 일종의 사회자본적 투자다. 그런데 어떤 부자 채권자가 가능성 없는 한 젊은 채무자의 엄청난―물론 유흥비로 날려버린―빚을 자발적으로 모두 탕감해줄 뿐 아니라, 앞으로 살아가는 데 필요한 모든 도움을 주겠다고 약속한다면 어떻겠는가? 물론 그렇게 선의를 베푸는 목적은 빚 탕감 자체에 있는 것이 아니라, 그 젊은이가 흥청망청하지 않고 열심히 살 기회를 주는 데에 있다. 그런데 그 젊은이가 얼씨구나 하며 그 '공짜' 기회를 계속 흥청망청하는 데 사용한다면 어떻겠는가?

성경에도 비슷한 이야기가 나온다. 성경은 일만 달란트를 탕감받은 신하의 비유를 통해 탕감이 취소될 수 있다는 것을 당연시한다(마 18:24-35). 선물을 추가 요구사항이 없는 것으로 이해하는 현대인의 사고구조로는 받아들이기 힘든 이야기다. 어떻게 탕감된 것이 취소되고, 사은품을 도로 빼앗을 수 있다는 말인가? 현대적 법 개념에서 보면 탕감은 절대 취소될 수 없다. 그러나 고대의 집단주의 사회에서 빚 탕감은 관계적인 개념이다. 하물며 사회 관계망을 중시하는 현대의 복지제도에서도 파산면책과 함께 신용회복을 돕는 절차가 요구되지 않는가?

성경에 나타난 은혜의 이해

우리말로 은혜라고 주로 번역된 헬라어 카리스의 뜻은 무엇일까? 카리스의 정확한 뜻을 파악하기 위해서는 먼저 이 단어가 당시에 어떻게 쓰였는지를 살펴보아야 한다. 성경을 제외하면, 현재 발견된 모든 고대 문헌에서 카리스가 정확한 종교적 용어로 사용된 경우는 없다. 고대 문헌에서 카리스는 대체로 '호의'의 의미로 사용된다. 세네카 (Seneca)는 다음과 같이 말했다.

> 서로 돕는 손길의 교환을 통해 서로 돕는 일이 없다면 우리는 어찌 안전한 인생을 살 수 있겠는가? 갑작스러운 재난에 대응하여 어느 정도 준비된 삶을 살려면 호의(카리스)의 교환만이 유일한 길이다. 혼자만의 삶을 고집한다면 그것은 세상의 먹잇감이 되는 것에 불과할 뿐이다.[3]

여기에서 알 수 있듯이 본래 카리스의 기본적인 의미는 인간관계에서 서로 주고받는, 관계를 형성하는 '호의'다.[4] 또한 구체적으로 이 호의는 관계 맺음을 기대하며 상대에게 주는 **선물**이다. 세네카의 말처럼 바로 이것이야말로 '인간 사회의 가장 중요한 연대를 형성하는 관행'이었다.[5]

이와 관련하여, 절대 간과하면 안 되는 중요한 사실이 있다. '은혜'가 모든 시대와 문화를 초월하는 개념이 아니라는 점이다. 성경의 '은혜'는 특정한 역사적 배경에서 사용된 일종의 '전문용어'다. 사도 바울은 '은혜'라는 용어를 그리스도와의 언약적 관계와 연관 지어 사용했고, 이는 구약의 '언약적 자비', 즉 헤세드(הֶסֶד)를 반영한 것이었다. 그런데 구약의 언약적 자비에 해당하는 가장 적절한 헬라어는 '엘레오스'(ἔλεος), '엘레인'(ἔλεειν)이다. 이 단어들은 주로 종교적 문맥에서 사용되었고, 당시 보급된 헬라어 구약성경인 70인역은 헤세드를 모두 엘레오스, 엘레인으로 번역했다.

물론 카리스는 70인역에도 자주 등장한다. 그러나 언약적 자비가 카리스로 번역된 적은 한 번도 없다. 즉 히브리어의 언약적 자비(헤세드)와 헬라어의 호의(카리스)라는 단어는 별다른 관계가 없다. 그러나 바울은 그리스도 안에 있는 새 언약의 자비를 표현할 때 오로지 카리스와 그 동계(同系) 용어를 사용한다.[6] 도대체 사도 바울은 무슨 이유 때문에 자비를 나타내는 엘레오스, 엘레인 대신 생뚱맞은 카리스를 사용한 것일까? 이 질문에 대답하기 위해서는 당시의 역사적 정황을 살펴보아야 한다.

로마의 첫 황제 아우구스투스(Augustus)는 구원자 혹은 주님, 즉 '퀴리오스'(κύριος)로 선전되었고 그의 시대는 '은혜의 시대'로 각인되었다. 즉 당시 로마 문화에서 카리스는 로마제국의 절대 보호자인 황제가 베푸는 호의를 의미했다. 그 호의의 수혜자인 로마 백성은 모두 황제에게 보은의 빛을 지고 감사와 충성으로 보답해야 했다. 사도 바울이 그리스도의 언약적 자비를 설명할 때 엘레오스, 엘레인보다 카리스를 선택한 이유가 바로 거기에 있었다. '은혜의 시대'를 가져온 것은 당시 신의 아들, 구원자, 주님으로 선전된 로마 황제 아우구스투스가 아니라, 참 하나님의 아들 예수 그리스도임을 천명한 것이다.

복음을 의미하는 유앙겔리온(εὐαγγέλιον)이란 용어도 마찬가지다. 유앙겔리온은 원래 로마 사회에서 황제의 탄생을 알리는 소식을 의미했다. 그러나 신약성경은 예수 그리스도의 탄생을 유앙겔리온, 즉 복음으로 선포하며 예수를 아우구스투스와 경쟁시킨다.

그렇다면 서양의 '조건 없는 은혜' 개념은 어디서 왔는지 궁금해진다. 사실, '공짜 선물'은 칸트(Immanuel Kant)의 정언명령(定言命令)에 근거해 만들어진 개념이다. 칸트는 '행복해지려면 이렇게 하라'는 명령에 따라 무엇을 얻기 위해 하는 행동은 순수하지 못하다고 보았다. 이는 보상 심리에 근거한 행동이기 때문이다. 예를 들어, 거지가 불쌍해서 돕는다면 이것은 올바르지 못하다. 거지를 돕는 이유는 오로지 '돕는 일이 옳은 일'이기 때문이어야지, 어떤 불쌍한 감정이나 자신의 마음이 훈훈해진다는 이유가 있으면 안 된다. 즉 칸트의 정언명령이란 도덕법칙 자체가 최고의 가치를 지녀야 하며 어떤 수단이 되어서는 안 된다는 것이다. 그래서 칸트철학에 따르면 "오는 정이 있어야 가는 정이 있다"는 우리 속담은 순수하지 못한 행동양식이다. 진정한 선물이란 오는 정이 없어도 가는 정이 있으면 된다. 이러한 칸트의 사고는 서구 문화에 깊게 뿌리내렸고 서구사회에서는 "순수한 호의에는 어떤 조건과 기대가 없어야 한다", "순수하게 베푸는 그 자체에 목적이 있어야 한다"는 생각이 퍼져나갔다.

그러나 현대 철학자인 데리다(Jacques Derrida)는 칸트의 아무것도 기대하지 않는, 조건 없는 선물은 '불가능한 선물'이라고 했다. 그런 선

신앙, 그 오해와 진실

물은 현실에서 발견할 수 없는 비현실적인 개념이기 때문이다. 우리가 성경을 대할 때 그렇게 비현실적인 호의 혹은 선물에 대한 시각을 무비판적으로 투영하면 문제가 발생하지 않을까? 실제로 칸트 이후 서구에 자리 잡은 은혜와 선물의 의미를 바울서신에 투영했을 때, 그 해석에는 수많은 오해와 갈등이 생겨났다.

자격 없는 자에게 주어지는 선물!

그렇다면 성경이 기록된 고대 사회에서 선물은 어떤 개념이었을까? 문화인류학자인 핏 리버스(Pitt-Rivers)의 연구에 따르면 관계 지향적인 지중해 문화에서 선물이란 "거저가 아니면 선물이 아니다." 그러나 동시에 "보답을 당연히 전제하고 있다."[7] 우리에게 모순처럼 보일 수 있는 이 개념을 그들은 전혀 모순으로 여기지 않는다.[8] 성서 언어의 사회적 의미에 대해 많은 연구를 한 말리나(Bruce J. Malina)도 "서구 문화에서 지중해 문화권의 카리스와 유사한 개념을 찾아내는 것은 어려운 일이다"라고 주장한다.[9] 특히 명예 혹은 체면과 염치를 매우 중시하는 가치관이 강조되는 관계 지향적 문화에 사는 이들에게, 거저 베풀어지는 선물과 수혜자가 지는 보답의 의무는 결코 모순이 아니다.

> 은혜는 어떤 상류 사회층에 있는 후원자가 하류 사회층에 있는 피보호자에게 베푸는 결과를 낳은 '호의', 혹은 반대급부가 딸린 선물이다.…

이스라엘의 하나님은 인간과의 상호관계에 있어 거저 '베푸는' 법이 없다. 이스라엘의 하나님은 임의로 선택한 피보호자와 수직적인 쌍방 관계에서의 후원자이기 때문에 그는 항상 '베푸는' 자다.…만약 '아낌없이 베푸는 것'이 반대급부를 전혀 원하지 않는 것을 의미한다면, 구약의 하나님은 이렇게 행동하지 않는 분이다.…그리고 농업 사회의 사람들 또는 현대의 제3세계 사람들 역시 그렇게 행동하지 않는다.[10]

은혜를 '조건 없는' 선물로 이해하는 것은 큰 잘못이다. 성경의 문화에서 거저 주어지는 선물이란 조건 없이 베풀어지는 것이 아니라, 자격 없는 자에게 베풀어지는 것이다. 은혜는 받을 자격이라곤 전혀 없는 자들에 대한 하나님의 **호의적인 투자**다. 무엇을 위한 투자인가? 자격 없는 죄인들이 성령의 능력을 부어주시는 하나님의 긍휼을 맛보고, 새로운 사람이 되어 사랑의 삶을 사는 하나님의 백성이 되게 하려는 것이다.

고대 사회에서 선물은 일종의 '유사 빚'으로서 이에 대한 보은의 자세는 마땅한 도리로 여겨졌다. 체면 사회에서 선물을 공짜로 취급하는 사람은 배은망덕하고 염치없는 자로 낙인찍힌다. 마찬가지로 성경에는 반대급부를 요구하지 않는, 거저 주어지는 공짜 선물이란 개념의 은혜는 없다. 물론 체면 사회에서 선물이 당사자들의 이기적인 이해관계를 기반으로 어두운 거래를 위한 '뇌물'이 될 때는 부정적으로 작용한다. 그러나 상대에게 선의의 반응을 기대하는 선물은 나쁜 것이 아니다. 반대로 근대 서구와 같이 합리성을 강조하는 사회에서

신앙, 그 오해와 진실

는 선물을 베풀 때 상대의 선의를 기대하는 것조차 부담을 준다고 생각한다. 서구의 패러다임에는 선물을 주는 행위 자체를 중시하는 지혜가 담겨 있지만, 은혜를 베푸시는 하나님과 그 수혜자인 인간의 관계를 설명하는 데는 적절하지 않다.

　고대 사회에서 높은 사람이 아랫사람에게 주는 선물은 자발적인 순환을 요구한다. 선물의 수혜자는 감사의 마음과 자발적인 충성심으로 후원자의 권위를 높이고 순일한 지배 구조에 참여해야 했다. 칸트는 이를 이상적이지 못한 선물의 어두운 측면으로 보겠지만, 현대 사회의 현실 속에서도 이 원리는 동일하게 작용한다. 치열하게 현대를 살아가는 한 사람이 쓴 아래의 글에서 알 수 있듯이, 지금도 선물은 수혜자에게 보은의 마음을 불러일으킨다.

> 당시 문화이든 현대 문화이든, 물 한 대접에 잎을 띄워 건네든, 대형마트 시식 코너 아줌마가 이쑤시개로 웃음을 띠며 건네든, 동서고금을 막론하고 순수한 공짜 선물이란 건 단 한 번도 존재한 적이 없었던 것 같아요. 영적이든 물적이든, 모든 이득에는 마음이 깃들 수밖에….[11]

　"오는 정이 있어야 가는 정이 있다"는 우리 속담은 성경의 은혜에 대한 이해를 돕는다. 하나님이 먼저 크게 베푸셨기에 보잘것없는 우리도 베풀 수 있게 된다. 동양 문화를 배경에 둔 우리에게 이런 개념은 낯설지 않다. 선물이란 주고받는 호혜적 순환을 만드는 도구다. 거래와 달리 선한 동기로 베풀어지지만, 선물을 받은 사람은 자발적인 고 마음과 부채 의식을 갖게 된다. 성경의 고대 문화에서도 후원자가 선물을 받은 사람의 감사와 보응을 기대하는 것은 당연한 일이다. 당시 사회에서 선물 개념의 은혜란 '유사 빚'이다. 그래서 사도 바울도 자신을 빚진 자로 표현한다(롬 1:14; 8:12). 사실, 사도 바울의 자발적인 열심은 은혜를 빚으로 여기는 마음에서 나온 것이었다.

로마 사회에서 카리스는 서로 주고받는 관계를 형성하는 '선물'로, 선순환적인 의도가 담긴 '호의'였다. 이는 "세상에 공짜는 없다"라는 우리말에 비추어 보면 더욱 이해가 쉬워진다. 당시 사회에서 카리스란 상대에게 관계 맺음에 응하기를 기대하고 베푸는 것이며, 수혜자에게 카리스는 언제나 감사의 의무와 빚으로 남는다. 물론 이는 '거저 주어지지만' 수혜자에게 자발적인 보은과 충성의 '빚 반응'을 부과한다. 특히 윗사람이 베푼 카리스는 반드시 '염치', '신의', '의리' 혹은 '충성'과 같은 관계로 반응해야 마땅하다. 체면 문화에서 이는 경우에 따라 법 이상의 구속력을 갖는, 인간의 당연한 도리로 작용하고, 받은 은혜에 대한 '배은망덕'은 파렴치한 인간의 특징으로 여겨진다.

은혜가 요구하는 것

신약성경의 은혜 혹은 선물이란 하나님이 먼저 베푸시는 어떤 것이다. 다음 말씀을 보자.

너희는 그 은혜에 의하여 믿음으로 말미암아 구원을 받았으니 이것은 너희에게서 난 것이 아니요 하나님의 선물이라(엡 2:8).

그런데 이는 절대로 상대방에게 호의적인 반응, 혹은 보은의 자세와 선한 행동을 기대하지 않는다는 말이 아니다. 다시 한 번 말하지만, 하나님의 선물은 요구사항이 없는 것이 아니다. 바로 이어지는 말씀에 그 요구사항이 등장한다.

> 9 행위에서 난 것이 아니니 이는 누구든지 자랑하지 못하게 함이라 10 우리는 그가 만드신 바라 그리스도 예수 안에서 선한 일을 위하여 지으심을 받은 자니 이 일은 하나님이 전에 예비하사 우리로 그 가운데서 행하게 하려 하심이니라(엡 2:9-10).

은혜의 조건은 먼저 우리가 자랑하지 못하게 함이고(9절), 다음 조건은 선한 일을 행하게 하려는 것이다(10절).

성경의 은혜는 현대인들이 생각하는 조건 없는 공짜가 아니라 받을 자격이 없는 죄인이 믿음으로 값없이 받게 되는 하나님의 투자다. 우리에게 은혜는 선한 일을 하지 않아도 구원받도록 주어진 것이 아니라 선한 일을 하게 하려고 주어진 것이다. '은혜로 구원받았다'고 해서 아무것도 하지 않으면 천국행 티켓은 보장되지 않는다. 하나님의 은혜는 충성스러운 삶을 요구한다. 은혜는 하나님의 투자이기 때문에 배은망덕한 자는 심판의 대상이 될 것이다. 그러나 하나님의 투자를 잘 관리한 충성스러운 청지기는 최후심판 때 칭찬을 받을 것이다.

/// 20장 ///

율법은 쓸모없다고? [1]

오늘날 기독교에서 율법만큼 오해를 많이 받는 개념도 드물다. 율법에 대한 오해는 루터(Martin Luther)가 가졌던 율법에 관한 편협하고 왜곡된(?) 시각에서 비롯되었다고 볼 수 있다. 그는 구원이 율법과 완전히 구분된 '은혜의 법'으로부터 온다거나, 율법은 사람을 구할 수 없고 단지 사람을 정죄하고 공포를 조성할 뿐이라고 주장했다. [2] 알게 모르게 루터의 영향을 받은 대부분의 그리스도인은 '율법주의'나 '율법적'이란 말을 은혜 아닌 행위, 비복음적 자세, 혹은 바리새인과 같은 위선적 태도를 설명할 때 사용해왔다. 그리고 이로 말미암아 유대교는 율법 중심의 행위종교이므로 악하고, 기독교는 복음 중심의 은혜종교로 선하다는 식의 이분법적 흑백논리가 만연하기 시작했다. 유대교에 대한 미움은 나치 독일이 저지른 '홀로코스트'(Holocaust)의 원인 중하나가 되었고, 최소 575만 명의 유대인들이 이로 인해 희생당했다.

그러나 성경은 율법이 복음과 반대되는 것이 아니라 기독교 복음으로 성취·완성되었다는 사실을 가르친다. 따라서 우리는 율법에 대해 정확한 개념을 정립해야 한다. 구약의 율법은 하나님 사랑과 이웃 사랑이 핵심인 '그리스도의 법' 혹은 '성령의 법'으로 승화되었다. 그리고 그리스도를 통하여 성령으로 거듭난 성도라면, 마땅히 이를 지켜야 할 의무가 있다.

구약에서 율법의 의미

구약에서 율법이란 주로 토라(חורה), 즉 모세오경을 의미한다(참고. 대상 16:40; 22:12; 대하 17:9; 시 1, 119편). 그래서 예수님은 구약성경을 가리켜 '율법과 선지자'라고 하셨다(마 5:17; 7:12; 11:13; 22:40). 하지만 때에 따라서 '율법'은 구약성경 전체를 가리키는 용어로 사용되기도 했다(요 10:34; 12:34; 롬 3:19; 고전 14:21).

율법의 기원은 출애굽 사건과 관련이 있다. 하나님은 억압받던 이스라엘 백성을 애굽에서 구원하시고 그들을 당신의 백성으로 삼으셨다. 그뿐 아니라, 그들을 하나님의 백성답게 살게 하시려고 하나님과 이웃, 그리고 모든 피조물과 참된 관계를 누릴 수 있는 지침서, 즉 율법을 주셨다. 이 율법은 개인의 내면 문제를 비롯하여 사회, 복지, 경제, 정치, 환경, 윤리 문제, 그리고 다른 민족과 어떤 방식으로 관계를 맺어야 하는지 등 개인의 삶과 사회 전 영역을 모두 다루는 것이었다. 이스라엘 민족에게 율법은 가장 소중한 유산으로서, 율법을 지키는 것은 그들 자신과 다른 민족을 구분하는 특권이었다. 또한 하나님은 그들이 율법에 순종하면 풍성한 복을 주시겠다고 약속하셨다.

그럼에도 불구하고 이스라엘은 총체적으로 율법을 지키는 데 실패한다. 율법은 희생제물 규정과 제의법을 통해 죄 용서와 회개의 길을 제시하지만 진심 어린 회개가 따르지 않을 때는 징계가 따랐고, 이스라엘은 다른 민족을 통해 괴롭힘을 당했다. 하나님은 그들이 다른 민족에게 침략을 당해 포로 생활을 할 때, 선지자를 보내 다시 율법에 순종할 것을 권고하셨다.

그리고 결국 하나님은 성령을 통해 그들의 마음에 율법을 새기겠다고 약속하신다(예레미야의 새 언약). 법 없이도(?) 살 수 있는 사람들의 시대가 온다는 약속이었다. 이 언약은 예수 그리스도가 오심으로 성취된다. 율법과 예언이 폐지된 것이 아니라 완성·성취된 것이다. 이제 그리스도 사건을 통해 성령이 신자들의 마음에 임하고, 모세가 준 율법이 아닌 은혜와 진리가 하나님의 뜻을 완성하는 시대가 되었다.

율법은 예수 그리스도와 그의 가르침에 대한 예언으로서의 성격을 가지고 있었다. 그리고 예수님은 단순히 율법의 해석자로 오신 것이 아니었다. 예수님은 율법을 포함한 세상의 모든 법 위에 계신 하나님의 아들, 메시아로 오셨다. 심지어 예수님은 율법 준수에 열심이던 유대 지도자들이 율법의 중심이며 목적인 하나님 사랑과 이웃 사랑을 부정하고 자기들의 욕망을 채우기 위해 표면적이고 궤변적인 해석에 집착하고 있다고 비판하셨다. 이처럼 신약에서 율법의 유효성은 율법에 대한 신적 권위를 지니신 예수님의 가르침 속에서 이해되어야 한다. 예수님의 가르침에서, 신약성경은 율법에 대한 새로운 해석과 심화된 이해를 넘어 율법으로부터의 자유까지 선포한다.

율법에 대한 관점의 변화

율법에 대한 관점의 변화는 이방 선교에 앞장섰던 사도 바울의 서신에 잘 나타난다. 초대교회는 매우 빠른 성장 속도로 몇 세기가 지나지 않아 로마제국의 지배적인 종교가 되었을 뿐 아니라 로마제국의 보호를 받는 국가종교로서의 위치를 확보했다. 초대교회의 초고속 성장은 여전히 신비의 베일에 가려져 있다. 그러나 분명한 것은 이방인의 사도인 바울이 행한 율법의 '구조 조정'이, 유대 문화에서 탄생한 그리스도의 복음을 세계화하는 데 혁신적인 역할을 했다는 사실이다. 바울은 유대인이 이방인으로부터 자신을 차별화하기 위해 고수했던 계명들에 손을 댔다. 이는 이방인에게 복음을 전파하는 과정에서 그리스-로마 문명과 충돌할 만한 민족적 요소가 강하던 유대 율법을 새로운 시대에 걸맞은 탈 민족적 성격의 그리스도의 법, 혹은 성령의 법으로 과감하게 '구조 조정'한 것이었다.

그런 이유 때문에 사도 바울은 보수적인 유대인들과 심각한 갈등을 겪었다. 보수적인 유대인들은 이방인들에게 하나님을 섬기려면 먼저 유대인이 되어야 한다고 요구했다. 그 방법은 할례를 받는—유대교 개종자가 되는—것과 모세 율법을 준수하는 것이었다. 그러나 바울은 한 치의 양보도 하지 않았다. 갈라디아서와 로마서에는 그에 대한 고민과 신학적 답이 자세하게 기록되어 있다. 바울이 굳게 붙잡은 원리는 유대인이나 이방인이나 똑같이 믿음으로 성령을 받고 믿음으로 의롭게 된다는 것이었다. 오늘날 신학계는 이에 대해 두 가지 측면에서 접근한다. 전통적인 관점은 이 이신칭의를 "어떻게 구원받는가"의 문제를 다루는 '구원론'의 영역에서 다룬다. 반면 새로운 관점은 "하나님 백성의 차별 없음"이란 주제를 중심으로 '교회론'의 영역에서 이 문제를 다룬다.

바울은 율법을 파이다고고스(παιδαγωγός), 즉 초등교사 혹은 노예 후견인이라고 부르며 그리스도인은 자유인으로서 더 이상 율법 아래 있지 않다고 주장했다(갈 3:24-25). 이것은 유대교 역사상 가장 파행적인 선언이었다. 율법에 대한 바울의 주장이 기존 유대 그리스도인들에게 파격적으로 들린 이유는 무엇일까? 물론 바울신학에 심취한 우리는 이것을 그다지 심각하게 생각하지 않을 수도 있다. 그러나 구약 성경만 존재하던 시절, 강경 보수 유대 그리스도인들에게 이 발언은 성경의 권위를 실추시키려는 폭탄선언처럼 들렸을 것이다. 누군가 오늘날 성경에 대해 "당신들이 믿는 성경은 그저 아이들 동화책 같은 역할을 했을 뿐이고 이제 당신은 그것에서 자유의 몸이요!"라고 말한다고 치자. 보수적 그리스도인이라면 이런 이야기를 듣고 황당하기도 하고 분노가 치밀어 오르기도 할 것이다.

유대 그리스도인들에게 율법은 지킬 수 있고, 반드시 그대로 지켜야 하는 것이었다. 이것은 다름 아닌 모세오경에 기록된 말씀을 반영하는 태도였다.

11내가 오늘 네게 명령한 이 명령은 네게 어려운 것도 아니요 먼 것도 아니라 12하늘에 있는 것이 아니니 네가 이르기를 누가 우리를 위하여 하늘에 올라가 그의 명령을 우리에게로 가지고 와서 우리에게 들려 행하게 하랴 할 것이 아니요 13이것이 바다 밖에 있는 것이 아니니 네가 이르기를 누가 우리를 위하여 바다를 건너가서 그의 명령을 우리에게로 가지고 와서 우리에게 들려 행하게 하랴 할 것도 아니라 14오직 그 말씀이 네게 매우 가까워서 네 입에 있으며 네 마음에 있은즉 네가 이를 행할 수 있느니라(신 30:11-14).

이스라엘의 전통적 성경관에서 하나님의 백성이 율법을 완벽하게 지키는 것은 불가능한 일이 아니었다(시 119:1, 33). 구약성경은 오로지 율법만이 영혼을 살리고 행위를 온전하게 하며 하나님과 이웃 사랑의 관계를 회복시키는 영원한 진리임을 주장한다(시 119편). 하나님은 율법을 지키면 살 것이라고 약속하셨다(레 18:5). 유대교의 가르침에 따르면 율법은 믿고 순종하는 자에게 생명의 길 그 자체다. 유대인 랍비 몬테피오레(Montefiore)의 말처럼 율법은 지켜야 하고, 율법에는 자비와 용서의 은혜가 가득해서 부족한 인간이라도 믿음과 회개를 통해 온전히 지킬 수 있다는 것이 당시 보편적 견해였다. 예수님도 율법의 가치에 대해서는 분명하게 인정하셨다(눅 10:26-28).

따라서 율법의 행위―주로 할례, 안식법, 정결법과 같이 유대인과 이방인의 차별성을 드러내는 계명들―가 사람을 의롭게 하지 못하며, 율법의 행위로 의롭게 될 자는 아무도 없다는 바울의 주장(갈 2:11-16)

신앙, 그 오해와 진실

은 전통적으로 신실한 유대인이라면 받아들이기 쉽지 않았을 것이다. 이것이 얼마나 어려운 일이었는지는 베드로의 실수를 통해서 잘 드러난다. 갈라디아서에는 베드로가 안디옥에서 할례받지 않은 신자들과 식사를 하다가 야고보가 보낸 유대인들이 오자 슬그머니 자리를 피한 사건이 기록되어 있다(갈 2:11-14). 바울은 이를 바로 잡기 위해 공개적으로 베드로를 질책했다.

이런 사건의 중심에는 그리스도인들의 할례 문제가 있었다. 할례는 이스라엘 백성이 구성되기 훨씬 이전에 하나님이 아브라함과 맺은 언약의 징표였다(창 17:9-14). 창세기 17:13은 할례가 '영원한 언약'의 징표라고 말한다. 그리고 하나님은 할례를 거부하는 자들은 하나님의 백성이 될 수 없다고 분명히 말씀하셨다(창 17:14). 이사야서는 하나님이 메시아 시대에 '언약을 굳게 지키는'—기술적 용어로서 '할례를 준수한다'는 의미—이방인들을 백성으로 받아들이신다고 선포한다(사 56:6-7). 물론 신약성경은 진정한 할례는 마음에 받는 것임을 말씀하며 성령 세례를 마음의 할례로 본다.

안식일도 마찬가지다. 유대교에서 안식일은 하나님의 창조 원리에 근거한 것으로서 영원한 규례다. 말세에 안식일이 폐지된다는 말씀은 구약성경 어디에서도 찾을 수 없다. 오히려 이사야 선지자는 새 시대에는 이방인도 안식일을 지켜 언약의 백성이 된다고 선언한다(사 56:2-4). 물론 여기에는 표면적인 것보다 더 깊은 뜻이 담겨 있다. 마태복음은 안식일 계명의 주인이신 예수님을 믿고 구원에 참여하는 것이 진정한 안식이라고 주장한다(마 12:8).

예수님은 음식 정결법도 폐하지 않으셨다. 어떤 사람들은 예수님이 "입으로 들어가는 모든 것은 배로 들어가서 뒤로 내버려지는 줄 알지 못하느냐"(마 15:17)라고 말씀하심으로써 음식 정결법을 폐지하셨다고 주장하지만 사실은 그렇지 않다. 정확하게 말하면 예수님의 이 말씀은 장로들의 전통대로 손을 씻는 것에 관한 거부일 뿐이다. 예수님의 가르침을 그대로 전수받은 수제자 베드로는 자신이 "속되고 깨끗하지 않은 것을" 결코 먹지 않았다고 말한다(행 10:14). 또한 예수님을 메시아로 믿은 유대인 기독교 선교사들은 음식에 관한 정결법을 지켜야 한다고 주장하며 바울을 '비정통'으로 몰았다. 즉 기독교에서 정결 음식에 대한 구별을 과감히 없앤 것은 바울이 시초였다는 이야기다(롬 14:2-4; 골 2:16).

이쯤에서 율법에 관한 사도 바울의 주장을 요약해보자. 바울은 이제 그리스도로 말미암아 새 언약의 시대가 왔으니, 중요한 것은 믿음과 성령에 참여하여 그리스도의 가르침을 따라 하나님 사랑과 이웃 사랑을 실천하는 것이라고 보았다. 바울에 따르면 그리스도인은 할례와 율법 준수의 짐을 질 필요가 없다. 그리스도인은 율법 아래 있지 않기 때문이다. 물론 율법을 지키는 것과 그리스도인의 삶에는 어떤 연속성이 있기 때문에 서로 겹치는 중심사상들이 있지만, 모세 언약이 그리스도의 언약이 아니듯이 모세 율법도 그리스도인들이 지켜야 하는 계명이 아니다. 그러나 모세 율법이 더 이상 구속력이 없더라도 그 기본정신과 가치관은 "교훈과 책망과 바르게 함과 의로 교육하기에 유익하다"(딤후 3:16).

바울에 대한 변호

바울의 적대자들은 이방인 신자들도 표면적·문자적 수준에서 할례, 음식 정결법, 그리고 유대 절기를 지켜야 한다고 주장했다. 그러나 그들의 관점은 이방교회의 선교 현실을 간과한 '편협한 시각'에 불과했다. 이는 꼭 욥기에 등장하는 욥과 세 친구를 보는 것 같다. 욥의 세 친구는 자신들이 하나님에 대해 터득한 표면적인 지혜로 욥을 훈계했으나, 그들의 지혜는 이해할 수 없는 고난을 당하는 욥을 위한 심층적인 하나님의 뜻과는 무관했다.

율법은 원래 거룩하고 선하다. 그러나 신학은 현실로부터 중립적이지 않다. 바울의 율법에 대한 견해는 그리스도의 오심으로 새로운 시대가 열렸음에도 이방인 전도를 가로막고 있는 율법의 문화적 요소를 해결하고자 하는 선교적 필요에서 비롯되었다. 이는 이방 선교를 위한 현실적·실제적 이유에서 나온 정책들이었는데, 이를 반대하는 유대주의자들의 공박 때문에 신학적으로 전개되었다고 볼 수 있다. 바울이 파괴한 것은 율법의 본질이 아니라, 타문화에서 거부감을 일으킬 수 있는 문화적 요소들이었다.

우리는 할례를 쉽게 생각하지만, 당시 문화에서 할례는 매우 심각한 문제였다. 당시 로마의 지성인들은 유대인을 야만인 취급했는데, 할례는 그중에서도 가장 야만적인 요소였다. 또한 마취제나 소독약, 항생제도 없던 시대였기 때문에 멀쩡한 남자도 할례를 받다가 성불구가 되거나 생명을 잃을 수 있었다. 실제로 유대인들의 족보를 조사해

보면 할례를 받은 수많은 유아들이 병균에 감염되어 사망했다는 사실을 발견할 수 있다. 이로 보건대 바울이 이방인에게 할례를 요구하지 않은 것은 분명히 선교적인 이유에서였다. 바울은 자신을 신학자로 여기지 않았고 그의 서신은 신학 논문이 아니었다. 바울의 율법관은 책상머리에서 나온 사상이 아니라, 열정을 가지고 뛰어든 목회와 선교의 현실을 인지한 결론이었다.

당시 로마인 중에는 소위 '하나님을 경외하는 자'들이 있었다. 그들은 완전히 유대교로 개종하지는 않았지만, 율법의 높은 도덕성에 감명을 받아 유대교의 유일신 사상을 받아들이고 도덕적인 삶을 사는 자들이었다. 그러나 이들은 할례만큼은 도저히 행할 수 없어서 유대교에 입교는 하지 못한 상태였다. '하나님을 경외하는 자'의 대표적인 예는 복음서에 등장하는 믿음 좋은 백부장(마 8:5-10; 눅 7:2-9)과 사도행전 10장에 등장하는 백부장 고넬료다. 복음서의 백부장은 유대민족을 사랑하며 회당까지 지어주었지만(눅 7:5), 유대교로 개종은 하지 못한 '이방인'이었다. 그는 유대인이 이방인과 식탁교제를 하지 않는 풍습(갈 2:12)을 잘 알았기에 예수님을 곤란하게 하지 않으려고 예수님이 자신의 집으로 오시는 것을 만류했다.

마찬가지로 고넬료 또한 하나님 앞에 경건한 자였다. 그러나 베드로는 그를 이방인 취급한다. 고넬료가 할례를 받고 유대인이 된 것은 아니었기 때문이다(행 10:28). 사실, 로마의 군인이 유대교도가 된다는 것은 현실적으로 불가능했다. 로마 군대에서 안식일법과 정결 음식법을 지킨다는 것은 상상할 수도 없었다. 그래서 로마 군대에는 유대인

신앙, 그 오해와 진실

이 없었다. 초대교회가 유대교에서 수용하지 못한 '하나님을 경외하는 자'들을 대거 수용할 수 있었던 이유는 바로 할례로 대표되는 율법 규례의 문턱이 제거되었기 때문이었다.

선교 상황 속에서 '문명 충돌'의 가능성을 '문명 공존'으로 바꾸기 위한 바울의 노력은 정결 음식법 폐지에서도 볼 수 있다. 이방인이 유대교로 개종하기 어려웠던 또 다른 이유는 바로 개종 후 '코셔(Kosher) 음식'(성경적 정결 음식)만을 먹어야 한다는 사실이었다. 당시 이방 국가에서는 코셔 방법으로 도살된 정결한 육류를 구하기가 힘들었다. 그뿐 아니라 시장에서 파는 육류는 거의 우상에게 먼저 바쳐진 제물이었다. 로마인들은 돼지고기를 좋아했는데, 누군가 율법을 지키고자 한다면 완전 채식주의자가 될 수밖에 없었다. 게다가 다른 음식의 흔적이 조금이라도 묻어 있을까 봐 식기도구도 다른 사람들과 같이 사용하기 어려웠다. 따라서 이방인과 함께 식사하는 것이 전혀 허락되지 않는 유대교적 삶은, 로마인들에게 친구나 식구들과의 단절을 의미했다(참고. 갈 2:12).

해외 유학 중 모슬렘 남편과 결혼하여 고국에 돌아온 한국 여성이 겪은 다음의 이야기는 당시 '하나님을 경외하는' 로마인들에게 유대교적 삶이 얼마나 힘들었는지에 대한 이해를 돕는다.

기독교인인 엄마와의 대립은 끝이 없다. 우리 집 문제는 밥그릇에서부터 시작한다. 어머니는 남편이 가지고 온 할랄 고기에는 손도 대지 않는다. 남편은 자기 밥그릇, 국그릇, 수저, 냄비 등 모든 것을 따로 두어나도 영국 유학시절 절친하게 지내던 유대인 친구를 집에 초대한 적이 있었다. 그다지 보수적인 유대교인도 아닌 그 친구를 위해 접시, 컵, 포크와 나이프 등 모든 식기도구를 끓는 물에 삶아야 했다. 결국에는 그게 싫어서 일회용 접시와 도구만을 사용했고, 정말 완벽한 채식 중심의 식사를 해야 했다. 사실 이런 번거로움 때문에 그 친구를 자주 초대하지는 못했다. 하물며 정말 보수적인 유대교인과 친구로 지내기란 거의 불가능한 일일 것이다.

유대인들은 자신들만의 폐쇄적인 식사규정 때문에 민족적으로 강한 결속력을 보여주어 다른 이방인들에게 찬사를 받기도 했지만, 같은 이유로 비판과 미움의 대상이 되기도 했다. 당시 떠돌던 노래 중에는 유대인들의 출애굽 사건을 조롱하는 민요가 있다. 그 내용을 살펴보면, 모세가 이집트에서 추방당한 나병 환자들을 데리고 나와서 한 민족을 형성했는데, 원래 유대인들은 나병 환자이므로 다른 종족과 한 식탁에 앉기를 거부하는 반사회적 성향이 있다는 것이다.[4]

유대교로의 개종에 따른 또 다른 문화적 어려움은 안식일 때문이었다. 주후 1세기경, 로마제국에서 유대인 외에는 일주일에 하루씩 쉬는 민족은 없었다. 유대인들에게야 안식일이 문화지만 일주일에 하루를 쉰다는 개념 자체가 없는 문화 속에 사는 이방인들은 무슨 수로 안식일을 지킬 수 있었겠는가. 초대교회의 예배 시간이 주일 이른 아침이거나 늦은 저녁이었던 이유는 당시 사회에서 일주일에 하루를 쉬는 게 불가능했기 때문이었다.

만일 기독교가 종교적 의미로서의 할례, 정결 음식법, 안식일의 준수를 계속 주장했다고 치자. 아마 기독교는 우리 문화에서도 극심한 '문명 충돌'을 야기했을 것이며, 이 충돌 때문에 기독교의 급성장은 불가능했을 것이다. 우리나라에서 이슬람은 50여 년의 선교역사에도 불구하고 확산속도가 매우 미약하다. 그 이유 중 하나는 소위 '이방 국가'인 우리나라에서 이슬람의 규례인 음식 구별, 금주, 라마단 금식, 하루 5번 예배, 금요 오후 예배 준수 등을 지키며 사는 것이 너무 힘들기 때문이다. 보수 유대인보다 비교적 느슨하게 율법을 지키는 제7일안식일예수재림교도 마찬가지 어려움을 겪고 있다.

그리스도의 법

복음서에서 예수님은 율법에 대한 신적 권위를 가지신 분이다. 구속사에서 율법은 예수 그리스도의 삶과 가르침을 학수고대하며 예언적 기능을 한다. 종말의 메시아이신 예수님은 율법을 해석하거나 율법의 기본정신을 보여주는 데 그치지 않고, 아예 율법을 넘어서는 자유에 이르는 새로운 가르침을 주셨다. 그분은 구약의 하나님과 마찬가지로 율법의 주인이시다. 그래서 새 시대, 새 언약에 맞게 율법에 대한 편집, 수정, 보완이 가능하신 것이다. 신약에서 율법은 예수님의 새로운 가르침으로 흡수·통합되었다.

바울은 유대 민족의 한계에 갇힌 율법을 거부했다. 그리고 창조적 파괴를 통해 '율법'을 성령 안의 '그리스도의 법'으로 구조 조정하여 기독교를 세계적 종교로 만들었다. 그는 "율법 조문은 죽이는 것이요 영은 살리는 것이니라"라고 했다(고후 3:6). 예수님은 "너희가 이 성전을 헐라 내가 사흘 동안에 일으키리라"(요 2:19)라는 말씀으로 새 시대의 참된 성전이 자신임을 보여주셨다. 반면 바울의 율법관은 '율법을 헐라. 내가 새 시대의 참된 율법인 그리스도의 법을 전파하리라'라고 이해할 수 있을 것이다. 바울은 현실적인 선교의 현장, 새로운 상황 속에서 참된 율법의 정신을 살리기 위해 그리스도의 언약에 따라 율법의 표면적·문자적 이해를 탈피하는 용기를 보여주었다. 새로운 시대는 이처럼 오직 '창조적 파괴'를 과감히 실행하는 사람에 의해 이루어진다.

21장

믿기만 하면
다 된다고?

초등학교 때 나를 가장 설레게 했던 날은 소풍 가기 바로 전날이었다. 지금이야 흔하지만, 당시에 소풍날은 정말 오래간만에 김밥과 탄산음료를 먹고 마실 수 있는 날이었다. 어떤 날은 혹시 비가 와서 소풍을 망치지 않을까 하며 불안한 마음에 잠을 못 이룬 적도 많았다. 그럴 때나는 마음속으로 외쳤다. "내일 날씨가 좋을 것을 믿어!" 그 믿음대로 (?) 다행히 소풍날 비가 온 적은 없었다.

그런데 그때 비가 안 온 것이 정말 내 믿음 때문이었을까? 어떻게 해석한다 한들, 이 문맥에서 말하는 믿음이란 성경에서 말하는 '믿음'과 전혀 다르다. 위의 믿음은 자기 확신일 뿐, 정확한 사실을 신뢰하는 것이 아니다. 성경에서 믿음은 한 치의 오차도 없는 정확한 사실에 대한 신뢰를 말한다. 그리고 신약에서 믿음은 그 이상의 의미를 가진다.

믿음에 관한 오해들

"번역은 반역이다"라는 말이 있다. 프랑스의 문학 사회학자 로베르 에스카르피(Robert Escarpit)가 한 말인데, 글을 다른 언어로 번역하면 아무리 공을 들여도 어느 정도 의미가 상실될 수밖에 없다는 말이다. 이는 믿음이라는 말의 번역에서도 들어맞는다. 우리말에서 주로 '믿음'으로 번역되는 헬라어 '피스티스'(πίστις)는 구약-유대 문화의 '에무나'(אֱמוּנָה)에 해당한다. 에무나는 기본적으로 성실이나 신실, 순종을 뜻하지만 우리말에서는 믿음과 성실, 순종은 서로 다른 범주로 이해된다. 믿음은 일반적으로 사고방식의 영역, 즉 '동의'나 '확신'과 같은 정신 활동을 의미하지만 성실이나 순종은 삶의 덕목을 의미하기 때문이다. 그러나 구약-유대 문화는 이런 차이를 인정하지 않는다. 히브리 문화에서 믿는다는 것은 성실, 순종을 포함하는 통합적인 개념이다.

예를 들어 창세기 15:6에서 "아브람이 여호와를 믿으니[아만(אמן), 헬라어로 피스튜오(πιστεύω)] 여호와께서 이를 그의 의로 여기시고"라고 할 때, '믿는다'는 표현은 '지적 동의'가 아니라 하나님의 언약에 **신실하게 순종하는 삶**을 의미한다.[1] 아브라함이 갈 길을 알지 못했지만 하나님의 말씀에 순종하여 하란을 떠날 때, 믿음과 순종 혹은 성실을 구별하기란 어렵다(창 12:1-4; 히 11:8-9). 하나님이 이삭에게 아브라함 이야기를 하실 때도 '믿은 자'가 아니라 '성실하게 순종한 자'의 면모가 드러난다.

이는 아브라함이 내 말을 순종하고 내 명령과 내 계명과 내 율례와 내
법도를 지켰음이니라 하시니라(창 26:5).

히브리적 사고와 용어 자체가 그러하듯 구약에서 믿음은 성실, 순
종이란 실천적 행위의 덕목을 반드시 포함한다. 구약에서 성실, 순종으
로 표현되는 행위와 믿음을 구별하는 이분법은 없다. 그렇다면 신약에
서는 어떨까?

피스티스와 신실, 순종

신약성경에 등장하는 피스티스는 믿음, 확신, 신실함, 순종, 충성 등의
상당히 폭넓은 의미를 가지고 있다. 그래서 구약성경과 유대 문화보
다 믿음과 성실, 순종을 문맥에 따라 구분해서 사용한다. 예를 들어 예
수님이 병자들에게 "네 믿음이 너를 구원하였다"라고 선포하실 때(마
9:22, 29; 막 10:52; 눅 8:48), 그 믿음은 성실함이나 순종이 아니라 예수님
에 대한 신뢰를 의미한다. 물론 예수님이 말씀하신 구원도 신학적인
'구원', '거듭남'이 아니라 질병으로부터의 놓임을 의미한다.

구약에서 믿음이라는 용어가 하나님이 한 분이시라는 사실에 대한
지적 동의의 의미로 사용된 적은 없다. 언약 백성인 유대인들이 하나
님의 존재를 믿는 것은 당연했기 때문이다. 그들에게 요구된 것은 신
실함이었다. 그러나 바울서신은 한 분이신 하나님의 존재조차 모르던
이방인을 대상으로 한다. 그래서 바울은 그들에게 하나님이 계신 것

과 복음에 대한 '지적 동의', '받아들여 확신함'을 가져야 한다고 호소한다. 바울은 피스티스를 그리스 수사학에서처럼 상대방의 논리에 설득되어 지적으로 동의한다는 의미로 사용하는 것이다.[2] 피스티스를 '복음의 내용에 동의하고 받아들여 확신함'이란 의미로 사용하는 경우는 사도행전에도 자주 등장한다(행 9:42; 10:43; 16:31; 20:21).

그러나 믿음과 성실, 순종을 통합적으로 보는 구약의 관점이 신약에서 포기된 것은 절대 아니다. 사실 그런 통합성은 신약성경 전체에서 충분히 나타나고 있다. 신약성경은 구원이 은혜의 선물이니까 우리가 아무렇게나 살아도 구원받을 수 있다고 가르치지 않는다. 즉 피스티스가 신실함과 순종의 행위가 배제된 단순한 '믿음'으로 오해될 때, 그것은 구원받을 수 없는 가짜 믿음으로 평가된다. 마태복음은 이를 확실하게 가르친다. 구약의 '에무나' 개념을 잘 알고 있는 마태에게 신실한 행위가 뒤따르지 않는 믿음이란 절대 '에무나'가 될 수 없다. 마태에게 믿음과 행위는 절대 나눌 수 없는 동전의 양면과 같다.

나더러 주여 주여 하는 자마다 다 천국에 들어갈 것이 아니요 다만 하늘에 계신 내 아버지의 뜻대로 행하는 자라야 들어가리라(마 7:21).

히브리적 사고가 강한 야고보 또한 언약적 행위(신실함, 충성)와 믿음을 이분법적으로 대치시키는 신앙을 단호하게 거부한다. 믿음(원인)에는 분명히 언약에 대한 신실한 행위(결과인 열매)가 뒤따라야 한다.

내 형제들아 만일 사람이 믿음이 있노라 하고 행함이 없으면 무슨 유익이 있으리요 그 믿음이 능히 자기를 구원하겠느냐(약 2:14).

이로 보건대 사람이 행함으로 의롭다 하심을 받고 믿음으로만은 아니니라(약 2:24).

야고보는 신실함과 순종의 행위에 따른 **의**가 없으면 구원이 불가능하다고 말한다. 이는 사도 바울이 말한 바, 하나님의 종말론적인 행위심판 때 드러나는 미래의 칭의—공로 없이 의롭다 함을 입었으니 이제 의로운 삶으로 나타내야 한다는 개념—와 같은 맥락이다. 이에 대해 "결국 인간의 행위로 구원받는 것이 아닌가?" 하는 의문이 생길 수 있다. 그러나 신약성경은 구원이 전적인 하나님의 은혜의 선물이기 때문에 어느 누구도 행위로 구원받을 수 없다고 단정한다. 충성된 삶이 은혜의 필수적인 결과임은 틀림없지만 그 어떤 행위도 구원을 보장하는 공로가 될 수는 없다. 그래서 하나님의 백성은 다음과 같이 말할 것을 명령받는다.

우리는 쓸모없는 종입니다. 우리는 마땅히 해야 할 일을 하였을 뿐입니다(눅 17:10, 표준새번역).

신실함과 순종은 하나님의 은혜를 받은 자의 당연하고 마땅한 반응일 뿐, 어떤 공로가 아니다. 반면 은혜를 아는 자에게 충성된 삶을 공로로 여기는 것은 감히 상상도 할 수 없는 수치스러운 일이다. 사도 바울은 죽을힘을 다해 섬김의 삶을 살았어도 그 모든 것이 오로지 하나님의 은혜라고 고백한다.

> 그러나 내가 나 된 것은 하나님의 은혜로 된 것이니 내게 주신 그의 은혜가 헛되지 아니하여 내가 모든 사도보다 더 많이 수고하였으나 내가 한 것이 아니요 오직 나와 함께하신 하나님의 은혜로라(고전 15:10).

비록 지금은 신앙을 지키기 위해 허덕이고 몸부림치며 힘들게 살아도 나중에 뒤돌아보면 오직 모든 것이 하나님의 은혜일 뿐이라는 고백만 나오게 된다. 나의 모든 걸음이 은혜의 관점에서 해석되기 때문이다. 물론 사도 바울은 이방인에게 복음을 전하는 상황에서 믿음을 단계적으로 구분하기도 했다. 그러나 그는 결국 신약의 믿음이 구약의 에무나와 전혀 다르지 않다고 주장한다. 따라서 사도 바울에게도 그리스도의 언약에 대한 성실과 순종이 없는, 단순히 지적 동의로 받을 수 있는 구원은 없다.

믿음과 이신칭의의 문제

전통 신학에서는 사도 바울의 구원론을 언급하라면 이신칭의 교리를 말한다. 그렇다면 이신칭의 사상은 바울서신에 얼마나 자주 등장할까? 정확하게 말하면, 의를 획득하는 수단이 오로지 믿음뿐이라는 이신칭의 사상은 유대 율법주의자들과 첨예하게 대립한 상황에서 쓴 갈라디아서와 로마서 이외에는 거의 나타나지 않는다. 이 두 서신을 제외하면 성경에는 이신칭의 사상이 아주 드물게 나타난다[예를 들어, 세리와 바리새인의 기도에 대한 비유(눅 18:9-14)]. 게다가 이신칭의 교리를 강하게 밀어붙이는 갈라디아서도 신실함과 순종(구약의 에무나)의 행위 없이 육체의 욕망을 따라 사는 사람의 믿음은 최종적인 구원의 조건으로 인정하지 않는다.

> 19육체의 일은 분명하니 곧 음행과 더러운 것과 호색과 20우상 숭배와 주술과 원수 맺는 것과 분쟁과 시기와 분냄과 당 짓는 것과 분열함과 이단과 21투기와 술 취함과 방탕함과 또 그와 같은 것들이라 전에 너희에게 경계한 것같이 경계하노니 이런 일을 하는 자들은 하나님의 나라를 유업으로 받지 못할 것이요(갈 5:19-21).

오히려 갈라디아서는 신실함과 순종의 삶이 인간의 공로가 아니라 오직 성령의 능력을 통해서 가능하다고 말씀한다. 우리는 성령의 인도하심에 따라 살아야 한다(갈 5:16a). 성령을 따라 살지 않고 육체의 욕심을 따르면(갈 5:16b-17), 하나님 나라를 상속받을 수 없다(갈 5:21b). 이처럼 바울에게 구원받을 믿음(피스티스)과 구약의 믿음(에무나)은 결국 동일한 선상에 있다.

> 그리스도 예수 안에서는 할례나 무할례나 효력이 없으되 사랑으로써

역사하는 믿음뿐이니라(갈 5:6).

여기서 우리말로 '역사하는'으로 번역된 헬라어 '에네르구메네' (ἐνεργουμένη)는 쉽게 말해 '행동하는' 혹은 '작용하는'의 뜻이다. 즉 사랑으로 행위하는 믿음이 아니고서는(but faith working through love, ASV) 구원이 약속될 수 없다는 말씀이다. 바울의 이러한 이해는 복음서와 성경 전체의 구원 이해와 맥을 같이한다. **행위 없는 믿음으로는 구원이 불가하다!**

신앙, 그 오해와 진실

22장

예정은
운명이라고?

신약학 수업을 진행하다 보면 매년 예정에 대한 질문을 받는다. "하나님은 정말 예정된 자만 구원하시나요? 그럼 예정받지 못한 사람은 아무리 믿으려 해도 믿을 수가 없나요?", "한번 예정한 사람은 절대 구원을 잃지 않나요? 누구는 택함 받고 누구는 택함 받지 못하는 것을 다 하나님 마음대로 정해놓으신 것이라면 인간에겐 아무 선택권도 없는데, 그런 하나님은 불공평하신 분이 아닌가요?"

칼뱅주의를 따르는 장로교 출신 학생들은 예정이 하나님의 절대주권임을 주장하며, 인간이 창조되기도 전에 미리 결정된 '주권적 예정설'을 말한다. 그러나 아르미니우스주의나 웨슬리의 가르침을 따르는 감리교나 성결교, 나사렛 교단, 오순절 교단 학생들은 이에 발끈한다. 인간에게도 자유의지가 있기에 무조건 하나님이 주권적으로 택하셨다고 말하면 안 된다는 것이다. 그들은 인간의 자유의지를 존중하시고 모든 것을 미리 아시는 하나님이 창세 전부터 누가 믿을 것인지 미리 아시고, 미리 아신 자들을 정하셨다는 예지예정, 혹은 조건적 예정설(conditional predestination)을 주장한다. 그들이 내세우는 핵심적인 근거자료는 다음과 같다.

> 하나님이 미리 아신 자들을 또한 그 아들의 형상을 본받게 하기 위하여 미리 정하셨으니 이는 그로 많은 형제 중에서 맏아들이 되게 하려 하심이니라(롬 8:29).

누가 맞을까? 구원에 관해 인간은 전혀 결정권이 없을까, 아니면 있을까? 나는 이 어려운 질문에 대해 성경은 칼미니우스(칼뱅+아르미니우스)주의라고 답을 한다. 이는 논란을 피해가기 위한 애매한 답이 아니라 정말 성경이 주장하는 바다.

성경의 예정설

성경의 예정설은 인간의 자유의지를 부인하지 않는다. 만일 인간이 자유의지가 없는 존재로 창조되어 어떤 선택권도 없다면 인간은 기계에 불과하다. 그리고 인간이 기계적으로 프로그램화되어 있는 존재라면 인간에겐 어떤 책임도 물을 수가 없다. 어차피 프로그램대로 움직인 것이기 때문이다. 따라서 기계적 예정설은 성경적이지 않다. 성경의 예정설은 '인간의 자유의지와 책임을 부인하지 않는' 하나님의 주권적인 예정이다.

예정에 대한 가장 큰 오해는 성경의 '예정'(프로오리쪼, προορίζω)을 영어와 우리말의 '예정'으로 생각하는 것이다. 영어와 우리말의 예정은 무엇이 '미리 정해졌다'는 말이다. 그러나 성경에서 '예정'은 히브리적 표현으로 인간의 어떤 결정과 행동에도 하나님의 선하신 뜻이 꺾이지 않고 반드시 이루어진다는 의미다(롬 8:30).

성경은 하나님이 앞으로 일어날 모든 일을 예정하셨다고 해도 그 안에 인간의 책임이 있다는 사실을 양립적인 형태로 가르친다[신적 주권과 인간의 책임에 따르는 긴장 관계(참고. 행 2:23; 4:27-28)]. 성경은 하나님이 예정하신 일이기에 악한 일을 행한 자들의 책임이 없다고 가르치지 않는다. 모든 사람은 자신이 행한 일의 동기와 결과에 대해 책임을 져야 한다.

예정은 운명론이 아니다

오늘날 대부분의 신학자는 하나님의 예정을 인간의 결정권, 자유의지와 대립하는 운명론의 개념으로 설명하지 않는다. 성경에서 예정은 자유의지와 대치되는 것이 아니라 인간의 어떤 선택(믿음)보다 선행되는 하나님의 절대적인 사랑을 보여주고자 하는 목적으로 서술된다. 에베소서의 말씀에 따르면 예정은 우리를 자녀 삼아 "하늘에 속한 모든 신령한 복을 우리에게"(엡 1:3) 주시기 원하시는 하나님의 사랑을 나타내는 유대 문화적 개념이다. 즉 구약-유대적 문맥에서 나온 '예정'이란 용어를 우리말로 표현하면, 인간의 모든 조건에 선행하는 하나님의 무한한 사랑이라고 할 수 있다. 이는 인간으로 하여금 하나님 앞에서 어떤 자랑도 할 수 없게 만드는 하나님의 무한한 사랑에 대한 감격스러운 표현이다(고전 1:29). 이 무한한 은혜 때문에 우리는 오직 주 안에서만 자랑할 수 있다(고전 1:31).

예정은 결코 누가 천국에 가고 누가 지옥에 갈지가 이미 결정되어 있다는 운명론이 아니다. 천국에 갈 사람, 지옥에 갈 사람이 창세 이전에 이미 결정되어 있다는 황당한 '이중예정'(二重豫定) 교리는 사실 칼뱅이 교리적으로 체계화시킨 것이라기보다는 훗날 도르트 교회회의에서 결정된 것이다. 오히려 칼뱅이 강조한 것은 믿는 자의 예정과 그에 부합하는 성도다운 삶이었다. 물론 믿는 자의 예정을 받아들이면 불신자의 예정도 당연시하기가 쉽다. 도르트 교회회의는 아르미니우스파가 칼뱅 신학을 비평한 것에 대해 1618년 네덜란드 개혁교회에서 소집한 총회로 결국 '예지 없는 예정'을 결론으로 내렸다. 이는 자유의지란 없는 전적 타락, 불가항력적 은총을 근거로 한 결정이었다. 네덜란드 개혁교회는 이 결정 이후 아르미니우스파를 국외로 추방하고, 이 신조에 불복하는 자들의 교직을 박탈했다. 그리고 이 결정은 웨스트민스터 회의(1643-1649)와 그 신앙고백서 작성에도 지대한 영향을 미쳤다.

그러나 칼뱅주의자들의 주장에 대한 반박도 만만치 않았다. 예를 들어 웨슬리(John Wesley)는 "신중히 생각해본 예정론"(*Predestination Calmly Considered*)이라는 설교에서 종교개혁자들처럼 구원이 '오직 은혜'임을 주장했지만, 어떤 사람들은 태어나기도 전에 영원한 지옥에 가기로 결정되었다는 가르침에는 동의하지 않았다. 이는 성경에서 사랑과 정의이신 하나님의 속성, 인간의 자유의지, 그리고 전도의 의무까지 무시하는 지나친 교리라는 것이다. 웨슬리는 기본적으로 베드로후서 3:9의 말씀대로 하나님이 "오래 참으사 아무도 멸망하지 아니하고 다 회개하기에 이르기를 원하신다"고 본다. 웨슬리는 구원이 하나님의 단독적인 주권에 따른 결정일 뿐만 아니라 하나님의 공의와 사랑의 원칙 아래 인간의 선택과 책임도 중요하다고 믿었다

어떻게 보면 진짜 문제는 성경이 예정 교리를 다룰 수 있을 만큼 충분한 정보를 우리에게 주지 않는 데 있다. 성경 어디에도 누가 지옥에 갈 것인지를 미리 정해놓았다는 가르침은 없다. 따라서 우리는 예정이란 단어 자체를 문자적으로 이해해서 생긴 오해를 풀어야 한다. 성경적 근거가 취약한 교리를 마치 성경이나 칼뱅이 절대시한다고 철석같이 믿는 그리스도인이 있다면 반성해야 할 일이다.

성경에서 예정은 결코 자유의지와 대립하는 개념이 아니다. 예정은 인간의 자유의지를 선행하는 하나님의 절대적인 사랑에 대한 선포다. 그래서 에베소서 1:4-6은 예정(하나님의 앞서 있는 사랑)의 목적이 우리를 "거룩하고 흠이 없게" 하시려 함이라고 한다. 예정은 구약-유대 문화에서 이해해야 하는 문화적 표현이지 교리적인 표현이 아니다. 예정은 절대 창세 전에 누구를 구원하고 어떤 사람을 지옥에 보내기로 예정한다는 가르침이 아니다. "하나님은 모든 사람이 구원을 받으며 진리를 아는 데에 이르기를" 원하신다(딤전 2:4; 참고. 신 4:29).

성경에서 근거를 찾을 수 없는 이중예정 교리는 하나님이 구원받

을 자에 대한 숫자를 제한하셨다고 믿을 때만 가능하지만, 성경은 오히려 구원이 누구에게나 열려 있음을 말씀한다. 하나님은 누구든지 **원하는** 자는 다 구원의 잔치에 초청하셨다.

> 성령과 신부가 말씀하시기를 오라 하시는도다 듣는 자도 오라 할 것이요 목마른 자도 올 것이요 또 원하는 자는 값없이 생명수를 받으라 하시더라(계 22:17).

그렇다면 로마서 9:22-23의 의미는 무엇인가? 이 본문은 하나님이 지옥에 갈 사람들을 창조 이전에 미리 결정하셨다고 믿는 이중예정을 주장하는 이들이 증거로 들이대는 본문이다.

> 22만일 하나님이 그의 진노를 보이시고 그의 능력을 알게 하고자 하사 멸하기로 준비된 진노의 그릇을 오래 참으심으로 관용하시고 23또한 영광 받기로 예비하신 바 긍휼의 그릇에 대하여 그 영광의 풍성함을 알게 하고자 하셨을지라도 무슨 말을 하리요(롬 9:22-23).

그들은 22절의 '멸하기로 준비된', 즉 예정된 '진노의 그릇'이 바로 어떤 이들이 지옥에 가기로 결정되어 있다는 가르침이라고 주장한다. 그러나 이 말씀은 택함 받았다고 자부하면서 하나님의 뜻을 어기고 마음이 강퍅해지면 '진노의 그릇'이 되고, 택함 받지 못한 자도 긍휼하심을 입어 언약 백성이 될 수 있다는 문맥으로 이해해야 한다.

바울은 왜 이방인들이 하나님의 백성이 되고, 선택받은 이스라엘 백성은 거부되었는가라는 질문에 대해 답을 해야 했다. 바울은 하나님이, 아무 자격은 없지만 긍휼하게 여기실 자를 그렇게 하셨음을 밝힌다. 그런데 이것은 이미 호세아서에 기록된 말씀이었다.

> 25 호세아의 글에도 이르기를 내가 내 백성 아닌 자를 내 백성이라, 사랑하지 아니한 자를 사랑한 자라 부르리라 26 너희는 내 백성이 아니라 한 그곳에서 그들이 살아 계신 하나님의 아들이라 일컬음을 받으리라 함과 같으니라(롬 9:25-26).

당시 육적인 이스라엘은 하나님이 이방인을 들어 쓰실 것을 생각하지 못하고 자신들만이 구원받기로 예정된 백성이라고 착각하고 있었다. 종교적인 제의에 만족하면서 율법의 정신은 상실했음에도 불구하고 말이다. 하나님이 강퍅하게 한 '바로 왕'과 '멸하기로 준비된 진노의 그릇'은 결코 우상 숭배하는 이방인뿐만이 아니었다. 택함을 받았다고 자만하지만 하나님의 백성답게 살지 못한 이스라엘도 여기에 속한다(롬 9:22-24). 차별 없이 공평한 원칙 앞에서 택함이 구원의 확신으로 연결되려면 그 삶 또한 하나님의 백성다워야만 하는 것이다.

결과적으로 본문은 지옥 예정과는 아무런 상관이 없다. 본문은 오히려 복음에 대한 믿음(순종, 신실함)이 없다면 우상 숭배하는 이방인뿐만 아니라 언약 백성인 이스라엘도 멸망을 위해 준비된 진노의 그릇이 되고, 복음을 믿으면 이방인도 하나님의 선택받은 백성이 된다고 가르친다. 애초에 성경은 기계적인 예정이라는 개념과는 거리가 멀다.

그런데 하나님의 긍휼하심은 끝이 없다. 바울은 이어서 현재 복음을 거부하는 이스라엘도 언젠가는 결국 복음을 받아들여 구원을 받을 것이라고 이야기한다. "그리하여 온 이스라엘이 구원을" 받을 것이다 (롬 11:26). 이처럼 하나님이 '진노의 그릇'을 다루시는 목적은 심판이 아니다. 오히려 이스라엘의 완악함조차 하나님의 선한 의지 안에서 결국 이방인에게까지 베풀어지는 은혜의 자양분이 된다. 그리고 이방인이 하나님의 백성이 될 수 있다면 이스라엘을 향한 구원의 문도 여전히 열려 있다고 보아야 한다.

성도의 견인

우리나라 장로교인 중 상당수는 은혜와 구원에 대해 심각한 오해를 하고 있는 것 같다. 구원이 전적인 하나님의 은혜라는 개념을 잘못 이해하여 아무 행위가 없어도, 예수님의 십자가를 믿기만 하면 구원받는다고 생각하는 것이다. 이들은 전도, 봉헌, 봉사 따위의 공적에 따른 상급이 다를 뿐, 한 번 구원받은 사람은 최후심판에서 면죄부를 받아 반드시 천국에 들어가게 된다고 알고 있다. 이런 현상에 특별한 이유가 있는 것은 아니다. 단지 그렇게 가르치는 교회가 많다는 증거일 뿐이다. 즉 목회자 중에도 그렇게 알고 있는 사람이 정말 많다는 이야기다.

그러나 이런 가르침은 칼뱅주의에서조차 몹시 경고하는, 견인설에 대한 오해다. 칼뱅주의에서 말하는 '한 번 구원, 영원한 구원 보장'의 견인설은 중생한 성도라면 하나님의 불가항력적인 인도하심을 따라 반드시 거룩한 삶을 살고 구원을 얻는다는 가르침이지, 아무렇게나 살아도 결국에는 구원받는다는 말이 아니기 때문이다. 즉 견인설이란 택함 받은 이는 하나님의 보호하심으로 어떤 경우에도 구원에서 떨어져 나가는 일이 없다는 가르침이다.

그런데 성도의 견인(Perseverance)은 대부분 예정과 연관되어 오해를 불러일으킨다. 성경은 하나님이 믿는 자를 끝까지 보호해주신다는 사실과 함께, 방종하고 강퍅한 삶을 살면 선택된 자라도 버림받는다는 가르침을 준다. 이는 신학적이라기보다는 다분히 목회적 교훈이다. 성경이 기록되던 시대에 그리스도인으로 산다는 것은 쉬운 일이 아니었다. 이방 계통의 그리스도인 중 상당수는 로마의 지배적인 물질주의와 성적 쾌락에 대한 유혹, 황제 숭배와 우상 숭배에 대한 강요에 부딪혔다. 반면 유대 계통의 그리스도인들은 회당으로부터의 출교와 이단으로 정죄받는 상황, 경제활동의 어려움과 같은 모진 시련을 견뎌야 했다. 신약성경은 핍박 가운데 자신들이 과연 끝까지 이 시련을 견디어나갈 수 있을지 염려하며 불안에 떠는 성도들을 위로하는 차원에서 견인설을 말한다. 즉 "미래가 불확실해도 염려하지 마라! 미래의 승리가 보장되어 있다. 믿고 따르기만 하라. 하나님이 반드시 너희를 끝까지 지켜주신다!"라는 목회적 격려의 말씀을 전하는 것이다.

그러나 어떤 이들은 이미 택함을 받았으니까 구원은 반드시 이루어질 것이라는 안일한 생각으로 성적 쾌락과 우상 숭배, 물질적 탐욕,

도덕적 해이에서 헤어나지 못했다. 신약성경은 이들을 지지하기는커녕 엄중히 경고한다. 하나님의 확고한 구원 의지를 오용해 무분별한 삶을 사는 자들은 언제라도 버림받을 수 있다! 즉 상반되어 보이는 견인설과 심판의 경고는 모두 하나님의 백성으로 하여금 거룩한 삶을 살게 하기 위한 가르침이다. 이러한 사실은 대제사장의 기도로 알려진 예수님의 기도에 분명하게 나타난다. 예수님은 자신의 양들을 끝까지 지키고 보호하셨다. 그러나 그중에는 멸망으로 치달은 경우도 있었다.

> 내가 그들과 함께 있을 때에 내게 주신 아버지의 이름으로 그들을 보전하고 지키었나이다 그 중의 하나도 멸망하지 않고 다만 멸망의 자식뿐이오니 이는 성경을 응하게 함이니이다(요 17:12).

성경은 분명히 하나님의 사랑이 그의 택하신 성도를 적대적인 권세나 위협으로부터 건져내어 구원으로 인도하신다고 말씀한다. 그 말씀을 따라 성도는 최종적인 구원을 확신하며 현재와 미래에 대한 불안에서 벗어날 수 있다(롬 8:28-39). 우리가 구원을 확신할 수 있는 이유는 바로 하나님의 견인 때문이지 인간의 능력 때문이 아니다.

> 너희 안에서 착한 일을 시작하신 이가 그리스도 예수의 날까지 이루실 줄을 우리는 확신하노라(빌 1:6).

특히 요한계시록은 '인치신다', '생명책에 기록된다'는 등의 표현을 사용하며 연약한 성도들이 극심한 환란 가운데서도 구원의 여정을 완주할 수 있느냐는 모든 불안을 종식시킨다. 예를 들어 요한계시록 7:1-8과 14:1-5에서 모든 하나님의 백성을 상징하는 14만 4천은 최종 구원을 위해 이미 인치심을 받았다. 여기서 14만 4천이란 12(열두 지파로 상징된 구약 백성)×12(열두 사도로 상징된 신약 백성)×1000(많은 수)으로 이루어진, 신구약의 하나님 백성을 총칭하는 용어다. 또한 이어지는 요한계시록 7:9-17은 이 하나님의 백성이 보좌 앞과 어린 양 앞에서 구원하심을 찬양하는 셀 수 없는 무리임을 묘사한다.

그러나 성경은 이스라엘의 예를 들어, 택함 받은 민족이라고 자고하여 방종하면 버림받게 되고, 오히려 처음에 선택받지 못한 이방인 중에서 긍휼함을 입고 구원에 참여할 이들이 많다는 사실 또한 보여 준다(롬 9-11장). 그리고 자고하여 방종하면 버림받는다는 원리는 새로이 선택받은 이방인에게 똑같이 적용된다. 누구든지 택함과 견인을 믿고 방종하다가는 멸망을 피할 수 없다는 것이 성경의 가르침이다.

하나님이 원 가지들도 아끼지 아니하셨은즉 너도 아끼지 아니하시리라(롬 11:21).

성경에서 말하는 선택, 예정, 견인은 모두 기계적·결정론적인 공식이 아니다. 선택받았어도 방종하다가는 한순간에 뒤집힐 수 있으므로 조심해야 한다.

10그들 가운데 어떤 사람들이 원망하다가 멸망시키는 자에게 멸망하였나니 너희는 그들과 같이 원망하지 말라 11그들에게 일어난 이런 일은 본보기가 되고 또한 말세를 만난 우리를 깨우치기 위하여 기록되었느니라 12그런즉 선 줄로 생각하는 자는 넘어질까 조심하라(고전 10:10-12).

반드시 기억해야 할 사실

우리가 반드시 기억해야 할 사실은 성경은 구원에 관해 하나님의 차원에서 택함, 견인에 대해 강조하는 동시에 인간 차원의 순종과 책임, 충성을 강조한다는 것이다. 성경은 하나님의 은혜를 강조하는 차원에서 주로 예정, 택함, 인치심, 생명책에 기록됨 등을 통해 성도들이 구원에 대해 불안해할 필요가 없음을 보여준다. 그러나 인간의 책임을 강조하는 차원에서 구원이란 "끝까지 견디는 자"(마 10:22; 24:13; 막 13:13), "이기는 자"(계 3:5), "충성된 종"(마 25:21, 23)에게만 주어지는 축복이다.

다시 한 번 말하지만 성경의 견인설은 하나님을 믿고 순종하며 따를 때 어떤 어려움 가운데서도 하나님이 우리를 안전하게 인도하신다는 가르침이다. 이 가르침은 절대로 아무렇게나 살아도 택함 받았기에 천국에 간다는 교훈이 아니다. 칼뱅의 말처럼, 거듭난 자는 반드시 전 생애를 하나님의 부르심에 따라 살아야 할 책임이 있다. 성경에 기계적인 견인설은 없다. 이미 구원받았다고 확신하며 안심한 상태에서

신앙, 그 오해와 진실

육신의 욕망을 따라 살다가는 결국 망하고 만다.

나가는 말

각 교회는 교인들에게 하나님의 차원에서 은혜와 그 결과인 견인을, 인간의 차원에서 충성스럽게 견디고 이겨나가는 믿음 생활의 책임을 치우침 없이, 균형 있게 가르쳐야 한다. 그리고 하나님의 은혜를 강조하는 견인에 관한 성경 구절을 책임 회피의 핑계거리로 삼으면 안 된다. 다음 말씀은 견인의 측면을 강조하는 말씀이다.

> 높음이나 깊음이나 다른 어떤 피조물이라도 우리를 우리 주 그리스도 예수 안에 있는 하나님의 사랑에서 끊을 수 없으리라(롬 8:39).

반대로 다음 말씀들은 인간의 책임을 강조하는 성경 구절이다.

> 그러나 끝까지 견디는 자는 구원을 얻으리라(마 24:13).

> 이기는 자는 이와 같이 흰 옷을 입을 것이요 내가 그 이름을 생명책에서 결코 지우지 아니하고 그 이름을 내 아버지 앞과 그의 천사들 앞에서 시인하리라(계 3:5).

> 너는 장차 받을 고난을 두려워하지 말라 볼지어다 마귀가 장차 너희

가운데에서 몇 사람을 옥에 던져 시험을 받게 하리니 너희가 십 일 동안 환난을 받으리라 네가 죽도록 충성하라 그리하면 내가 생명의 관을 네게 주리라(계 2:10).

그 누구보다 구원에 이르는 역동적인 인생길을 경험한 베드로는 다음과 같이 하나님의 택하심과 인간의 책임을 동시에 강조하는 말씀을 우리에게 전해준다.

10그러므로 형제들아 더욱 힘써 너희 부르심과 택하심을 굳게 하라 너희가 이것을 행한즉 언제든지 실족하지 아니하리라 11이같이 하면 우리 주 곧 구주 예수 그리스도의 영원한 나라에 들어감을 넉넉히 너희에게 주시리라(벧후 1:10-11).

이 말씀은 하나님의 택하심이 인간의 구원에 관한 책임을 없애지 않는다는 사실을 적나라하게 보여준다. 부르심과 택하심을 받았으니 끝난 것이 아니다. 부르심과 택하심을 받았으니 오히려 그리스도의 영원한 나라에 들어가는 것에 실패하여 실족하지 않도록 노력해야 한다. 택하심, 부르심은 성경에서 교리적 명제로 사용된 것이 아니라 권면과 위로를 위한 목회적인 용어들이다.

23장

우리가 이미
구원받았다고?

한국의 대표적인 복음주의 신약학자 김세윤 박사는 한국 교회의 일반적인 구원론은 거의 구원파와 다를 바 없다고 일갈한다. 법적 칭의만 내세우면서 삶 속에서 실현되어야 하는 관계적 칭의는 무시한다는 것이다. 한국의 많은 그리스도인들은 '이미'와 '아직'의 긴장을 무시하고, 무조건 구원받았다는 확신만 하려고 한다.

구원파의 주장처럼 우리는 믿는 순간 과거와 현재뿐만 아니라 미래의 죄까지도 단박에 사하심을 얻게 될까? 로마서는 하나님이 예수의 피로 "전에 지은 죄를 간과하신다"(롬 3:25)라고 할 뿐, 미래의 죄를 미리 사함 받았다고 하지는 않는다. 한 번 믿어 단박에 구원이 이루어진다면 지속적인 회개란 불필요하다. 이미 미래의 죄까지 모두 사함받은 상태인데, 회개란 요식 행위에 불과하지 않은가? 그러나 성경은 우리가 죄 사함을 누리기 위해 끊임없이 회개에 머물러야 한다고 말한다(참고. 요 13:10). 회개도, 죄 사함도, 믿음도 그리스도 안에서 항상 진행형이지 단박에 받는 '티켓'이 아니다.

구원은 분명히 과거-현재-미래 모두에 속한 진행형 사건이다. 그런데 우리는 그 절정이 시작점에 있지 않고 미래의 완성에 있다는 사실, 즉 구원이 그리스도인의 목적임에 주목해야만 한다. 한국 교회에서 흥미로운 점 하나는 장로교인이 유난히 많음에도 불구하고 구원론에 있어서는 장로교인들조차 칼뱅의 핵심적인 가르침을 벗어나는 부분이 많다는 사실이다. 물론 신학교에서는 칼뱅의 '구원의 서정'(*ordo salutis*)[1]을 가르치고 시험도 본다. 그러나 대부분의 학생들은 어찌된 노릇인지 졸업만 하면 그 내용을 다 잊어버리고 목회 현장에서 전혀 다른 내용을 설교하고 가르친다. 그리고 대부분의 목회자들은 그것이 정통교회가 이단으로 여기는 구원파의 구원론과 유사하다는 사실조차 잘 모른다.

우리나라에는 "신자는 믿음으로 구원받은 후 성화의 단계로 나아가야 한다"라는 가르침이 널리 퍼져 있다. 여기에서 '구원받은 후'라는 말이 '구원이 시작된 후'라는 뜻이라면 틀린 말이 아니겠지만, 대부분은 '구원은 이미 받았고', 그다음은 어떻게 해야 하느냐의 문제로 이해한다. 그러나 칼뱅은 이런 신학을 철저하게 반대한다. 성화는 '구원 이후' 추구하는 어떤 것이 아니라 그 자체가 **구원의 과정**이기 때문이다.

신앙, 그 오해와 진실

구원의 길

칼뱅에게 성도란 예수를 주로 고백함으로써 구원의 **길**에 들어선 사람들이다. 따라서 성화는 구원 이후의 과제가 아니다. 그에게 칭의와 성화는 구원이라는 동전의 양면이다. 구원은 최후심판 때까지 진행되는 모든 믿음의 여정이다. 즉 성화 없는 구원이란 있을 수 없다. 그러기에 그는 『기독교강요』에서 "성화론"을 따로 다루지 않고 "구원론"에서 함께 다룬다.

칼뱅은 구원을 '그리스도와의 연합'을 통한 **칭의**와 **성화**로 설명한다. 칼뱅에 따르면 그리스도인은 그리스도의 몸에 참여하여 이중은혜(a double grace), 곧 칭의의 은혜와 성화의 은혜를 받게 된다.[2] 즉 성화의 행위는 구원 이후가 아니라 구원의 과정에 포함된 필수 조건이다. 칼뱅은 성화의 **행위**가 제한된 의미로 구원의 조건임을 인정한다. 쉽게 말하면, 칼뱅도 야고보가 경고한 '행위 없는 믿음의 허구성'을 강조하는 것이다.

> 우리가 행위 없이 의롭다 하심을 얻는 것도 아니고, 행위로 의롭다 하심을 얻는 것도 아니다.[3]

물론 칼뱅은 한 사람의 신학자에 불과하고, 그의 성경해석이 절대적 기준이 될 수는 없다. 그러나 칭의와 성화를 축으로 하는 그의 구원 이해는 '단박 구원'보다 훨씬 성경적이다.

과거형 구원과 현재형 구원

'구원받았다'는 표현 자체가 잘못되지는 않았다. 타락한 인류를 구원하시려는 하나님의 결의는 이미 영원 전에 확고했지만, 예수 그리스도의 오심을 통해 비로소 구원이 계시되었다는 차원에서 구원은 과거에 속한 사건이다(딤후 1:9; 딛 3:4-5). 그러나 성경에는 우리가 자주 사용하는 과거완료적 표현—구원받았다—이 병 치유와 같은 일부 문맥을 제외하면 매우 드물게 나타난다. 그중 하나가 에베소서의 말씀이다.

> 5허물로 죽은 우리를 그리스도와 함께 살리셨고 (너희는 은혜로 구원을 받은 것이라) 6또 함께 **일으키사** 그리스도 예수 안에서 함께 하늘에 앉히시니 7이는 그리스도 예수 안에서 우리에게 자비하심으로써 그 은혜의 지극히 풍성함을 오는 여러 세대에 나타내려 하심이라 8너희는 그 은혜에 의하여 믿음으로 말미암아 **구원을 받았으니** 이것은 너희에게서 난 것이 아니요 하나님의 선물이라(엡 2:5-8).

여기에서 '구원을 받았으니'는 완료형수동태로 표현되었다. 그러나 본문은 미래의 사건을 이미 이루어진 것처럼 선포하고 있다. 왜냐하면 6절에서 신자들의 부활과 승천, 그리스도의 보좌 옆에 앉게 되는 사건도 과거완료형으로 선포하기 때문이다. 에베소서는 신자들이 지금 구원에 속한 하나님의 백성답게, 즉 부활·승천해서 그리스도의 보좌 옆에 앉아 있는 자처럼 살아야 한다는 영적 현주소를 보여준다. 과거완료형의 구원을 주장하는 것이 아니다.

신약성경의 다른 부분에서 구원은 대부분 현재와 미래형, 즉 완성을 향한 진행형의 모습으로 나타난다. 칭의도 사실 대체로 미래형으로 표현된다. 우리는 '이미 선포된 칭의'와 '유보된 종말론적 칭의'의 긴장 가운데 살고 있는 것이다. 그래서 구원파가 즐겨 묻는 "언제 구원받았습니까?"라는 질문보다는 "구원에 머물고 계십니까?" 아니면 "구원받을 사람답게 살고 계십니까?"라는 질문이 성경적 사고를 더 많이 반영한다는 사실을 기억해야 한다. 성경에서 구원받았다는 말은 '구원의 길에 들어섰다'는 말이다. 구원의 완성을 향한 여정은 계속되어야 한다. 천로역정의 내용처럼 말이다.

부활하신 그리스도는 성령의 역사를 통해 우리의 구원을 현재적으로 이루어가신다. 따라서 '구원을 얻는 것'은 현재 진행 중인, 죄에서 벗어나 의로운 삶을 살게 되는 성장의 과정이다(엡 4:13; 골 1:20). 이를 확신한 바울은 그리스도인들을 '호이 소조메노이'(οἱ σωζόμενοι), 즉 '구원받고 있는 자들'이라고 표현한다(고전 1:18; 고후 2:15). 베드로도 "영혼의 구원을 받음이라"(벧전 1:9)라고 할 때, 그 사건이 지금 진행 중이라는 의미로 말한다. 또한, "구원 안에서 성장해야 한다"라고 말할 때도 같은 의미다(벧전 2:2; 참고. 히 6:9). 구원의 증거는 현재의 선한 일들이며(엡 2:10), 회개에 합당한 열매다(눅 3:8).

구원의 미래

그러나 성경이 구원을 표현하는 데 있어 가장 집중하는 시제와 정점은 미래에 있다. 구원은 그리스도인들의 최종적 목표다. 성도들이 참고 인내하며 충성되고 거룩하게 살아야 하는 이유는 "이제 우리의 구원이 처음 믿을 때보다 가까웠음이다"(롬 13:11-14). 그래서 바울은 **구원의 소망**을 자주 말한다(롬 8:24; 살전 5:8). 죄의 속박에서 벗어나게 될 "몸의 속량"도 미래의 사건이다(롬 8:23). 구원은 결국 새 하늘, 새 땅의 도래에 대한 소망이며(벧후 3:13), 성도는 다가올 하나님의 진노로부터 구원을 받을 것이라는 확신 가운데 산다(롬 5:9; 살전 1:10).

단순하게 말하면, 구원은 그리스도인이 되면서 시작되어, 마지막 심판 날까지 평생 이루어지는 모든 과정이다. 예수 그리스도 안에서 우리는 구원받았고, 구원받고 있으며, 구원받을 것이다. 그리고 성경은 구원의 과거보다는 현재성을, 현재보다는 미래성을 강조한다. 그러나 잘못된 구원론은 과거형, 즉 '구원받았다'만 지나치게 강조한다. 많은 그리스도인이 이미 죄 용서 선언을 받아 구원을 획득했으니, 최후심판대에서 이 사실의 확인으로 천국 입성이 보장된다고 믿어버린다. 그러나 구원은 믿음의 목표(τέλος)이며(벧전 1:8-9), 오직 하나님의 은혜에 대해 신실한 자에게만 보장되는 하나님의 선물이다. 하나님의 은혜로 구원이 우리 안에 시작되었다. 그리고 우리는 다가올 구원의 소망을 가지고 현재를 살아간다.

따라서 **성경에 단박 구원이란 없다.** 구원받았다는 말은 앞으로 펼

처질 구원의 여정을 하나님의 은혜로 넉넉하게 마칠 것이라는 뜻이지, 구원을 이미 완전히 받았다는 뜻은 아니다. 구원은 최후심판 때에, 어떤 삶을 살았는가에 따라서 최종적으로 확인될 것이다.

> 너희가 만일 내가 전한 그 말을 굳게 지키고 헛되이 믿지 아니하였으면 그로 말미암아 구원을 받으리라(고전 15:2).

우편 강도와 단박 구원

그런데 단박 구원을 경계하며 강의를 하다 보면 "그렇다면 누가복음의 우편 강도는 어떻게 구원받았나요?"라는 질문이 자주 나온다. 십자가 우편의 강도! 정말 그는 열매 없는 믿음, 행위 없는 믿음에도 불구하고 구원받은 사람일까?

> 40하나는 그 사람을 꾸짖어 이르되 네가 동일한 정죄를 받고서도 하나님을 두려워하지 아니하느냐 41우리는 우리가 행한 일에 상당한 보응을 받는 것이니 이에 당연하거니와 이 사람이 행한 것은 옳지 않은 것이 없느니라 하고 42이르되 예수여 당신의 나라에 임하실 때에 나를 기억하소서 하니(눅 23:40-42).

빌리 그레이엄(Billy Graham) 목사는 부흥회 때 단박 구원의 예로 이 본문을 자주 인용했다. 그런데 우리는 보통 이 사람을 '우편 강도'

라고 알고 있지만, 우편이란 말은 본문에 없다. 또한 이 사람을 지칭하는 헬라어 '레스타이'(λησταί)는 원래 '강도'가 아니다. 그렇게 보면 성경에는 우편이란 말도 없고, 강도란 말도 없다. 오히려 당시의 사회적 상황에서 레스타이는 정치범이었던—당시 독립투사로도 여겨진—무장혁명 게릴라(bandits)를 의미한다.[4] 즉 그는 결코 우편 강도가 아니었다!

사실, 그는 신약에서 가장 뛰어나고 탁월한 신앙을 보여준 인물 중의 하나로서, 삭개오처럼 예수님을 진실로 믿어 열매가 바로 나타난 예수님의 제자다. 그의 열매는 무엇일까? 첫째, 그는 십자가의 고통 속에서도 자신이 죽어 마땅한 자임을 인정한다. 그는 죄 사함을 현실 도피의 수단으로 삼아 살려달라고 애원하지 않았다. 오히려 자신의 죄를 인정하고 형벌을 마땅한 것으로 받아들였다. 진정한 회개는 이처럼 응보를 피하는 길로 죄 사함을 이용하지 않는 것이다. 둘째, 그는 다른 정치범을 꾸짖으며 하나님을 두려워하라고 말한다. 셋째, 십자가의 고통 속에서도 동료에게 죄를 인정하라고 촉구하면서, 예수님이 죄 없이 십자가에 매달렸다는 사실을 전한다. 그는 죽으면서도 전도하는 진짜 위대한 신앙의 소유자였다.

마음으로 믿고 입으로 시인하기

"사람이 마음으로 믿어 의에 이르고 입으로 시인하여 구원에 이르느니라"(롬 10:10)라는 말씀은 무슨 의미일까? 이 말씀은 한국 교회에서

신앙, 그 오해와 진실

값싼 구원론을 전파하는 일에 현저히 오용되어왔다. 그러나 예수님을 주로 시인한다는 것은 예수님을 믿는 일에 지적으로 동의하거나 영접 기도를 따라 한다고 완결되지 않는다.

여기에서 마음으로 번역된 '카르디아'(καρδία)는 히브리어 '레브' (לֵב)를 배경으로 한다. 문자적으로 '심장'을 의미하는 '레브'는 사람의 가장 깊은 내면, 곧 사람의 본질적인 중심이다. 성경에서 이 '마음'은 결단과 의사 결정의 자리다(삼하 7:3; 잠 16:9). 또한 생각하는 곳이고(신 29:4; 잠 15:14; 마 9:4; 12:34; 15:18-19), 사랑을 품는 장소다(삿 9:3; 16:15; 아 4:9; 8:6). 그래서 사사기 16:17-18은 '마음을 알린다'는 말을 '진심을 드러낸다'는 말로 번역한다. 이 단어는 때로 양심을 의미하기도 하고(삼상 24:5; 대하 34:27), 인격 깊은 곳에서 받아들이지 못하는 '강퍅해진 마음'을 표현할 때도 사용된다(출 4:21). 즉 성경에서 '마음'은 인격의 중심으로서 궁극적으로는 하나님과 만나는 곳, 하나님의 영(고후 1:22; 갈 4:6)과 그리스도(엡 3:17)가 거하시는 곳이다.

그뿐 아니라 '입으로 시인한다'는 것은 당시 기독교에 적대적인 환경 속에서 자신이 그리스도인이라고 알리는 행위였다. 당시 문화에서 이는 스스로 조롱거리가 되는 정말 어려운 일이었다. 그런데 로마서 10:10은 예수님을 인격의 중심에서 믿고 그분을 사람들 앞에서 시인하라고 요청한다. 당시의 상황을 고려할 때, 바울에게는 마음으로 믿는 것과 사람들 앞에서 입으로 고백하는 것이 분리될 수 없었다.

32누구든지 사람 앞에서 나를 시인하면 나도 하늘에 계신 내 아버지

앞에서 그를 시인할 것이요 33누구든지 사람 앞에서 나를 부인하면 나
도 하늘에 계신 내 아버지 앞에서 그를 부인하리라(마 10:32-33).

그 부모가 이렇게 말한 것은 이미 유대인들이 누구든지 예수를 그리스
도로 시인하는 자는 출교하기로 결의하였으므로 그들을 무서워함이러
라(요 9:22).

최후심판에 불기소처분이라고?

행위심판을 강조하면 많은 성도가 낯설어한다. 구원받았는데 무슨 심판이냐는 것이다. 그리스도인에게 공로에 따른 상급의 차등은 있지만, 우리의 행위에 대한 심판이 있다는 말은 들어본 적이 없다는 사람도 많다. 그러나 최근에는 성경에서 말하는 행위의 중요성과 행위심판 이야기를 하면 교회에서 못 들어보았던 중요한 주제라고 오히려 고마워하는 분들도 많이 만난다.

얼마 전에 어느 사모의 간증집을 우연히 읽게 되었다. 환상을 보니 주의 종, 사모, 장로와 집사들이 타락하여 지옥에 가 있더라는 내용이었다. 당연히 천국에 있어야 할 사람들이 왜 지옥에 있는 것일까? 그 이유는 그들이 비록 예수님을 믿었지만 "외식으로 가득 차고 물질을 주님보다 더 탐하고 음담패설과 간음"을 했기 때문이라고 한다. 특히 "목회자들은 평신도들보다 천국에 가기가 하늘의 별을 따기보다 더 어렵다.…오늘날 사모들도 머리만 너무 크고 세상 것이 가득 들어 있어 겉모양만 신경 쓰고 교만과 물질에 길들여졌다"라며 경고하는 대목도 있다.

이런 간증은 과연 어디까지 신뢰할 수 있을까? 물론 이런 부류의 간증을 전적으로 신뢰하기는 어렵다. 대체로 시한부 종말론과 연관된 경우가 많기 때문이다. 그뿐 아니라 상당히 주관적인 체험인지라 신뢰성이 떨어지는 것도 사실이다. 그러나 이런 간증들은 우리에게 유익한 경고를 포함하고 있다. 사실, 죄에 관해 이야기하자면 털어서 먼지 안 나올 사람은 없고 나도 역시 하나님 앞에서 떳떳할 자신이 없다. 그래서 행위심판 이야기는 별로 하고 싶지가 않다. 그래도 다행인 것은 하나님의 인자하심이 행위심판에서도 중요한 기준이 된다는 점이다(시 62:12). 하나님은 정말 우리를 너그럽고 인자하게 대해주실 것이다. 그러나 은혜와 사랑이 넘치는 하나님은 원칙적인 면이 없으신 분이 아니다. 하나님은 버릇없는 조카를 무조건 용납하고 웃기만 하는 삼촌 같지는 않으시다. 성경에 따르면 하나님을 기만하는 것은 전혀 용납되지 않는다. 그리스도인의 겉모습은 있어도 여전히 물질만능주의와 자기중심적인 삶에 취해 있다면 유죄판결은 남의 일이 아니다.

우리는 모두 언젠가 하나님의 최후심판대 앞에 서야 한다. 그때에도 오직 믿음과 은혜가 구원의 기준일까? 아니면 그날은 믿음으로 받은 성령과 은혜에 대한 충성된 청지기의 삶으로 구원의 운명을 확인하는 날일까? 흥미로운 점은 성경에서 최후심판에 관한 용례들을 살펴보면 모두 행위와 그 열매가 기준이지 믿음의 유무가 기준으로 등장하지 않는다는 사실이다. 심판의 상황에서는 모두 "어떤 삶을 살았는가"를 묻는다. 믿음은 구원을 위한 원인이고 과정일 뿐, 최후심판 때 필요한 것은 그 결과물이다. 열매로 믿음의 진정성을 판단한다는 말이다. 은혜의 선물에 대하여 어떤 청지기로 살았는가, 어떤 열매를 맺었는가가 최후심판의 기준이다. 바울의 말투를 빌리자면, 성령의 은혜로 하나님을 주인으로 모시고 살았는가, 아니면 성령의 은혜를 거부하고 내가 주인이 되어 살았는가?

종말의 행위심판은 행위구원론이 아니다. 모순처럼 들리겠지만 우리는 은혜로 구원받고 행위로 심판받는다. 생각해보면 이는 매우 당연한 말이다. 공의로우신 하나님의 구원은 아무런 질적 변화도 없이 그냥 껍데기에 예수님 피를 바르고 천국 백성으로 치부하는 것이 아니다. 구원은 우리를 하나님의 공의의 기준에 합당한 사람으로 변화시켜가시는 하나님의 행위다. 그러기에 최후심판의 기준이 행위인 것은 전혀 이상한 일이 아니다. 구원받는 데 아무 자격도 없는 자가 믿음으로 하나님과 올바른 관계를 맺고, 그 보증으로 구원하시는 능력의 원천인 성령을 선물로 받는다. 그리고 참된 신자는 하나님에 대한 믿음과 순종으로 성령과 동행하는 삶을 살아 성화의 열매를 맺는다. 이것이 하나님의 최후심판대에서 확인되는데, 그것이 다름 아닌 행위심판이다.

신약의 행위심판은 구약의 행위심판을 확대·발전시킨 것이지 새롭게 발명된 것이 아니다. 구약에서 행위심판은 **주의 날**에 이루어진다. 그런데 구약에서 '주의 날'은 주로 역사 속의 심판 사건을 의미하지, 최후 종말을 가리키지는 않는다(사 13:6, 9; 렘 46:10; 겔 30:23; 욜 1:15; 2:1, 11, 31; 3:14; 암 5:18; 옵 1:15; 습 1:14-16; 슥 14장). 반면 신약에서 '주의 날'은 종말론적인 최후심판의 의미를 갖는다. 신약성경은 이날을 마지막 날, 그리스도의 날, 전능하신 하나님의 큰 날이라고 부른다 (요 6:39; 롬 2:5; 고전 1:8; 5:5; 엡 4:30; 살후 1:5-10). 이날, 그간 성도들을 괴롭힌 자들은 괴로움을 당하고, 믿지 않고 복음에 순종하지 않는 자들은 영원한 형벌을 받는다(살후 1:6-10). 교회를 핍박한 자들에 대한 형벌은 복음이 정당하다는 반증이다. 성도가 부르심에 합당한 사람이 되어 그리스도의 능력으로 모든 선한 뜻과 믿음의 행위를 완성하는 것은 하나님이 영광을 받으시는 길이다(살후 1:10-12; 참고. 벧후 3:7-13).

인류 최후의 날은 모든 것에 대한 공정한 판결과 기쁨의 구원이 완성되는 심판의 날이다. 그날, 선택된 자들은 "땅 끝으로부터 하늘 끝까지" 모아져(막 13:26-27) 영생을 얻지만(마 25:34, 46), 불법을 행하는 자들도 모아져 풀무 불(마 13:41-42), 영원한 불(마 25:41, 46), 지옥에 던져지는 참혹한 형벌을 당한다(마 5:29; 10:28; 23:33; 눅 12:5).

낯설지 않은 행위심판

행위심판 사상은 어디에서 나온 것일까? 행위심판 자체는 구약성경 전체의 매우 중요한 주제다(욥 34:11; 시 9:8-21; 37:9, 37; 58:12; 62:10-13; 96:10-13; 잠 10:16; 24:12; 전 12:14; 사 3:10-11; 59:18; 렘 17:10; 25:14; 32:19; 애 3:64; 호 4:9). 특히 '주의 날'은 정의가 승리하고 악한 자를 심판하는

날이다(사 13:6-13; 욜 1:15; 2:1; 3:4; 4:14; 암 5:18-20; 습 1:17-18; 말 3:23).

현대인에게 은혜와 행위심판을 동시에 언급하는 것은 모순적으로 들리고 일관성도 없어 보일 수 있다. 현대인은 이분법적 사고에 익숙하기 때문이다. 그러나 구약의 문화에서는 다르다. 구약에서 은혜는 하나님의 사랑을, 그리고 행위심판은 하나님의 의를 강조하기 위한 것으로 사용되는데, 이 둘은 어느 곳에서도 모순이나 갈등을 일으키지 않는다.

시편 62:12의 "주여 인자함은 주께 속하오니 주께서 각 사람이 행한 대로 갚으심이니이다"라는 말씀은 로마서 2:6의 배경으로 여겨져 왔다. 이 말씀은 하나님이 악인과 선인에 대하여 행위대로 심판하시기 때문에 선한 사람은 구원을 확신할 수 있고 이를 통해 하나님의 한결같은 사랑을 알 수 있다고 말한다. 예레미야 선지자도 비슷한 이야기를 한다.

> 18주는 은혜를 천만인에게 베푸시며 아버지의 죄악을 그 후손의 품에 갚으시오니 크고 능력 있으신 하나님이시요 이름은 만군의 여호와시니이다 19주는 책략에 크시며 하시는 일에 능하시며 인류의 모든 길을 주목하시며 그의 길과 그의 행위의 열매대로 보응하시나이다(렘 32:18-19).

이처럼 구약성경은 하나님의 의로운 심판도, 회개하는 죄인을 향한 용서의 은혜도 포기하지 않는다. 이 두 주제는 공존한다. 우리는 성경의 관점을 따라, 어느 한쪽에 대한 강조 때문에 다른 쪽이 배제되어서는 안 된다는 사실을 기억해야 한다.

구약과 마찬가지로 유대문헌에서도 은혜와 행위심판이 중요한 주제로 다루어졌다.[1] 그런데 사실 유대교는 조직신학이나 교리신학을 우선하여 추구하지 않았기 때문에 일관성 있는 기록을 남기지는 않았다. 유대교의 다양한 문헌 중에는 신학적으로 정교하게 다듬어지지 않은 것들이 많고, 그중 다수는 상황과 시대에 따른 권면들이기 때문에 어떤 특정한 교리를 끄집어내기란 쉽지 않다. 그러나 마지막 날, 주님께서 선악의 행위를 저울질해 심판하신다는 기록과[2] 선악의 행위를 기록한 장부에 관한 이야기는 종종 발견된다.[3] 그리고 누구도 율법을 완벽히 지킬 수 없다는 인식으로 인해 하나님의 은혜가 강조되기도 한다.[4] 독특한 점은, 이방 치하의 유대교의 배타적 민족주의로 말미암아 은혜를 입는 의인은 이스라엘과 동일시되고, 죄인은 이방인과 동일시되는 경향이 강하다는 사실이다.[5]

오늘날 '안일한 믿음주의'에 익숙한 그리스도인들은 오직 은혜와 믿음만을 구원의 기준으로 여겨 행위와 성화가 최후심판에서 구원의 결정적인 기준이 된다는 말을 몹시 불편하게 느낄 수 있다. 그러나 우리가 가진 믿음이 참되다면, 그리고 우리가 성령을 선물로 받았다면 열매는 자연스러운 것이다. 주님은 포도나무요 우리는 가지이니 주님 안에 있는 우리가 열매를 맺는 것은 당연하지 않을까? 바울은 열매가 없다면 자신의 믿음을 의심해보라고 권면한다(고후 13:5). 신약성경은 구원의 조건으로 믿음과 은혜만 말하지 않는다. 실제로 성화와 행위에 관한 내용도 그 이상 강조되고 있다. 그리스도인들도 최후에 심판대 앞에 설 것이다(마 25:14-30; 눅 19:12-27; 고전 3:12-15; 고후 5:10; 참고. 롬 14:10; 벧전 1:7; 계 20:12).

달란트 비유

달란트 비유(마 25:14-30; 참고. 눅 19:12-27)에서 착한 종과 게으른 종의 운명은 최후심판 때 판가름난다. 달란트 비유는 구원 이후 추가로 주어지는 상급에 대한 이야기가 절대 아니다. 하늘에서 주어지는 추가적인 상급의 유무가 아니라 지옥과 천국이 갈리는 구원의 기준에 관한 이야기다. 게으른 종은 지옥 심판, 곧 죽음의 형벌을 당하기 때문이다.

> 이 무익한 종을 바깥 어두운 데로 내쫓으라 거기서 슬피 울며 이를 갈리라 하니라(마 25:30).

> 그리고 내가 왕 됨을 원하지 아니하던 저 원수들을 이리로 끌어다가 내 앞에서 죽이라 하였느니라(눅 19:27).

어두운 곳, 슬피 울며 이를 갊, 죽음은 유대문헌에서도 모두 지옥 심판, 영원한 형벌을 묘사하는 표현들이다. 특히 '바깥 어두운 데'로 쫓겨나는 것은 해같이 빛나는 천국의 메시아 잔치와 극적인 대조를 이루고, '울며 이를 간다'는 표현은 마태가 즐겨 사용하는 종말론적 심판에 대한 표현이다(마 8:12; 13:42, 50; 22:13; 24:51; 25:30).

> 11또 너희에게 이르노니 동 서로부터 많은 사람이 이르러 아브라함과 이삭과 야곱과 함께 천국에 앉으려니와 12그 나라의 본 자손들은 바깥 어두운 데 쫓겨나 거기서 울며 이를 갈게 되리라(마 8:11-12).

'달란트'라고 번역된 헬라어 '탈란톤'(τάλαντον)은 영어에서 '재능, 소질, 수완'을 의미하는 '탤런트'(talent)의 어원이다. 달란트 비유에서 달란트는 진짜 돈이라기보다는 영적 은사에 대한 은유다(롬 12:6-7; 고전 7:7; 12:4-31). 충성스러운 종은 주인의 칭찬을 듣고 큰 보상을 받아 더 풍족하게 된다. 얼마나 많은 달란트를 맡았는가, 즉 얼마큼 재능이 있는가는 상관이 없다. 오직 얼마나 충성스러웠는지가 관건이다. 많고 적은 달란트를 맡은 두 종에게 주어지는 칭찬이 모두 같기 때문이다.

> 잘하였도다 착하고 충성된 종아 네가 적은 일에 충성하였으매 내가 많은 것을 네게 맡기리니 네 주인의 즐거움에 참여할지어다(마 25:21, 23).

그들에게 주어지는 상은 식탁교제의 잔치로 상징되는 천국에 참여하는 복이다(마 8:11; 22:2; 25:10). 주인이 충성스러운 종에게 한 약속—"내가 많은 것을 네게 맡기리니"(마 24:47; 계 2:26-28; 3:21; 5:10)—의 의미는 마침내 이루어지는 하나님 나라에서 유업을 차지하여 주님과 함께 그 나라를 다스리게 된다는 것이다.

신앙, 그 오해와 진실

29내 아버지께서 나라를 내게 맡기신 것같이 나도 너희에게 맡겨 30너
희로 내 나라에 있어 내 상에서 먹고 마시며 또는 보좌에 앉아 이스라
엘 열두 지파를 다스리게 하려 하노라(눅 22:29-30).

여기서 열두 지파로 구성된 이스라엘 민족은 문자적인 의미가 아
니라 모든 하나님 백성에 대한 원형적인 상징이다(참고. 계 7:4-10). 그
러나 게으른 종은 비참한 운명에 처한다. 그는 있는 것까지 빼앗기고
바깥 어두운 곳으로 쫓겨나 슬피 울며 이를 갈게 된다(마 25:29-30). 그
가 심판받은 이유는 무엇일까? 그는 범죄해서 심판을 받은 것이 아니
다. 그는 자신에게 주어진 것에 대하여 불평하면서 안전을 핑계로 아
무 일도 하지 않았을 뿐이다.

종들은 각자 하나님이 주신 재능, 성령의 은사를 가지고 하나님 나
라를 위해 충성스러운 삶을 살아야 한다(참고. 마 19:12; 롬 12:6-8; 고전
7:7; 12:4-11). 하나님의 나라와 뜻에 집중하지 못하고 자신의 안위만을
염려하며 아무것도 하지 않은 자에게는 영원한 죽음이 임한다.

탕감이 취소된 종

마태복음 18장에 나오는 일만 달란트 빚진 종의 비유는 어려운 내용
이 아니다. 일만 달란트라는 어마어마한 빚을 진 종이 주인에게 긍휼
함을 입어 탕감을 받았다. 그런데 그 종은 자신에게 일백 데나리온을
빌려간 동료의 채무를 탕감해주지 않고 옥에 처넣었다. 그 말을 들은

주인은 탕감을 취소하고 갚을 길 없는 일만 달란트의 채무를 다 갚을 때까지 그를 옥에 가두어버렸다.

지상에서 우리는 하나님의 선하심을 닮아야 한다. 그러나 최후심판 때 하나님은 우리를 닮겠다고 하신다. 우리가 긍휼을 베풀지 않았다면 하나님도 우리에게 긍휼을 베풀지 않으시겠다는 것이다. 죄 용서의 교리를 확신하는 것으로 죄 용서가 이루어지는 것이 아니다. 하나님은 우리가 우리에게 죄 지은 사람을 용서해준 것같이 우리의 죄를 용서받기 위해 기도하라고 하신다(마 6:12). 최후심판 때 하나님은 내가 행한 대로 나에게 행하실 것이다(마 5:23-26; 6:14-15; 막 11:25; 참고. 눅 6:36). 하나님으로부터 많은 죄를 사함 받았기에 형제자매에 대한 우리의 용서는 마땅하다. 이를 무시하는 자에게는 하나님도 용서의 은혜를 베풀지 않으실 것이다.

> 14너희가 사람의 잘못을 용서하면 너희 하늘 아버지께서도 너희 잘못을 용서하시려니와 15너희가 사람의 잘못을 용서하지 아니하면 너희 아버지께서도 너희 잘못을 용서하지 아니하시리라(마 6:14-15).

야고보는 궁핍한 사람을 돌보지 않고 차별하는 행동을 나무란다(약 2:4-6). 실체가 없는 추상적인 교리만 믿는 죽은 믿음으로는 구원받을 수 없다. 오직 사람을 차별하지 않고, 나눔과 긍휼한 행함이 있는 믿음만이 유효할 뿐이다(약 2:14-17).

신앙, 그 오해와 진실

> 긍휼을 행하지 아니하는 자에게는 긍휼 없는 심판이 있으리라 긍휼은
> 심판을 이기고 자랑하느니라(약 2:13).

양과 염소

최후심판대 앞에서 양과 염소를 구분하는 비유(마 25:31-46)는 그 앞
에 나오는 열 처녀의 비유, 달란트의 비유처럼 충성되게 준비한 자만
구원에 참여할 수 있다는 사실을 다시 한 번 확인시켜준다. 양과 염소
의 비유에서도 행위심판은 뚜렷하게 나타난다. 마태복음에서 양은 구
약에서처럼 하나님의 백성에 대한 상징으로 사용된다(마 10:16; 18:12;
26:31; 참고. 겔 34:20; 슥 13:7). 이 비유에서 염소들은 영원한 심판에, 의
인들은 영생에 들어간다(마 25:46).

그렇다면 이 비유에서 영생을 얻는 양이 되는 기준은 무엇인가?
그것은 보잘것없는 자들과 소자들, 그리고 형제들을 보살폈는가의 문
제다. 이 표현들은 마태복음에서 주로 소외되고 가난에 시달리고 박
해받는 예수의 제자들, 즉 공동체 구성원을 의미한다(참고. 마 10:42;
12:48-50; 18:6, 10, 14; 28:10). 그래서 학계는 이들이 주를 위해 힘든 상
황에 처한 전도자와 선교사들을 의미한다고 보는 관점에 동의한다.
이 비유에서 예수님은 자신을 이들과 동일시하신다(마 25:40; 참고. 마
10:40; 행 9:4; 22:7; 26:14). 즉 이들에게 한 것이 곧 예수님 자신에게 한
것이다.

구약에서도 하나님은 종종 자신을 가난한 자와 동일시하셨다(참

고. 잠 14:31; 17:5; 19:17). 인자이시며 왕이신 그리스도는(마 25:31) 최후심판의 날에 심판 보좌에 앉으실 재판관이지만 지금은 우리와 함께 살고 계시다. 그분은 신앙 공동체에서 가난한 한 사람으로, 형제 중에 지극히 작은 자와 동일시되어 살고 계시다. 그분의 관심은 오직 주를 섬기기 위해 가난하고 소외되고 고난받을 수밖에 없는 사람들에게 있다. 그들에 대한 긍휼과 사랑의 행위가 바로 영생의 기준이다(마 25:35-36; 참고. 마 5:7).

그럼 누가 염소로 판정되며 영벌에 처하게 되는가? 그들은 특별하게 악한 행위를 한 사람들이 아니었다. 사실, 그들은 아무것도 안 했다. 예수님의 형제가 곤궁에 처했을 때 그들은 무관심했을 뿐이다. 그러나 이는 숨겨진 모습으로 오신 예수님을 돌보지 않은 것이었다.

> 40임금이 대답하여 이르시되 내가 진실로 너희에게 이르노니 너희가 여기 내 형제 중에 지극히 작은 자 하나에게 한 것이 곧 내게 한 것이니라 하시고 41또 왼편에 있는 자들에게 이르시되 저주를 받은 자들아 나를 떠나 마귀와 그 사자들을 위하여 예비된 영원한 불에 들어가라 (마 25:40-41).

이처럼 '행위 없음'이 염소가 되는 기준이다. 그들은 행위가 없으므로 심판을 받는다(마 7:12; 25:24-30). 여기에서 자비의 행위는 단순한 선행이 아니다. 이는 하나님의 은혜라는 폭넓은 맥락에 대한 그리스도인의 올바른 반응이다. 이는 사도 바울도 강조하는 점이다. 사도

신앙, 그 오해와 진실

바울은 성령으로 선행을 꾸준히 행해야 영생을 거둘 수 있다고 말한다. 그것이 성령을 위하여 심는 것이기 때문이다(고후 5:10; 갈 6:7-10).

> 7 스스로 속이지 말라 하나님은 업신여김을 받지 아니하시나니 사람이 무엇으로 심든지 그대로 거두리라 8 자기의 육체를 위하여 심는 자는 육체로부터 썩어질 것을 거두고 성령을 위하여 심는 자는 성령으로부터 영생을 거두리라 9 우리가 선을 행하되 낙심하지 말지니 포기하지 아니하면 때가 이르매 거두리라 10 그러므로 우리는 기회 있는 대로 모든 이에게 착한 일을 하되 더욱 믿음의 가정들에게 할지니라(갈 6:7-10).

최후심판 때, 영생이냐 영벌이냐의 기준은 단순한 '선행'이 아니다. 이는 하나님 사랑과 이웃 사랑을 실천하는 살아 있는 신앙이냐 죽은 신앙이냐의 문제다. 신자 안에 참으로 성령이 계시다면 어떻게 성령의 마음을 품지 않을 수 있겠는가? 행해야 한다는 율법주의적 부담을 가질 것이 아니라 내가 참으로 성령 안에 있는지를 확인해야 한다. 성령 안에 거하는 성도에게 자연스럽게 나타나는 현상이 바로 사랑의 실천이다. 예수님의 이 비유는 하나님 사랑과 이웃 사랑의 이중계명(참고. 마 22:34-40)이 이분법적으로 나누어지는 것이 아니라 총체적인 하나로 통합되는 계명임을 보여준다. 하나님을 사랑하는 제자만이 이웃 사랑을 행한다.

하나님 사랑과 이웃 사랑은 최후심판 때 영생에 들어가는 중요한 기준이 된다. 영생과 영벌의 기준은 정통 교리에 대한 이론적 확신이 아니라, 긍휼을 베푸는 삶으로 나타나는 믿음의 열매다. 종교적 믿음이나 종교적 행위는 구원의 기준으로 충분하지 않다. 고통당하는 이에게 긍휼을 베푸는 사랑의 행위는 구원의 조건이 될 수는 없지만 구원의 필요증거다. 심판에서 영생을 얻는 기준은 긍휼을 베푸는 살아 있는 신앙을 소유했는지 안 했는지에 있다. 남을 긍휼히 여기지 못하면서 하나님이 자신에게 긍휼을 베풀어주시길 바라는 것은 모순이기 때문이다.

바울은 끊을 수 없는 하나님의 사랑으로 넉넉하게 구원이 이루어짐을 확신하라고 하지만(롬 8장) 동시에 어떤 삶을 살았느냐에 따라 구원에 대한 운명이 달라지는 행위심판을 언급한다(고후 5:10-11). 우리가 주시해야 할 사실은 최후심판을 다루는 수많은 성경 본문 중에서 믿음을 구원의 기준으로 제시하는 곳은 찾기 어렵고, 대부분 행위를 기준으로 제시한다는 점이다. 오직 믿음만을 칭의의 조건으로 제시하는 바울서신에서도 최후심판의 기준은 오직 행위밖에 없다. 구원의 원인은 믿음이지만 결과(열매)는 행위이기 때문이다.

과거 개신교 학자들은 구원을 위해 믿음/은혜/칭의의 원칙을 지나치게 강조한 나머지 종말론적 행위심판의 논리를 무시했다(케제만, 불트만 등).[6] 그러나 현재에는 많은 학자들이 그간의 연구를 통해 은혜와 행위심판의 두 주제가 구약과 유대문헌, 그리고 다른 신약성서들(특히 복음서, 히브리서, 야고보서, 요한계시록 등)과 마찬가지로 바울서신에서도 상호보완관계로 공존하고 있다는 사실에 동의하고 있다.[7]

바울의 행위심판

인류 최후의 날이 행위심판의 날이라는 사실은 바울서신에서도 동일하게 나타난다. 바울은 대체로 영생을 은혜의 선물이라고 말하지만 동시에 종말적인 행위심판에 따른 결과라고도 말한다(롬 2:1-16; 고전 3:1-17; 4:1-5; 5:1-5; 6:9-11; 9:24-27; 11:27-34; 고후 5:9 이하; 갈 5:19-21; 6:7-10; 참고. 벧전 1:17; 계 2:13; 20:12). 물론 행위심판에서 '행위'가 무엇인지를 규명하는 일은 쉽지 않은 문제다. 그러나 바울이 긍정적으로 말하는 행위란 주로 그리스도의 법에 대한 올바른 순종의 삶, 믿음에 따른 행위 혹은 그 열매를 의미한다.

> 10이는 우리가 다 반드시 그리스도의 심판대 앞에 나타나게 되어 각각 선악간에 그 몸으로 행한 것을 따라 받으려 함이라 11우리는 주의 두려우심을 알므로 사람들을 권면하거니와 우리가 하나님 앞에 알리어졌으니 또 너희의 양심에도 알리어지기를 바라노라(고후 5:10-11).

바울서신에서도 행위에 따른 심판 사상은 은혜로 의롭다 함을 받는다는 가르침에 대한 모순이 아니라 오히려 은혜 구원의 참된 의도를 지키기 위함이다(참고. 롬 3:7-8; 6:1). 사실, 하나님의 선물로 구원을 얻은 그리스도인의 행위는 하나님 앞에서 아무것도 아니다(롬 2:16; 14:10). 그러나 양면가치를 보여주는 은혜의 구원과 행위에 따른 심판은 결코 역설적인 가르침이 아니다. 값없이 주어지는 구원(벧전 1:18-

19)에는 은사에 대한 책임(마 25:14-30)과 복음의 청지기직(눅 3:12-14), 하나님을 기쁘게 하기 위한 삶(엡 5:10; 골 1:1) 등의 노력이 필연적으로 요구된다. 하나님은 무엇보다도 이것이 가능하도록 능력의 원천인 성령을 우리에게 주셨다. 성령은 구원의 보증으로서, 참 신자가 행위의 열매를 맺게 되는 능력의 원천이다.

구원이 값없는 은혜의 선물이라면서 바울은 왜 행위에 대한 심판을 이야기하는가? 이 질문의 답을 찾기 위한 다양한 시도들이 있었다. 예를 들어, "바울에게 구원의 행위가 필요하다는 의미는 구원을 행위로 얻을 수 있다는 것과 다른 것이다", 혹은 "그리스도인이 되기 전의 '행위'(개인의 공로)와 그리스도인이 되고 난 후에 요구되는 '행위'(하나님의 뜻, 믿음의 법에 순종하는 행위)가 별개의 것이며, 행위 없는 믿음은 죽은 믿음이고 열매 맺는 믿음만이 구원에 이르는 참 믿음이다"라는 주장도 있었다. 그러나 아무리 복잡하게 설명을 하더라도 종국에는 다음과 같은 핵심에 이르게 된다. 종말론적 구원을 얻기 위해 행위—그리스도의 법에 대한 순종의 삶—가 필요한가 아니면 필요하지 않은가?

종교개혁 이후 개신교에서는 칭의와 하나님의 종말론적 행위심판의 관계를 골치 아픈 숙제로 여긴 적도 있었다. 행위심판의 논리는 결국 행위가 구원의 기준이 된다는 이야기 아닌가? 물론 여기에서 '행위'에 대한 정확한 개념정리가 필요할 것이다. 죽은 사과나무에 사과를 접착제로 붙여놓았다고 해서 열매를 맺은 것은 아니기 때문이다. 이를테면 불신자이면서 많은 사회봉사를 하는 사람은 행위를 기준으로 구원받을 수 있을까? 그렇지 않다. 성경에서 말하는 구원에 필요한 행위란 공로주의, 자기중심적 삶과 구별되는 올바른 순종의 삶을 의미한다. 그리고 이 순종은 성령이 계셔야 가능하다. 회개하여 성령을 선물로 받은 믿음만이 참 믿음이며 여기에 서 있어야 온전한 순종의 삶이 나타난다.

그런데 로마서 2장에서 바울은 유대인과 이방인과의 차별을 거부하며(롬 2:9-11), 하나님의 은혜가 오히려 죄인을 회개로 인도한다고 이야기한다(롬 2:4-5). 그리고 행위심판은 사람의 외형적인 것에 좌지우지되지 않으며, 하나님은 사람의 모든 은밀한 것을 다 아시고 판단하신다(롬 2:6-16). 따라서 바울의 행위심판에서 중요한 것은 '무엇이 행해졌는가', 즉 '무엇이 순종되었는가'다.[8]

바울서신의 칭의와 행위심판의 이해에서 논쟁이 되는 것은 결국 하나님의 사랑(구원하심)과 거룩(심판하심)의 관계다. 흥미로운 사실은 바울의 칭의 사상은 구약의 언약 원리와 마찬가지로 '불순종 → 종말론적 심판', '순종 → 영생'의 원칙을 절대 벗어나지 않는다는 점이다(롬 6:16, 21-23; 8:6; 12장). 그리고 바울이 발 딛고 있던 구약과 유대 문화에서는 믿음으로 얻어지는 칭의(은혜)가 최종적 행위심판과 갈등을 일으킬 소지가 전혀 없다. 즉 유대인들에게 믿음과 행위가 통합된 하나이듯, 바울도 칭의와 연관하여 행위심판과의 관계를 배격하지 않는다.

이신칭의의 핵심은 우리의 기대나 공적과 상관없이 하나님이 우리를 사랑하시고 구원하신다는 것이다(롬 4:5; 5:6-11; 8:31-34). 그러나 하나님은 구원자시며 동시에 심판자시다. 따라서 은혜의 약속도 있지만 동시에 그를 업신여기는 자는 심판을 피할 수 없다는 경고도 있다(갈 6:7). 특히 바울은 죄악의 목록을 언급하며 이러한 자들이 결코 하나님 나라에 들어갈 수 없다고 주장한다(고전 6:9-10; 갈 5:19-21).

행위심판의 관점에서 본다면 구원에 이르는 길은 행위 없는 칭의가 아니라 "사랑으로써 역사하는 믿음 뿐"(갈 5:6)이다. 결국 칭의는 거룩한 삶을 가능하게 하는 강력한 능력으로 이해되기 때문이다. 즉 구약과 유대교에서 하나님이 구원자시며 동시에 심판자시라는 입장과 마찬가지로, 바울도 하나님의 사랑(구원하심)과 거룩(심판하심)의 관계를 갈등 없이 이해하고 있다. 갈등을 느낀다면 그것은 우리의 문제이지 바울의 문제가 아님은 너무나 분명하다.

물론 새 언약에서는 그리스도의 십자가와 부활을 통해 구원을 이루시는 성령이 성도들에게 선물로 주어진다. 그러나 그것이 바울이 강조하는 순종의 삶에 대한 인간의 의무까지 면제해주지는 않는다. 오히려 성도는 성령을 선물로 받았기에 이에 합당한 사랑의 열매들을 보여야 한다. 전에는 부패한 죄성 탓에 못했다는 핑계가 가능했으나 이제는 성령이 계시기에 오히려 핑계를 댈 수 없다.

부활의 능력은 죽음에 이르는 운명에 처한 '옛 존재'를 믿음을 통해 '새로운 존재'로 바꾸어놓는다. 로마서 8:4에서 성령은 "그 영을 따라 행하는 우리에게 율법의 요구"를 이루는 능력으로 역사한다(참고. 롬 2:26; 갈 5:16-18). 즉 십자가와 부활에 기초한 성령의 역사가 그리스도인들에게 새로운 순종의 삶과 행위를 가능하게 한다(롬 8장).

그런데 성령을 좇아 행해야만 율법의 요구를 이룰 수 있다는 바울의 권면은 영생을 위한 것이다(갈 5:15, 18, 25; 롬 8:4, 13, 14). 그리고 "육신대로 살면 반드시 죽을 것"(롬 8:13)이라는 바울의 가르침은 단순히 불가능한 가능성에 대한 과장된 교훈이 아니라 성화의 삶을 가능하게 하는 성령의 능력을 좇지 않는다면 누구도 사망의 법에서 자유로울 수 없다는 강력한 경고다.

히브리서도 바울서신과 같은 논리를 편다. 히브리서에 따르면 안식에 들어갈 약속을 받았어도 순종하지 않음으로 안식에 들어가지 못할 자들이 있으며(히 4장), 더 큰 구원을 받았으나 불순종하는 자들은 더 큰 심판을 받을 것이다(히 3, 10장; 12:14 이하). 바울은 고린도전서 10장에서 광야에서 멸망한 이스라엘도 "모세에게 속하여 다 구름과 바다에서 세례를 받고 다 같은 신령한 음식을" 먹었다고 지적한다. 바울은 이들이 사실은 그리스도의 세례를 받은 자들이며 "신령한 반석"이신 그리스도로부터 "신령한 음료"를 마시는 은혜를 체험했던 자들이라고 풍유적으로 예증한다. 그리고는 출애굽 사건을 체험했다고 하나님이 배교를 눈감아주지 않으셨던 것과 같이 그리스도의 은총에 대한 체험이 죄에 대한 면죄부가 될 수 없음을 강조한다(고전 10:11). 바울은 이처럼 그리스도인들도 구약의 백성과 같이 넘어질 수 있음을 경고하면서(고전 10:12), 한편으로는 감당할 시험만 허락하시고 피할 길도 주시는 하나님의 자비도 강조한다(고전 10:13). 여기에서도 알 수 있듯이, 행위는 분명 하나님의 은혜와 보호 속에서 이루어진다.

결국 칭의와 행위심판은 모두 최종적 구원으로 이끄시는 하나님의 은혜로운 역사지, 서로 대치되거나 갈등을 일으키는 교리가 아니다. 바울서신에서 행위심판은 우리에게 순종이 요구되기에 없으면 안 되는 것이다. 바울의 칭의 사상은 유대교의 율법이나 헬라의 지혜(고전 1:22)가 아니라 오직 그리스도의 복음만이 죄 사함과 부활의 능력, 즉 종말론적 구원에 이르게 할 수 있는 능력이 된다는 주장이다(롬 1:16; 고전 1:18, 24; 4:20). 바울에게 최종적 구원은 아직 미래로 남아 있다. 그리고 우리에게는 순종이 요청된다. 따라서 순종을 판단하는 행위심판은 필연적이다.

바울에게 있어 영생은 거룩한 삶을 이룰 때 주어지는 은혜의 선물이다. 물론 이 거룩한 삶도 인간 중심의 행위로 이해되는 것이 아니라 믿음을 통한 성령의 은혜로 완성되는 것이다. 갈라디아서에서 바울은 심은 대로 거둔다는 원칙을 강조하며 "자기의 육체를 위하여 심는 자는 육체로부터 썩어질 것을 거두고 성령을 위하여 심는 자는 성령으로부터 영생을 거두리라"(갈 6:9)라고 말한다. 로마서에서도 바울은 로마의 그리스도인들이 죄의 종이 되어 살면 사망에 이를 것이나, 의의 종이 되어 거룩함에 이르는 삶의 열매를 맺으면 하나님의 선물인 영생을 얻을 것이라는 사실을 분명히 한다(롬 6:19-23). 따라서 확실한 구원의 소망의 근거가 되는, 십자가에서 나타난 하나님의 놀라운 사랑을 오해하여 순종 없이 살아도 미래의 구원이 무조건적으로 주어진다고 생각한다면 이는 하나님을 조롱하고 업신여기는 것이다(롬 6:19; 갈 6:7).

십자가의 사랑에 근거한 구원의 확실성은 인간이 편리하게 이용할 수 있는 논리적·교리적·기계적 확실성이 아니라 보호자와 수혜자 사이의 온전한 인격적 관계에 근거한다. 칭의의 은혜가 그리스도께 순종하는 삶으로 귀결되는 것을 보면 바울서신의 구조가 고대 지중해 사회에서 보편적이었던 보호자-수혜자 문화에서 강조된 가치관의 구조와 상당히 유사함을 알 수 있다.

바울신학의 딜레마

어떻게 이신칭의와 종말론적 행위심판 사상 사이에 갈등이 없을 수 있었는지에 대해 자세하게 살펴보자. 바울은 구원이 은혜의 선물이라고 하면서 왜 종말론적 구원의 조건으로 그리스도의 법(=행위)을 지키라고 명령했을까?(고전 3:16 이하; 6:9 이하; 갈 5:20-24 외 다수) 이는 모순적인 명제가 성립되는 순간이며 바울신학의 딜레마로 비칠 수 있다. 그러나 바울이 이 두 주제에 대하여 전혀 모순을 느끼지 않았고, 독자의 갈등도 전혀 예견되지 않았다면 그 이유는 무엇일까? 당시 사람들이 이 두 주제에 대하여 느낀 갈등은 이론적인 교리의 측면이 아니었다. 오히려 그들은 "무엇을 행해야만 하는가?"라는 명분과 "왜 그것이 행해지지 않는가?"라는 현실 사이에서 갈등하는 것 같다.

우리는 바울서신에서 이신칭의와 행위심판의 관계가 갈등 없이 나타나는 여러 가지 이유를 추측해볼 수 있다. 첫째, 우리는 문화적으로 바울의 이신칭의와 행위심판의 관계가 논리성이 중시되는 상아탑의 학문적인 교리체계로 쓰인 것이 아니라, 고대 지중해 문화를 배경으로 목회, 혹은 선교 현장에서 나온 것임을 인식해야 할 것이다. 계몽주의 이후 현대 서구인들은 과학적 사고를 근거로 치밀하게 분석하고 따지는 것을 좋아한다. 그래서 '이것이냐 저것이냐'(either A or B)의 이분법적인 관점과 조직적인 이해에 익숙하다. 그러나 이는 어느 역사, 어느 문화에서나 항상 그래왔던 것은 아니다.

유대 문화에서는 논리적으로 분석하고 따지는 것을 그다지 높게 평가하지 않았다. 예를 들어, 고린도전서 11:16을 보라. 바울은 11장에서 여성의 복장을 논하며 단순히 교회의 관례를 들어 어떤 논쟁도 거절한다. 때론 율법에 관해서도 비슷한 견해를 취한다(딛 3:9; 참고. 딤전 6:4, 20; 딤후 2:23). 성경의 상당 부분은 현대 학문이 원하는 치밀한 분석과 모순 없는 논리를 제공하는 데 큰 관심을 두지 않는다.

로마서를 쓴 바울의 정서적 배경이 되는 유대 문화는 형이상학이나 논리보다는 경험적 논증이 강하다. 그래서 모순처럼 보이는 것들을 별 갈등 없이 잘 수용한다. 고대 동양문화와 같이 논리성의 여부와는 관계없이 '이것도 저것도'(both A and B) 잘 받아들이는 **통합적 사고**에 강하기 때문이다. 서구 개인주의 사회가 아닌, 고대 유대 문화와 같은 관계 지향적[9] 사회에서는 사물이 서로 긴밀하게 연결되어 항상 두 가지 이상의 모순된 관점이 존재할 수 있음을 자연스럽게 받아들인다. 이는 바울의 율법관과 제2성전기 유대 문헌들을 살펴보면 확연히 드러난다.

둘째, 바울 본인이 칭의와 행위심판의 관계에 갈등을 느끼지 않았던 또 다른 이유는 그가 구약의 언약적 사고—이 또한 통합적 사고

신앙, 그 오해와 진실

다!—에 익숙했기 때문일 것이다. 구약의 언약 사상에는 하나님의 언약적 자비와 하나님 백성에게 주어진 순종의 의무가 어떤 갈등이나 긴장감 없이 자연스럽게 나타난다. 즉 바울에게 칭의(은혜)와 행위심판, 즉 언약에 충실한 순종의 의무에 대한 실천 여부를 확인하는 것은 구약과 일맥상통하는 자연스러운 현상이다.

반대로 우리가 이신칭의와 행위심판을 모순되게 느끼는 직접적인 이유들이 있다. 첫째, 16세기 종교개혁주의를 표방하는 전통적인 개신교의 이신칭의 신학이 바울의 논지를 치밀하게 읽어내지 못했다는 점이다. 이는 지난 세기 신학계에서 이신칭의에 대한 케제만(Ernst Käsemann)의 영향력으로 더욱 심각해졌다. 루터가 모든 성경신학을 체계적이고 통일적으로 서술하면서 성경을 관통하는 이신칭의를 찾아냈다면, 케제만은 로마서 1:17에 나타난 이신칭의를 중심으로 치밀하고 통합적인 바울신학을 수립하는 데 큰 기여를 했다. 그에게 있어서 이신칭의는 개신교의 기준 중의 기준이요, 성경을 이해하고 영들을 분별하는 매우 중요한 잣대였다.[10] 그러나 성경 안의 특정 구절, 관점, 시각으로 다른 모든 본문을 해석하는 것은 '정경 안의 정경'을 만드는 일이다. 이는 다른 본문에 침묵을 강요하는, 말씀에 대한 독재요 폭력이다. 성경은 분명히 통일성을 지녔지만 절대화된 하나의 중심사상으로 모두를 설명할 수는 없다. 성경에서 다른 본문 위에 군림하는 '절대 본문'을 만들면 성경의 총체성을 훼손하는 위험이 뒤따른다.

둘째, 좀 더 근원적인 이유로는 루터의 경우처럼 은혜의 개념을 오해하는 경우가 많았기 때문이다. 앞의 제19장에서 살펴보았듯이 신약의 은혜는 관계 맺음을 위한 선물로서 신실한 충성과 열매가 요구되는 하나님의 베풂이지, 아무것도 요구되지 않는 공짜의 개념이 아니다. 하나님의 은혜는 복음서의 씨 뿌리는 자 비유에 나타나는 것과 같이 열매의 수확을 기대한다.

로마서에서 자격 없는 이들이 믿음으로 받는 하나님의 카리스는 언약의 구조 속에서 하나님의 관심이 드러나는 방식으로 자신의 의로우심을 나타내고, 영광을 받으시고, 자신에 대한 감사를 넘치게 하고, 지속적이고 올바른 관계 맺음을 요구하는, 그리고 성령의 선물을 통해 이를 가능하게 하는 능력이자 하나님의 자비로 설명된다. 다시 말하면, 하나님의 은혜(카리스)는 수혜자에게 반드시 충성과 신실함의 반응을 요구하는 선물이다.

최후심판에 대한 올바른 태도

그렇다면 최후심판에 대한 올바른 태도는 무엇인가? 그것은 불안과 공포가 아니라 흠 없는 경건함으로 평강 가운데 나타나기를 힘쓰는 것이다(벧후 3:14). 여기서 '평강 가운데서 나타나기를 힘쓴다'는 표현은 거룩한 삶과 경건한 행실에 힘써 하나님의 심판을 무사히 통과하라는 뜻이다. 이는 진리의 길(벧후 2:2), 그리고 의의 길(벧후 2:21)인 하나님의 뜻을 따라 올바르게 살아갈 때 가능하다.

그런데 최후심판은 왜 늦어지는 것일까? 2천 년 전부터 이미 최후심판의 날은 더디 오는 것 같았다. 시간을 재는 하나님의 척도는 우리

신앙, 그 오해와 진실

의 척도와는 매우 다른 것이 아닐까? 하나님에게 하루는 천 년 같고 천 년은 하루 같다(벧후 3:8). 베드로는 최후심판이 늦어지는 이유가 하나님의 오래 참으심 때문이라고 한다. 하나님은 아무도 멸망하지 않고 모두 회개에 이르기를 원하신다(벧후 3:9). 그렇다면 최후심판의 날은 앞당겨질 수 있을까? 베드로후서는 성도들이 거룩한 행실과 경건한 삶을 살면 그날이 앞당겨진다고 한다(벧후 3:11-12). 이 의미는 특히 다양한 번역의 성경이나 영어 성경에서 두드러진다.

> 11…여러분은 거룩한 행실과 경건한 생활 가운데서, 12하나님의 날이 오기를 기다리고, 그 날을 앞당기도록 해야 하지 않겠습니까?…(벧후 3:11-12, 표준새번역).

> 11…거룩하고 경건한 생활을 하면서 12하느님의 심판날을 기다릴 뿐 아니라 그 날이 속히 오도록 힘써야 할 것입니다…(벧후 3:11-12, 공동번역개정판).

양심 문화와 개인주의가 발달한 사회에 사는 현대인들은 심리적으로 불안한 존재로서 행위심판에 대한 오해가 깊다. 그래서 현대인들은 '최후심판' 하면 대체로 부정적인 느낌을 받는다. 이 심판은 행위에 대한 것이고 그 누구도 행위에 대해 자신이 없기 때문이다. 그러나 개인과 사회 윤리, 그리고 양심에 일치하게 행동하는 것은 성경에서 말하는 의로움과 선한 행위에 부분적으로 상응할 따름이다. 성경은 수치 문화와 집단주의의 가치가 지배하는 히브리-유대 문화를 배경으로 하고 있다. 이 문화에서 말하는 올바른 행위는 하나님과 사람들, 피조물과 올바른 관계 맺음이다.

따라서 행위심판은 현대인의 죄책감을 자극하여 불안하게 만드는 주제가 아니라, 어떠한 힘든 일에도 '의인은 일곱 번 넘어져도 일곱 번 일어난다'(잠 24:16)는 방식의 믿음을 가지고 사는 이들에 대한 위로요, 구원의 확인이다. 성경이 말하는 의인들도 모두 죄 가운데 실패하고 넘어진 인간적인 영웅들이다. 노아, 아브라함, 모세, 다윗을 보라! 신약에도 베드로만 실패를 경험한 것이 아니다. 사도 바울도 온화하지 못해 바나바와 다툰 적이 있다(행 15:39). 성경에서 '의'의 개념은 하나님과 이웃과의 **올바른 관계**에 관한 내용이지 결코 행위에서 완전무결한 이상적인 상태를 의미하는 것이 아니다. 넘어지는 것이 인간이다. 그러나 일어나는 것이 신앙이다! 그래서 믿음이란 끊임없는 훈련이다. 훈련은 연습이고, 연습이란 완성될 때까지 실수하는 행위다. 행위심판에서 우리에게 요구되는 것은 완벽한 삶이 아니라 끊임없이 하나님과 올바른 관계를 추구하는 삶의 갈등이요, 몸부림이다.

구약에서 행위심판은 악인에 대한 하나님의 복수다. 이는 의인들이 자신들의 충성된 행위에 대한 하나님의 보상을 기대하고 억울한 고난을 참아내는 근거다. 행위심판에 관한 다음 구절은 신약성경에서 가장 많이 인용되는 구절이다.

주여 인자함도 주께 속하였사오니 주께서 각 사람이 행한 대로 갚으심

신앙, 그 오해와 진실

이니이다(시 62:12).

성경에서는 시대를 막론하고 하나님의 행위심판은 충성된 하나님의 백성에게 복음이었다. 세상에서 악인들이 흥하는 것 같고 충성된 자는 당장 위로와 보상을 받지 못해도 언젠가 하나님이 모든 사람들에게 행한 대로 갚아주시기 때문이다(계 2:23). 요한계시록이 묘사하는 행위심판인 흰 보좌 심판도 충성된 하나님의 종들에 대한 구원의 근거다.

> 11또 내가 크고 흰 보좌와 그 위에 앉으신 이를 보니 땅과 하늘이 그 앞에서 피하여 간 데 없더라 12또 내가 보니 죽은 자들이 큰 자나 작은 자나 그 보좌 앞에 서 있는데 책들이 펴 있고 또 다른 책이 펴졌으니 곧 생명책이라 죽은 자들이 자기 행위를 따라 책들에 기록된 대로 심판을 받으니 13바다가 그 가운데에서 죽은 자들을 내주고 또 사망과 음부도 그 가운데에서 죽은 자들을 내주매 각 사람이 자기의 행위대로 심판을 받고 14사망과 음부도 불못에 던져지니 이것은 둘째 사망 곧 불못이라(계 20:11-14).

나가는 말

그리스도의 새 언약에 관한 신약의 사상은 원리적으로 보았을 때 구약의 가르침과 다를 바 없다. 구약의 역사를 보면, 이스라엘은 은혜로 언약 백성이 되지만 언약에는 **순종이라는 조건**이 동반되며 이를 무시하는 자는 징계를 통해 회개하든지 아니면 심판을 통해 언약에서 제외된다. 신약의 행위심판도 이와 같은 맥락에서 이해되어야 한다. 물론 다른 점이 있다. 신약에는 하나님이 믿는 자들에게 하나님과의 충성된 관계 맺음을 가능하게 하는 성령을 선물로 보내주셔서 신자들의 마음에 능력을 부어주셨다.

　이는 신약성경 중 은혜가 가장 두드러지는 바울서신에도 동일하게 나타난다. 바울이 구원을 주는 복음의 본질을 설명하기 위해 사용한 칭의 개념은 결코 행위심판과 모순되지 않으며 무언가 비밀스러운 역설도 아니다. 언약의 구조 속에서 칭의는 값없는 은혜지만, 동시에 그 베푸심에 대한 신실한 삶이 요구되는 조건이다. 이 은혜가 거래의 수단으로 오해되면 보호자와 수혜자의 관계는 파괴된다. 은혜는 보호자로부터 **값없이** 먼저 주어지기 때문이다. 그러나 동시에 수혜자의 충성과 순종이라는 반대급부가 없다면 이 둘의 관계는 또한 파괴된다. 관계 지향적 문화에서 은혜란 결코 거저 주어질 수 있는 것이 아니다. 신은 호의를 베푸는 보호자로, 자신들은 신께 보은의 자세를 가져야 할 수혜자로 여겼던 당시 지중해 독자들에게 바울의 논증은 전혀 모순이나 갈등으로 느껴지지 않았을 것이다. 언약적 자비와 신실함, 순종의 의무가 강조된 구약의 언약 사상을 배경으로 한 바울서신의 칭의와 행위심판은 갈등이 아니라 오히려 당연한(!) 구조다.

　바울서신에서 오직 믿음으로 의롭게 된다는 칭의 사상과 구원을 위해 선한 행위가 반드시 필요하다는 행위심판 사상은 모순이 아니다.

모든 신약성경과 마찬가지로 바울서신에서도 선한 행위는 인간 자체에 근거한 선함, 혹은 거듭나지 못한 옛 사람의 자기공로가 아니라 오직 하나님의 능력이며 믿음의 열매다. 믿음의 결과가 없는 믿음은 허구라는 점에서 바울의 사상은 야고보의 신학과 절대 다르지 않다.

우리는 실제로 성경에서 칭의와 행위심판 사이에 대한 긴장이 나타나지 않는다는 사실을 근거로, 그러한 관점은 서구 학자들의 문화적 배경에서 왔다는 사실을 알아야 한다. 그뿐 아니라, 구약에 익숙한 당시의 바울과 지중해 독자들이 이 둘을 통합적으로 이해했다는 사실을 알아야 한다. 분명히 로마서 2장의 행위심판 사상은 칭의 사상과 모순이 아니라 상호보완적이다. 하나님의 은혜에 대한 강조는 결코 순종에 대한 의무를 간과하지 않기 때문이다.

많은 사람의 염려와는 다르게, 칭의와 행위심판의 두 축은 복음을 균형 있게 이해하는 데 도움이 된다. 바울신학에서 행위심판은 칭의와 윤리의 관계를 잘 설명해준다. 만일 행위심판 사상을 가상적 논쟁의 문맥으로 보거나 무시한다면 윤리의 근거가 매우 미약해질 수밖에 없다. 성령을 통한 칭의 수여가 하나님이 인간을 위하여 행하신 일을 강조한다면, 행위심판은 하나님의 은혜에 대한 인간의 책임을 강조한다.

25장

몸의 부활이
뭐 그리 중요하냐=고?

사람이란 원래 귀신과 달리 몸을 지닌 존재이기 때문에 부활이 필요하다. 서양 사람들은 플라톤(Platon)의 영향으로, 우리나라 사람들은 불교의 영향으로 영혼만을 사람의 본질로 여기는 경향이 있다. 그러나 기독교에서는 몸도 영혼도 모두 인간의 본질이라고 말한다. 하나님은 인간을 흙으로 빚으시고 그 속에 생기를 불어넣으셔서 살아 있는 생명으로 창조하셨다. 이 살아 있는 생명인 인간은 몸을 지닌 존재다. 그렇다면 썩어질 몸이 '나'라는 이야기인가? 아니다. 고통과 질병, 노화현상이나 죽음은 원래부터 있던 것이 아니다. 인간은 하나님의 주권적인 통치를 받으며 지극히 행복한 상태로 하나님과 교제하면서 살도록 창조되었지만, 아담과 하와의 불순종으로 말미암아 문제가 생겨났다.

그들은 하나님으로부터 독립해 하나님처럼 되어 스스로 선과 악을 구별하겠다는 이기심과 교만함으로 "선악을 알게 하는 나무의 열매" (창 2:17)를 따 먹었다. 그러나 그들은 독립이 아니라 참 생명의 근원인 하나님과의 단절을 맛보게 되었다. 하나님과 단절된 인간이 선악에 관해 내린 잘못된 판단 탓에 온갖 재앙이 닥쳤다. 인간은 자기중심적으로 변했고 죄악의 종노릇하게 되었다. 그리고 하나님을 떠난 인간에게는 영적인 단절과 함께 육적인 죽음도 찾아왔다. 죄의 노예가 된 인간은 고통과 질병, 노화와 죽음의 위협 앞에 무력할 수밖에 없다. 인간은 더 이상 '살아 있는 생명'이 아니라 '죽어가는 생명'일 뿐이다.

사람은 누구나 태어나면 반드시 죽는다. 그리고 죽음은 모두에게 고통과 두려움의 대상이다. 그러나 기독교적인 세계관으로 볼 때, 죽음은 타 종교에서 말하듯이 '저세상으로 가는 과정'이나 '환생'의 과정이 아니다. 죽음은 인간에게 본래 의도되지 않았던, 외부에서 침입한 지독한 질병과 같은 현상이며 반드시 제거되어야 하는 대상이다.

부활, 죽음에 대한 치유

그렇다면 인류의 가장 무서운 질병인 이 죽음은 어떻게 치유될 수 있을까? 약을 쓰려면 먼저 질병의 원인을 알아야 한다. 단순하게 말하면, 죽음이라는 질병의 원인은 인간의 죄고, 약은 예수 그리스도의 십자가를 통한 속죄다. 그렇다면 부활은 치유된 상태라고 할 수 있다. 죄는 사탄 마귀라는 폭군이 죽음의 권세를 인간에게 휘두를 수 있는 근거다. 그래서 인간의 사망 문제를 해결하기 위해서는 죄의 문제가 먼저 해결되어야만 한다. 노예가 자유를 얻으려면 누군가 그 값을 치러야 하듯이 인간을 구원하기 위해서는 죄의 값이 속량되어야만 하는 것이다. 바로 이것이 예수 그리스도가 우리의 죄를 위하여 십자가에 못 박혀 돌아가신 이유다. 또한 예수님이 사망 권세를 이기시고 부활하신 것은 이 세상을 죽음이 없는 원래의 축복 상태로 되돌려놓기 위함이다. 부활은 예수님을 믿는 이들이 썩어가는 몸이 아닌 영원히 죽지 않는 참 생명의 몸을 다시 받는 '새 창조'의 과정이다. 모든 성도는 예수 그리스도를 믿고 따르기만 하면 하나님의 은혜로 죄 사함을 받고 부활에 참여할 수 있는 소망을 갖게 된다.

그래서 기독교의 부활은 '사후세계'로 가는 것이 아니라 본질적으로 '죽음 이전', 즉 창조 때 원래 의도된 상태로 돌아가는 것이다. 이는 하나님과의 단절로부터의 회복이요, '타락의 역전'을 통해 멸망과 불행, 그리고 비참함에서 영원불멸의 행복과 영광으로 나아가는 것이다(참고. 계 21:4). 그러나 이 회복은 처음보다 훨씬 좋은 상태로의 회복이다. 인간의 반역으로 인한 타락에서 돌이키는 변화를 거쳐 재창조된 세상에서는 다시 타락할 수 없기 때문이다. 창세기 1-2장이 창조의 시작을 말한다면 요한계시록의 새 하늘과 새 땅은 창조의 마지막 목적을 제시한다. 그렇다면 미래의 부활은 오늘을 살아가는 그리스도인들에게 어떤 의미가 있을까?

우리는 예수님의 부활을 보면서 '죽음은 극복될 수 있는 문제'라고 믿고 부활에 대한 소망을 갖게 된다. 그러나 그것뿐일까? 아니다! 우리에게 부활은 현재적인 의미가 있다. 지금 부활의 **새 생명**이 우리 안에 있기 때문이다(롬 6:4). 그리고 이 새 생명은 '죄의 용서'와 '죄를 이기는 능력'으로 나타난다. 일반적으로 우리는 죄의 용서를 더 많이 강조하는 편이지만, 죄의 완전한 해결을 위해서는 두 가지가 모두 중요하다. 용서만 받고 계속 죄를 짓는 삶은 죄가 근본적으로 해결되었다고 할 수 없기 때문이다.

그리스도의 십자가가 죄의 용서를 강조한다면, 그리스도의 부활은 새 사람이 되어 죄를 이기고 살 수 있는 하나님의 새 창조의 능력을 보여준다. 그리고 십자가의 죽음은 반드시 부활의 생명과 연결된다. 성도는 상징적으로 죽음을 의미하는 세례를 예수님의 이름으로 받은 사람이다(참고. 롬 6:4; 갈 3:27). 이는 우리가 이미 예수님의 죽음과 연합해 죄에 대한 심판을 받았음을 의미한다. 그러나 이 연합은 거기에서 멈추지 않고 예수님의 부활과 연합함으로 이어진다(롬 6:5). 이 연합의 목적은 우리가 "새 생명 가운데서 행하게 하려 함"(롬 6:4)이요, 죄의 종노릇을 그치게 하려 함이다(롬 6:6). 그래서 죄 사함을 받으려면 예수 그리스도의 죽음과 연합해야 하지만, 죄를 이기는 새 생명의 삶을 살려면 반드시 그리스도의 부활과 연합했다는 사실을 붙잡아야 한다. 성도들은 자신을 "죄에 대하여는 죽은 자요 그리스도 예수 안에서 하나님께 대하여는 살아 있는 자"(롬 6:11)라는 사실을 반드시 알아야—믿어야—한다.

우리가 옛 사람의 습관대로 죄를 지으려는 순간, "내 안에 옛 사람은 그리스도와 함께 죽었다. 그리고 내 안에 새 사람이 그리스도와 함께 부활하여 살아났다"는 사실을 마음속에 새기고 또 새기면서 이를 사실로 받아들이면, 우리 안에 죄의 욕망에 사로잡힌 옛 사람이 약해지고 하나님을 기쁘게 하는 부활의 새 생명이 점점 더 자라남을 경험할 것이다(엡 4:22-24; 골 3:9-10). 실제로 부활하신 그리스도를 굳게 붙잡는 성도는 이 세상에서 성령의 능력으로 몸의 행실을 죽이며 성령의 법을 따라 살아갈 수 있다(롬 8:2, 10-13).

부활과 하나님의 통치

그러나 이 부활의 새 생명은 단순히 우리만을 위한 것이 아니라 모든 피조물을 향한 하나님의 통치, 혹은 하나님의 나라로 연결된다. 왜냐하면 인간만이 아니라 인간의 타락으로 말미암아 파멸과 썩어짐의 종노릇하게 된 모든 피조물이 회복의 대상이기 때문이다(롬 8:19-22). 죄와 죽음의 종노릇으로부터의 해방은 인간의 영혼뿐만 아니라 사회·정치·경제·환경 등 모든 피조물의 영역에까지 적용되어야만 한다.

　　예수의 부활은 지금 이 세상 안에서 결코 시작될 수 없는 새로운 역사의 시작을 의미한다. 죽음을 극복하고 부활하신 그리스도로 말미암아 종말 이후의 실체가 이미 역사적으로 도래했다. 사망 권세가 지배하는 세상에서 예수님의 부활은 죄와 죽음이 없던 이전 상태로의 회복이 시작되었다는 사실에 대한 증거다. 미래가 지금 현재로 침투되어 '새 창조'가 시작되었기에 제자들은 용기를 가지고 "오직 예수 그리스도가 주님이시고 왕이시다"라고 고백하면서 세상을 뒤집어엎는 새 질서의 혁명을 시작할 수 있었다.

우리도 미래의 부활을 기다리면서 죄와 사망에 대한 승리자처럼 이 세상을 살아가야 한다. 아직 옛 구습을 좇는 옛 사람도 우리 안에 존재하지만, 우리는 그리스도 안에 있는 새로운 피조물로서 "의와 진리의 거룩함으로 지으심을 받은 새 사람"의 삶의 방식을 따라 살도록 노력해야만 한다(엡 4:22-24; 고후 5:17). 물론 이러한 방식의 삶을 사는 이들은 세상에서 많은 반대와 핍박을 받을 것이다. 그러나 그들은 복이 있는 자들이다. 하나님의 나라가 그들의 것이기 때문이다(마 5:10). 우리는 하나님의 통치를 개인의 삶이나 교회에만 국한해 생각하는 경향이 강하지만 성경은 그렇지 않다. 하나님은 그리스도를 "모든 통치자와 권세의 머리"(엡 1:21; 빌 2:9-11; 골 2:10)로 삼으셨다. 따라서 우리는 세상이 하나님의 뜻대로 통치되도록 노력해야만 한다.

우리는 단지 하나님의 통치에 순종할 뿐이다. 하나님의 뜻이 세상에 얼마만큼 구현될 것인가는 우리가 걱정할 부분이 아니다. 그것은 하나님이 이루실 몫이다. 즉 순종은 우리 몫이고 실현은 하나님의 몫이다(마 6:10). 우리가 기억해야 하는 것은 하나님의 통치에 순종하는 자와 불순종하는 자 모두가 마지막 부활의 때에 그리스도의 심판대 앞에서 자신들이 행한 것에 따른 응보를 받게 되리라는 사실이다(고전 15:58; 고후 5:9-10).

나가는 말

아담 안에서 인류는 모두 죽을 몸이 되었지만, 그리스도 안에서 우리는 모두 새 생명을 얻었다(롬 5:15). 이 생명은 창조의 영인 성령이 주신 생명이다. 이 생명은 지금 우리 안에서 자라나 죄를 이기고 하나님의 뜻을 행하는 거룩한 삶으로 나타난다. 그리고 그 마지막은 우리의 부활이다. 그래서 기독교에서 종말이란 끝이 아니라 목적지에 도착하는 순간이다. 우리가 영원한 새 몸을 입고 새 하늘과 새 땅에 들어가는 그때, 하나님의 최종적인 창조의 목적은 온전히 성취될 것이다. 우리는 이러한 하나님의 계획이 개인의 구원뿐만 아니라 모든 피조물을 대상으로 하는 하나님 나라를 위한 것임을 명심해야 한다.

예수 그리스도의 부활은 새 창조의 시작이었다. 부활의 생명을 지닌 우리는 세상이 하나님의 뜻대로 통치되는 새로운 질서를 확립해야 한다. 또한 타락으로 무너진 '하나님의 형상'을 성화의 삶을 통해 회복하고, 만물 위에 하나님의 주권이 회복되도록 힘써야 한다. 그럴 때 부활의 영, 새 창조의 영, 거듭남의 영, 진리의 영, 거룩의 영이신 성령이 우리를 도와주신다. 성령으로 말미암은 새 생명은 죄를 넉넉하게 이기고 하나님의 통치에 합당한 삶을 살게 하는 너무나 큰 은총임에 틀림없다.

26장

종말은 도대체
언제 오냐고?

종말하면 1992년 10월 28일 자정에 휴거(携擧)가 일어난다고 주장했던 다미선교회, 혹은 종말의 시간을 말하지는 않지만 14만 4천의 수가 채워져야 종말이 온다며 종말을 전도의(?) 도구로 삼는 신천지가 생각난다. 이렇게 이상한 종말론은 과연 이단들의 전유물일까? 솔직히 말하면, 정도의 차이가 있을 뿐, 성경적인 종말론이 아닌 이상한 단박 종말론은 보편적인 한국 교회에도 널리 퍼져 있다. 주변을 살펴보라. 예루살렘의 성전 재건에 촉각을 세우며 제사 제도에 필요한 레위족속을 포함한 이스라엘 열두 지파의 회복을 기대하는 시한부 종말론자를 찾기란 어렵지 않을 것이다. 이들은 지구는 둥그니까 예수님이 말씀하신 '땅 끝'이 다름 아닌 복음의 시작점, 예루살렘이라고 믿는다. 또 어떤 사람들은 현재 거의 모든 민족과 족속에게 복음이 전파되었기 때문에 예수님의 재림은 이제 시간 문제라고 생각한다.

신약성경에서 '땅 끝'은 무슨 뜻일까? 언어란 사전적 의미로 사용되지 않는 경우가 많다. 땅 끝이란 문자적으로 육지가 바다에 닿는 육지의 가장자리를 의미한다. 그러나 성경의 '땅 끝'은 해남의 땅끝 마을 같은 지리적인 땅끝이 아니다. 성경의 '땅 끝'은 '어디라도, 모든 곳에, 온 세상에', 즉 '모든 곳'의 비유적 표현으로 볼 수 있다. 우리말에서도 "지구 끝까지 쫓아가겠어!"란 온 세상 어디라도 쫓아가겠다는 말이다. 즉 사도행전에서 "너희가 권능을 받고 예루살렘과 온 유대와 사마리아와 땅 끝까지 이르러 내 증인이 되리라"(행 1:8)라고 할 때 이는 복음이 온 세상에 확산되어야 한다는 말이지 결코 어떤 지역을 규정하는 말이 아니다. 따라서 우리는 이 명령을 실천하기 위해 지리적으로 특정한 땅 끝을 찾을 필요는 없다. 마찬가지로 성경의 '모든 민족과 족속'이란 표현도 은유적 표현으로 볼 수 있다. 일부 몰지각한 선교단체에서는 문자적으로 모든 민족과 족속에게 복음이 전해질 때 예수님의 재림이 올 것처럼 주장한다. 그러나 '모든 민족과 족속'이란 '온 인류', '세상 모든 사람'을 의미하는 고대 집단주의 사회의 표현이었다. 결론적으로 우리는 복음을 온 세상 누구에게나 전하면 된다.

사실, 초대교회 당시에는 재림을 위한 선교 명령의 충분조건이 이미 채워졌다고 믿었기 때문에 예수님의 재림은 언제라도 가능하다고 믿었다. 이는 그들이 땅 끝과 만민을 문자적으로 이해하지 않았다는 점을 분명히 한다. 땅 끝까지, 그리고 모든 민족에게 복음을 전파하는 사명은 초대교회의 성도들에겐 어처구니없는 문자적 의미가 아니라, 단순히 복음전파의 사명을 의미했기 때문이다. 즉 이는 자기가 처한 상황에서 온 힘을 다해 언제 어디서라도 복음전파에 힘쓰라는 말이었지 문자적·지리적·문화인류학적으로 해석할 표현이 절대 아니었다는 말이다. 지리적으로 본다면 땅 끝은 모든 대륙의 테두리 지역이 될 것이다. 그러나 땅끝 마을 해남의 복음전파가 재림의 조건은 아니다. 복음을 땅 끝까지 전하라는 사명은 더는 나아갈 수 없는 마지막 장소까지 온 힘을 다해 복음을 전하라는 은유적 명령이다. 성경은 마찬가지로 문화인류학적인 구분을 염두에 두고 민족과 족속이란 표현을 쓴 것이 아니다. 이는 단순히 복음을 모르는 모든 사람에게 복음을 전해야 하는 우리의 사명을 확인시켜준다.

성경적 종말의 의미

종말로 번역된 헬라어 '에스카토스'(ἔσχατος)의 문자적인 의미는 마지막이다. 사람들은 종종 이 의미 때문에 성경의 종말론을 '마지막 일들에 관한 교리'로 이해한다. 그러나 종말론의 핵심은 시한부 종말론자들이 매달리는, 마지막 때에 일어날 일들에 대한 예고가 절대 아니다. 정말 수백 번이라도 강조하고 싶은 말이다! 성경의 종말론은 '텔로스'(τέλος), 즉 창조의 **목적**에 관한 신학적인 교훈이다. 즉 "하나님의 창조 질서 안에서, 그리고 그 창조 질서를 위한 하나님의 적극적인 언약적 신실함으로 진행되는 방향과 목표"에 관한 것이다.[1)]

다시 한 번 강조하지만, 종말론은—비록 상응하는 측면이 있다 해도—몇 년도 몇 월 같은 시점을 상정하는, 마지막 때에 일어날 사건을 다루는 교리가 아니다. 성경의 종말론은 현재의 역경과 계속 다가오는 고난으로 말미암아 미래에 대한 불안감에 사로잡힐 수밖에 없는 연약한 하나님의 백성에게 하나님이 앞으로 어떻게 역사하실 것인가를 보여주고, 불안함과 두려움 없이 신앙생활을 할 수 있도록 하나님의 최후 승리를 확인시켜주는 역할을 한다. 즉 종말론은 하나님의 목적은 선하고 그 목적은 반드시 완성된다는 신학이다. 따라서 종말론은 미래에 관한 실마리가 아니라 지금 여기에서 신실하게 살 수 있는 이유를 알게 해준다. 아무리 힘들고 희망이 없어 보여도 우리가 하나님 나라의 백성으로서 신실하고 충성스럽게 살 수 있는 이유는 하나님 나라의 궁극적인 승리가 보장되어 있기 때문이다. 성경의 종말론은 바로 그 이야기를 하는 것이다.

구약에서 종말론은 타락 이후의 비극(창 3:14-19)으로 인해 생겨났다. 구약의 종말론은 모든 관계가 불화하게 된 창조 세계의 회복에 대한 기대를 반영한다. 사실, 하나님의 보호하시려는 의지는 인간이 만든 재앙 가운데서도 드러난다(창 3:21). 하나님은 타락한 인간에게 선한 목적과 궁극적인 승리를 약속하셨다(창 3:15). 역사의 진행과 함께 세상을 구원하시고자 하는 하나님의 목적은 노아와의 언약을 통해(창 8:21; 9:11-17), 아브라함과의 언약을 통해(창 12:1-3; 15장), 이스라엘 민족을 선택하여 제사장 나라와 거룩한 백성으로 삼으시고(출 19:3-6), 다윗 왕조를 세우심을 통해(삼하 7:14-16) 이루어져 왔다. 하나님의 목적은 바벨론 포로기와 그 이후의 험난한 역사에서도 항상 이스라엘의 소망의 근거였다(사 40-46장). 그것은 바로 하나님이 자기 백성을 구원하시겠다는 약속(겔 34:12-16)과 다윗의 보좌가 회복되어 평화의 나라가 도래할 것이라는 예언 때문이었다(사 9:6-7; 11:1-10). 특히 예레미야의 새 언약에 대한 희망(렘 31:33)과 이스라엘 백성의 마음에 성령이 거하게 되고(겔 36:26-28; 37:23-14) 모든 육체에 성령이 부어질 것이라는 소망(욜 2:28-29)은 점점 깊어져 갔다. 그 소망이 성취되면 새 하늘과 새 땅이 창조되고(사 65:17-18; 66:22), 모든 사람이 하나님을 예배할 것이다(사 66:23; 미 4:2-4). 이처럼 낙원 에덴이 회복되고 창조의 목적이 완성되는 것, 이것이 구약이 내다보았던 종말의 모습이다.

그러나 예수님의 십자가와 부활 사건 이후, 종말은 앞으로 다가올 미래의 일이 아니다. 신약의 종말론은 언제나 현재진행형이다. 종말은 타락한 피조물을 향한 하나님의 원래 선한 목적이 십자가를 통해 회복되는 전 과정을 가리키기 때문이다. 그래서 우리는 이미 완성을 향해 나아가는 종말에 살고 있다. 예수 그리스도를 통해 하나님 나라가 임했고, 성령을 통한 새 창조의 역사가 이미 시작되었다(눅 1:35; 창 1:2). 하나님 나라가 임했다는 말은 이미 종말이—하나님의 목적 성취가—시작되었다는 말이다(막 1:14-15).

종말의 날은 심판만이 아니라 구원의 날이다. 그래서 초대교회는 예수 그리스도의 부활이 바로 종말의 시작임을 확신했다. 예수님은 부활의 첫 열매다(고전 15:20). 따라서 예수님을 따르는 성도들은 모두 '몸의 속량'인 부활을 경험하게 될 것이다(롬 8:23). 그뿐 아니라 모든 피조물도 파멸과 썩어짐으로부터 해방될 것이다(롬 8:19-21). 바울에게 예수 그리스도의 부활은 새 창조가 시작된 증거로서 이제 그리스도 안에 있는 자들은 모두 새로운 피조물이다(고후 5:17). 그리스도로 말미암아 새 시대, 새 창조의 시간인 종말이 시작된 것이다. 물론 새 창조의 완성은 아직 미래의 소망으로 남아 있다(롬 8:19-21).

오순절 성령의 임재가 바로 '말세'가 도래한 증거다(행 2:16-17). 사회·문화·정치를 포함한 모든 삶의 분야에서, 성령의 능력을 받은 그리스도인의 영적 전투와 선교는(엡 6:12-13) 하나님이 계획하신 마지막 완성을 앞당길 것이다(벧후 3:11-13). 하나님의 목적은 제자들의 사역을 통해 완성된다(마 28:16-20). 그러나 마지막 때에 하나님의 선한 목적이 완성되어갈수록 마귀, 사탄, 종말론적 대적자인 적그리스도는 선을 빙자하여 사람들을 유혹하며 하나님의 뜻에 거세게 저항해 승리하는 것처럼 보일 것이다.

이때를 내다보는 복음서와 요한계시록에 언급된 이미지들은 전쟁과 폭력, 기근, 박해, 고난, 배교를 암시한다. 여기에서 이미지로 이루어진 하늘의 징조들과 땅의 대재앙들은 유대 문화에서 익숙한 묵시문학의 상징들이다. 이것은 절대 교회사에서 일어난, 혹은 일어날 특정 사건에 대한 예고가 아니다. 이 이미지들은 하나님의 백성에 대한 핍박, 세상이 승리할 것처럼 보이는 암울한 현실, 하나님의 궁극적 승리를 묘사하는 강력한 '그림 언어'다.

따라서 마지막 때는 이미 2천 년 전부터 시작되었고, 적그리스도는 이미 그때부터 활동하던 모든 영적 세력들이다.

아이들아 지금은 마지막 때라 적그리스도가 오리라는 말을 너희가 들은 것과 같이 지금도 많은 적그리스도가 일어났으니 그러므로 우리가 마지막 때인 줄 아노라(요일 2:18).

제발 몇 년도 며칠이 종말의 때라는 시한부 종말론은 거부하길 바란다. 마지막 때는 이미 2천 년 전에 시작되었다. 다시 말하거니와 종말론은 마지막 때에 대한 교리가 결코 아니다!

하나님의 완벽한 승리에 대한 희망은 그리스도 때문이다. 그리스도 안에서 모든 것이 통일될 것이다(엡 1:20-22). 그리고 하나님은 창조의 목적에 어긋난 모든 행동을 심판하실 것이다. 그런데 그리스도 안에 있는 자들은 이미 죄와 사망의 법에서 벗어나 성령을 통한 새 창조, 새 생명에 거한다(요 5:24; 행 2:33-38; 롬 8:1-3). 종말은 그리스도 안에서 하나님의 승리로 완성된다(고전 15:28). 종말은 끝이 아니라 새 하늘 새 땅의 완성이다(계 21장). 즉 종말의 목표는 새 창조인 것이다.[2]

다시 한 번 말하지만 기독교 종말론의 핵심은 다미선교회, 안상홍 증인회, 신천지와 같은 이단들의 '시한부 종말론'이나 과학자들이 보는 '지구 종말론', 세간에 떠돌던 '마야의 2012 종말론'과 같이 인류 역사의 마지막에 일어날 사건이나 우주의 마지막에 대한 가르침이 아니다. 정말 안타까운 것은 상당히 많은 그리스도인이 날짜만 확신하지 않을 뿐, 시한부 종말론을 믿고 있다는 사실이다. 물론 모든 것의 마지막은 있다. 그러나 '종말', '말세', '마지막 때'의 의미는 예수의 부활로 시작된 새 창조의 모든 기간이다. 우리는 반드시 이루어질 약속된 완성의 소망 가운데 현재적 종말의 시간을 살아내야 한다.

하나님의 목적이 완성되는 마지막인 '그날과 그때'는 아무에게도 계시되지 않는다(막 13:32). 백투예루살렘 운동, 신사도 운동, 시한부 종말론이 기대하는 이스라엘의 회복도 우리가 관심을 둘 필요가 없다(행 1:7). 성경은 어떤 역사적인 사건들이 발생할 것인가에 관한 세부적이고 체계적인 관심을 버리라고 말씀한다. 중요한 것은 항상 깨어 있는 삶, 늘 충성스러운 삶이다(눅 12:37; 계 16:15).

성경의 종말은 세상에 악이 흥왕해도 성도들로 하여금 불안에서 벗어나 감사하며 살 수 있게 해주는 미래에서 온 소망이다. 우리는 이미 이겨놓은 싸움을 하고 있다. 지금까지 많은 사람이 세상의 역사적 종말보다 죽음을 통한 개인의 종말을 먼저 맞이하며 살아왔다. 우리도 개인의 종말을 항상 염두에 두어야 한다(눅 12:16-21). 충성스러운 자만이 역사적 종말과 개인적 종말 모두에 올바르게 반응할 수 있다.

신약성경은 당시 사람들의 시한부 종말론적 관심을 종말론의 신학으로 바꾸어냈다. 신약성경의 저자들은 시한부 종말론의 비현실적 기대와 실망, 지연되는 종말에 대한 피로감을 뒤로하고 종말론의 신학으로 돌아갈 것을 강조한다. 그것은 지금 이 순간 처한 상황에서 충성스러운 삶에 대한 강조다. 역사적 승리가 확정됨으로 주어지는 혜택은 오직 지금 충성스러운 자에게만 주어지기 때문이다. 지금 세상이 말세란 말은 맞는 말이다. 그러나 2천 년 전의 교인들에게도 세상은 말세였고, 적그리스도도 이미 많이 나타났었다. 제발 종말이나 말세라는 말을 바로 알고 쓰자!

예수님이 언제, 어떻게 오실지는 우리가 알 바 아니다. 사도행전

1:7이 말하듯, 때와 시기는 하나님이 자기의 권한에 두셨기 때문이다. 그것은 어디까지나 하나님의 소관이다. 그러나 우리는 마라나타, 주님이 어서 오시기를 기도해야 한다. 초대교인들도 고달픈 세상을 살면서 주님의 재림과 심판을 통한 하나님 나라의 완성과 악의 완전한 소멸을 학수고대했다. 그러나 그들은 현재의 충성스러운 삶에 힘썼다. 그들처럼 우리도 오늘 충성스러운 삶을 살자.

말씀으로 돌아가자

교육 수준이 높은 나라 중 유독 우리나라 사람들만 '오직 성경'을 외치면서도 성경을 잘 모른다. 어렵고 난해한 수준의 신학을 말하는 것이 아니다. 기본적인 국어 실력이면 성경을 읽을 수 있는데도 기존의 자기 생각과 다른 가르침은 받아들이지 않으려고 하는 사람이 많다. 왜 그럴까? 우리나라 사람들이 신앙의 열정에 비해 성경을 잘 안 읽고, 읽어도 내용 파악에 약한 이유는 무엇일까?

젊은 층이 성경에 무심한 주요 이유 중 하나는 분명히 대부분의 교회에서 사용하는 개역한글 성경에—개역개정 성경도 마찬가지—있다. 개역한글 성경은 1938년에 출판된 성경전서 개역판을 일부 새롭게 번역하고 한글맞춤법통일안에 맞추어 개정한 것이다. 그리고 개역개정 성경은 난해한 한자를 지양하고, 새로운 맞춤법을 적용하는 차원에서 1998년에 만들어졌다.

그러나 이 두 성경은 숙달되지 않으면 술술 읽기조차 어렵다. 이런 난해성은 형식 일치를 중시하는 직역 중심의 번역에 그 원인이 있다. 직역에 치중하다 보니 어떤 때는 한글이라고 보기 어려울 정도로 표현이 어색하다. 몇몇 사람들은 영어를 잘 못해도 영어로 성경을 읽을 때 더 이해가 잘 된다고 할 정도다.

청소년이나 젊은 층만 성경을 난해하게 느끼는 것이 아니다. 대학까지 나오신 어떤 장로님이 한글 성경은 읽어도 무슨 말인지 모르겠다고 하신 말씀이 기억난다. 성경을 잘 몰라서 걱정하시던 그 장로님에게 나는 그나마 읽기 쉬운 공동번역 성경을 추천해드렸다. 그 장로님은 처음에는 가톨릭에서 사용하는 성경이라고 주저하셨지만 구입해서 읽기 시작하시고는 성경 읽는 재미에 푹 빠지셨다. 내용이 파악되니 하루에도 수십 장씩 재미있게 읽을 수 있다고 하셨다. 그간 마음이 없어서 안 읽으신 것이 아니라 개역성경의 문체가 너무 어려워 못 읽으신 것이었다. 이에 대해 기독교가 일부러 성경을 난해하게 만들어 보통사람들이 이해하지 못하게 한 것 같아 짜증이 난다는 사람도 있다. 물론 읽기 어려운 성경을 통해서도 하나님의 은혜가 임할 수 있다. 그러나 성경을 읽기 쉽게 만든다면 많은 사람이 겪는 성경 난독증의 문제는 대부분 해결될 것이다.

공동번역 성경의 제작에 참여한 한 가톨릭 신부는 다음과 같은 말을 했다고 한다. "이제 하느님도 한국말을 제대로 하시게 되었군. 하느님도 우리말을 제대로 하시는 데 이르기까지 이백 년이 걸렸으니, 우리말은 어지간히 어려운 말이군요." 우리는 성경의 권위를 세우기 위한 번역으로 직역이 가장 좋은 답인지 다시 생각해보아야 한다. 물론 의역에는 개인의 신학적 해석이 반영된다. 그러나 직역이라고 꼭 좋은 번역은 아니다. 성경의 언어인 히브리어, 아람어, 헬라어의 어법과 표현 방식은 우리의 방식과 다르기 때문이다.

예를 들어보자. 고대 히브리 문화에서는 자식이 부모를 떠날 때 입을 맞추고 목을 껴안지만, 우리나라에서는 큰절을 올린다. 열왕기상 19:20을 보면 엘리야가 엘리사를 불렀을 때, 엘리사는 "청하건대 나를 내 부모와 입맞추게 하소서 그리한 후에 내가 당신을 따르리이다"라고 한다. 내용은 파악할 수 있어도 느낌이 마음에 와 닿지 않는 이유가 있다. 우리는 부모와 작별할 때 부모와 입맞춤을 하지는 않기 때문이다.

또 다른 예로, 요나서에 등장하는 뱃사공들은 거센 풍랑으로 요나를 바다에 던지기 전에 "무죄한 피를 우리에게 돌리지 마옵소서"라고 부르짖는다(욘 1:14). 도대체 이 말은 무슨 뜻일까? 풍랑 때문에 어쩔 수 없이 요나를 바다에 던지는 것이니 자신들을 벌하지 말아달라고 기도한 것이다. 이처럼 직역을 중시하는 번역은 때로 이해하기 어려운, 혹은 전혀 엉뚱한 표현을 사용한다.

어떤 때는 본문을 직역하면서 필요한 부연 설명을 하지 않아 오해를 불러일으키는 경우도 있다.

> 이에 왕이 제사하러 기브온으로 가니 거기는 산당이 큼이라 솔로몬이 그 제단에 일천 번제를 드렸더니(왕상 3:4).

많은 사람이 이 본문을 해석할 때 솔로몬이 번제를 천 번 드린 것으로 생각한다. 일부 교회에서 일천 번제를 드린다며 천 번의 헌금을 하게 하는 경우도 있다. 그러나 이는 천 마리나 되는 제물을 한 번에 바쳤다는 뜻이다. 또한 여기에서 천이라는 숫자는 문자적인 의미가 아니라 많은 수의 상징으로 쓰였을 가능성이 높다.

부끄러운 과거지만, 나는 중학생 때까지 예수님이 우리를 구속하셨다는 말이 경찰이 범죄자를 구속했다는 의미와 같다고 이해했다. 그리고 어머니에게 반말을 하는 예수님이 이상하다고 생각했다. 정말 웃음이 나온다. 도대체 이런 문제들을 어디에서부터 해결해야 할까?

말씀으로 돌아가기 위해서

한국 교회가 말씀으로 돌아가기 위해서는 첫째, 이해하기 쉽게 번역된 성경의 대중화가 필요하다. 이는 쉬운 이야기가 아니다. 성경은 어려워야 한다는 뿌리 깊은 관념 때문이다. 우리의 역사를 뒤돌아보면, 경서(經書)를 언문으로 번역하는 것에 대해 조선의 유학자들이 극렬하게 반대했던 것을 알 수 있다. 이는 경서를 함부로 해석할 위험에 대한 부담을 느꼈기 때문이다. 또한 뜻을 이해하기 어려워야 깊고, 경이롭고, 묵직한 공부가 된다고 믿었기 때문이다. 이처럼 권위주의적인 우리나라의 문화와 정서를 고려할 때, 많은 교회가 사용하는 개역 성경을 대치하기란 쉽지 않을 것이다.

둘째, 말씀으로 돌아가기 위해서는 성서신학과 조직신학의 관계를 명확하게 해야 한다. 조직신학과 성서신학의 정당성은 모두 성경의 권위에 근거한다. 성경 본문에 충실하고자 하는 성서신학은 다양한 본문의 의미를 파악하기 위해 노력한다. 반면 조직신학은 성경에서 발견해낸 내용을 조직화·체계화하는 학문이다. 그러나 현실적으로 이 둘의 관계에는 심각한 문제가 존재한다. 우선, 조직신학은 성서신학에 비해 과거 전통의 영향을 많이 받는다. 또한 조직신학이 추구하는 배열과 구조는 성서신학의 분석과 일치하지 않을 때가 많다.

성서신학은 성경 본문의 주해를 걸쳐 만들어지고 조직신학은 성서신학을 교량 삼아 형성된다. 그리고 조직신학은 다시 성서신학에 영향을 준다. 또한 조직신학은 기독교 세계관의 기틀이 되어서 타 학문에 영향을 주고 대화의 문을 열어준다. 조직신학은 현대사회에 참으로 필요한 학문으로서, 신학의 정점이라고 할 수 있다. 그러나 조직신학과 성서신학은 모두 절대적이거나 완벽한 것은 아니며 끊임없이 수정·보완해야 하는 과정에 있다.

역사 속에서 조직신학은 성경에 대한 충실성과 거리가 먼 경우가 많았다. 교회의 전통과 이성적 사유에서 유추한 개념들이 성경의 목소리를 덮어버렸기 때문이다. 성서신학자들은 "성경 전체를 아우르는 조직신학이 가능할까?"라는 질문에 회의적이기 쉽다. 다양한 본문들을 살피다 보면 성경 자체에서 모순을 발견하기 때문이다.

그럼에도 불구하고 우리는 우선 성경 본문이 무엇을 말하는가에 귀를 기울여야 한다. 성경의 다양성을 그 자체로 충분히 연구하다 보면 결국 심층적인 통일성의 가닥이 잡히기 때문이다. 일부 모순을 발견하더라도 그것은 특정 본문의 특수한 상황 때문이다. 오히려 그런 모순들은 특수한 상황에 맞는 매우 귀한 메시지를 우리에게 전해 준다.

미국 디트로이트 한인장로교회의 담임 목사이면서 신약학자인 유승원 박사는 조직신학의 문제점에 대해 다음과 같이 지적했다.

조직신학자에게는 불쾌하게 들릴 수 있지만 조직신학, 즉 dogmatic theology는 자신들의 주장과는 달리, 다들 인간의 체계적 이해를 시도할 때 성경에 빠진 고리를 성경을 넘어서 이성적 추론, 역사적 교회의 경험, 자신이 속한 교단의 주장, 개인의 체험적 신앙 등을 통해 '조직화'한 산물입니다. 그래서 대부분 모든 조직신학은 스스로 '성서적'이라 하면서 정작 성경을 '프루프텍스트'(proof-text)하여 '이용하는' 경향이 있습니다. 이것을 인정하지 않으려 할 경우 '조직신학'을 하나님의 계시와 동일시하는 아주 위험한 교만과 오류에 빠지게 됩니다. 반면 성서신학(성서학)은 어떻게 해서든 성경 텍스트(text)가 의도했던 바를 정직하게 과학적으로 재구성하려는 철저한 '국어 공부'입니다. 그래서 성경의 텍스트에 정직하다 보면, 빠진 고리를 그냥 빠진 고리로 받아들입니다. 또한 성경의 역사서, 복음서, 편지, 시편 중, 논리적으로 빠진 고리가 없는 '조직신학'을 의도한 '조직신학적' 글은 하나도 없습니다. 즉 모든 성경의 문서들은 대체적으로 '비조직적'입니다. 모순처럼 보이는 것도 있습니다. 성서학은 그것을 그대로 읽는 일에 치중합니다. 성서신학의 결과가 조직신학과 다른 것은 너무 당연합니다. 그렇기 때문에 조직신학자가 조직신학의 잣대로 성서학의 결과를 비판할 때, 아주 자주 '양쪽이 합의한 전제' 없이 각자의 전제로 상대의 전제를 모르고 이야기함으로써 겉도는 대화가 되는 경우가 많습니다. 참고로 저는 성서학자입니다.[1]

말씀으로 돌아가자는 말이 꼭 올바른 지식을 추구하자는 뜻은 아니다. 신학 연구를 하면 할수록 느끼는 것은 지식의 공허함이다. 전도서 12:12에서 지혜자가 경계하는 것처럼 "많은 책들을 짓는 것은 끝이 없고 많이 공부하는 것은 몸을 피곤하게" 할 뿐이다. 결국, 지식이 목적이 될 수는 없다. 그렇다면 진짜 목적은 무엇일까?

> 1내가 사람의 방언과 천사의 말을 할지라도 사랑이 없으면 소리 나는 구리와 울리는 꽹과리가 되고 2내가 예언하는 능력이 있어 모든 비밀과 모든 지식을 알고 또 산을 옮길 만한 모든 믿음이 있을지라도 사랑이 없으면 내가 아무 것도 아니요 3내가 내게 있는 모든 것으로 구제하고 또 내 몸을 불사르게 내줄지라도 사랑이 없으면 내게 아무 유익이 없느니라(고전 13:1-3).

지식의 목적과 완성은 사랑이다. 옛사람의 에고(ego)가 강한 사람의 행동은 아무리 올바르고 높은 성경 지식에 기반하고 성인에 가까운 이타적인 헌신으로 나타나도 결국 옛사람의 '자랑질'일 뿐이다. 사랑은 올바른 방향성을 제시한다. 하나님의 사랑을 진실로 경험하는 사람은 자기가 아닌 **남에 대한 사랑**을 우선한다. 이것은 인격수양으로 될 일이 아니다. 올바른 방향 안에서 지속적인 기도와 찬양, 말씀 묵상 등을 통한 영적 체험으로만 얻을 수 있는 유익이다.

그래서 말씀으로 돌아가기 위해서는 셋째, 지각을 넘어서시는 성령님이 우리의 영안을 열어주심을 체험해야 한다. 그분 앞에서는 모든 지식과 지혜도 멈출 수밖에 없다. 나의 믿음도, 나의 헌신도 사라진다. 깊은 기도 안에서 우리는 이해를 넘어선 신비 안에 계시는 하나님을 만날 수 있다. 그 신비함 속에서 모든 불안과 의심은 사라지고, 오직 포근한 안식과 신뢰만 남을 뿐이다. 그런 만남 속에서 우리는 그분이 나의 하나님, 나의 주님이시라는 고백을 저절로 하게 된다. 성령의 역사 없이는 성경도 그저 죽은 말씀일 뿐이다.

올바른 성경 해석, 그리고 기도로 깨어 있어 그 말씀을 살아 있는 생명으로 역사하게 하는 일! 그것이 우리가 할 일이요, 누릴 수 있는 가장 큰 축복이다.

많은 사람이 말씀으로 돌아가는 일에
이 책이 작은 몫을 하기를 기도하며

상계동에서
이민규

들어가는 말: 말씀만이 살길이다

1) 유승원, "길이 막히면⋯로마서를 쓰라", 디트로이트 연합한인장로교회 홈페이지에서 인용〈http://kpcmd.org/KPCMD3.0/bbs/board.php?bo_table=KPCMD_twitter&wr_id=30〉(2013.12.12).

1부. 성경에 대한 오해와 진실

2장. 어린아이 같아야 천국에 들어간다고?

1) 이 장은 이민규, "하나님나라는 어린아이와 같은 자들의 것?", 「뉴스앤조이」(2012. 2.12)의 내용을 수정·보완한 것이다〈http://www.newsnjoy.or.kr/news/articleView.html?idxno=192714〉(2013.11.30).

2) 예를 들어, Vincent Taylor, *The Gospel According to St. Mark* (London: Macmillan & Co. 1955), 412-422.

3) D. E. Nineham, *Saint Mark* (Baltimore: Penguin, 1963), 268.

3장. 베드로가 천국의 문지기라고?

1) 여기에서 서기관은 옛것(구약성경, 과거의 시대)과 새것(예수로 계시된 복음, 새로운 시대)의 단절과 연속을 잘 해석하는 율법사를 의미할 가능성이 크다.

1) 이 장은 이민규, "성경은 지옥에 관하여 무엇이라 하는가?", 「일립논총」 봄호(2014) 의 내용을 수정·보완한 것이다.

2) H. Berkhof, *Christian Faith: An Introduction to the Study of Faith* (Grand Rapids: Eerdmans, 1990), 535; Wilko van Holten, "Can the traditional view of hell be defended? An evaluation of some arguments for eternal punishment false," *Anglican Theological Review* 85.3(Summer, 2003), 457.

3) J. Corabi, "Hell and character," *Religious Studies* 47.2(June, 2011), 233; Stanley Grenz, "Is hell forever?," *Christianity Today* 42.11(October 5, 1998), 92.

4) J. L. Kvanvig, *The Problem of Hell* (New York: Oxford University Press, 1993), 55–60.

5) 이 문제에 관하여는 J. L. Kvanvig, *The Problem of Hell*, 55–60을 보라.

6) 지옥에 관한 긍정적 입장은 Wilko van Holten, "Hell and the Goodness of God," *Religious Studies* 35(1999), 37–55; "Eschatology with a Vengeance: Hell as the Greatest Conceivable Evil," *in* David Fergusson and Marcel Sarot(eds.), *The Future as God's Gift: Explorations in Christian Theology* (Edinburgh: T&T Clark, 2000), 181–188을 보라.

7) Church of England, Doctrine Commission, *The Mystery of Salvation: The Story of God's Gift: A Report by the Doctrine Commission of the Church of England* (London: Church House Publishing, 1996), 199.

8) John F. Walvoord, "The Literal View," *in* William V. Crockett(ed.), *Four Views on Hell* (Grand Rapids: Zondervan, 1992), 11–29; David G. Moore, *The Battle for Hell: A Survey and Evaluation of Evangelicals' Growing Attraction to the Doctrine of Annihilationism* (Lahan: University Press of America, 1995); Robert A. Peterson, *Hell on Trial: The Case for Eternal Punishment* (Phillipsburg: P&R Publishing, 1995).

9) 영혼소멸설과 전통적인 지옥에 관한 문제에 관하여는 Shawn Bawulski, "Annihilation-ism, Traditionalism, and the Problem of Hell," *PhC* 12(2010), 61–79. 특히 73–78 를 참고하라.

10) Jan Bonda, *The One Purpose of God: An Answer to the Doctrine of Eternal Punishment* (Grand Rapids: Eerdmans, 1998), 304.

11) Alan E. Bernstein, *The Formation of Hell: Death and Retribution in the Ancient and Early Christian Worlds* (Ithaca: Cornell University Press, 1996).

12) David Burge, "Four Views of Hell Review and Summary"〈http://www.afterlife. co.nz/2010/book-review/four-views-of-hell-review/〉(2013.11.30); 만인구원설을

주장하는 탈봇의 견해에 관한 설득력 있는 비판은 Jerry La Walls, "Hell of a choice: Reply to Talbot," *Religious Studies* 40.2(June, 2004), 203-216를 참고하라.

13) Alan E. Bernstein, *The Formation of Hell: Death and Retribution in the Ancient and the Early Christian Worlds* (London: UCL Press, 1993), 138-140; Nicholas J. Tromp, *Primitive Conceptions of Death and the Nether World in the Old Testament* (Rome: Pontifical Biblical Institute, 1969).

14) Robert Rainwater, "Sheol," *in* Watson E. Mills(ed.), *Mercer Dictionary of the Bible* (Macon: Mercer University Press, 1990).

15) 구약에서 사후 세계의 가능성에 관하여는 James Barr, *The Garden of Eden and the Hope of Immortality* (London: SCM Press, 1992), 28-33; Philip S. Johnston, *Shades of Sheol: Death and Afterlife in the Old Testament* (Nottingham: IVP, 2002); P. Johnston, "Left in Hell? Psalm 16, Sheol, and the Holy One," in P. E. Satterthwaite et al.(eds.), *The Lord's Anointed: Interpretation of Old Testament Messianic Texts* (Carlisle: Paternoster, 1995), 213-222를 참고하라.

16) Apoc. Zeph. 10:3-14.

17) 에녹1서 22:11; 27:3; 91:9.

18) Sibylline Oracles 2:227-30; 4 Ezra 4:42; Pseudo-Phoc. 112-14; b. Yebam. 17a.

19) Apoc. Ap. 15:6; Sibylline Oracles 1:100-103; 2:292-310.

20) 『유대전쟁사』, 2.163; 3:374-375; 『유대고대사』, 18.14; Sibylline Oracles 2:292-310.

21) b. B. Bat. 79a.

22) m. 'Abot 1:5.

23) m. Ed. 2:10.

24) b. B. Mes. 58b.

25) Phil Jacobs, "There's No Place Like Hell," *Baltimore Jewish Times* 292.6 (October 6, 2006), 56-60.

26) "Gehenna"〈http://www.jewishencyclopedia.com/articles/6558-gehenna〉 (2013.11.30).

27) 그 외에 에녹1서 22장은 하데스에 악인과 의인이 구분된 구역이 있다고 말한다.

28) Douglas J. Moo, "The doctrine of hell as found in Paul's letters," *in* Chris Morgan and Robert Peterson(eds.), *Hell under Fire* (Grand Rapids: Zondervan, 2004), 91-109.

29) Grant LeMarquand "The Hell You Say: Salvation and the Final Judgment," *Anglican Theological Review* 95.1(Winter, 2013), 99-113.

30) Gina M. Sully, "Omnibenevolence and Eternal Damnation," *Sophia* 44.2

(October, 2005), 7-22.

31) E. E. Ellis, "The New Testament Teaching on Hell" *in* K. E. Brower and M. W. Elliott(eds.), *The Reader Must Understand*, 216.

32) J. W. Wenham, *Facing Hell* (Carlisle: Paternoster Press, 1998).

33) E. W. Fudge & R. A. Peterson, *Two Views of Hell: A biblical and theological dialog* (Downers Grove: InterVarsity Press, 2000).

34) B. A. Robinson, "Is Hell eternal?: Biblical Support for the Concept of annihilationism"〈http://www.religioustolerance.org/hel_etera.htm〉(2013. 11.30).

35) C. S. 루이스, 『천국과 지옥의 이혼』(김선형 역, 홍성사, 2003).

36) 톰 라이트, 『마침내 드러난 하나님 나라』(양혜원 역, 한국기독학생회출판부, 2009).

37) 톰 라이트의 요약적인 발표는 "What Is Hell Like? Does It Even Exist? NT Wright on 100 Huntley Street"라는 제목의 동영상을 참고하라〈http://www.youtube.com/watch?v=vggzqXzEvZ0〉(2013.11.30).

38) 톰 라이트, 『마침내 드러난 하나님 나라』, 285-286.

39) Phil Jacobs, "There's No Place Like Hell false," 56.

40) 톰 라이트, 『마침내 드러난 하나님 나라』, 281-282.

41) J. Grenz Stanley, "Is hell forever?," 92.

6장. 아가페가 신적 사랑이라고?

1) 이 장은 이민규, "아가페는 진짜 신적 사랑일까요", 「뉴스앤조이」(2012.9.28)의 내용을 수정·보완한 것이다〈http://www.newsnjoy.or.kr/news/articleView.html?idxno=192181〉(2013.11.30).

2) Robert Joly, *Le vocabulaire chrétien de l'amour, est-il original? Φιλειν et Ἀγαπαν dans le grec antique* (Presses Universitaires de Bruxelles, 1968); D. A. Carson, *The Gospel According to John* (Grand Rapids: Eerdmans, 1991), 676; cf. D. A. Carson, *Exegetical Fallacies* (Grand Rapids: Baker, 1984), 51-54.

3) Robert Joly, James Barr, C. F. D. Moule 등; D. A. Carson, *The Gospel According to John*, 676; 참고. D. A. Carson, *Exegetical Fallacies*, 51-54.

7장. 우리 아빠가 누군지 아냐고?

1) 이 장은 이민규, "'아빠(abba) 아버지' 의미에 대한 오해 풀기", 「뉴스앤조이」(2012.10.19)의 내용을 수정·보완한 것이다〈http://www.newsnjoy.or.kr/news/articleView.html?idxno=192355〉(2013.11.30).

2) James Barr, "Abba Isn't Daddy," *Journal of Theological Studies* vol. 39(1988),

46.

3) J. Jeremias, *The Prayers of Jesus* (University of Virginia: SCM Press, 2012), 96.

4) Makhor Ex. 20:6.

5) Sifra 93d.

6) bTaan 24b; bHUL 86a.

7) bTaan 23b, JJ, 21.

8) Mary Rose D'Angelo, "Abba and Father: Imperial Theology in the Contexts of Jesus and the Gospels," *in* A. J. Levine, D. C. Allison Jr. and J. D. Crossan(eds.), *The Historical Jesus in Context* (Princeton University Press, 2006), 66; "Abba and 'Father': Imperial Theology and the Jesus Traditions," *JBL* 111(1992), 611-630.

9) Bruce W. Frier and Thomas A. J. McGinn, *A Casebook on Roman Family Law* (Oxford University Press, 2004), 18-20.

10) Richard P. Saller, *Patriarchy, Property, and Death in the Roman Family* (Cambridge University Press, 1994), 106.

8장. 예수 오빠, 바울 아저씨?

1) 이 장은 이민규, "예수 오빠는 좋지만 바울 아저씨는 싫어?", 「기독교사상」 2002년 9월호(대한기독교서회), 174-185의 내용을 수정·보완한 것이다.

2) Talmud Berakot 7:18(랍비 예후다의 기도 중).

3) 김기철, "지식인 사회-이것이 이슈다 2: 유교와 페미니즘", 「조선일보」(2002.3.18).

4) Josephus, *Against Apion*, 2.23.

5) Philo, *De Opificio Mundi*, 151-152, Quest. In Gen. 1.33.

6) Philo, *De Specialis Legibus*, Leg. 3.169-177.

7) Megila 23a.

8) Talmud Berakot 20b.

9) Naphtali Lewis, *Life in Egypt under Roman Rule* (Atlanta: Scholars Press, 1985), 54.

9장. 사마리아 여인이 음란하고 부도덕하다고?

1) 이 장은 이민규, "사마리아 여인은 음란하고 부도덕했을까", 「뉴스앤조이」(2012.10. 29)의 내용을 수정·보완한 것이다〈http://www.newsnjoy.or.kr/news/articleView. html?idxno=192432〉(2013.11.30).

2) Mishnah Niddah 4:1.

3) Leon Morris, *The Gospel According to John* (NICNT, 1995), 234.

4) Sandra M. Schneiders, "Women in the Fourth Gospel and the Role of Women in the Contemporary Church," *Biblical Theological Bulletin* 12(1982), 35-45.

2부. 신앙생활에 대한 오해와 진실

10장. 천국행 티켓 예매 방법은?

1) 〈웨스트민스터 신앙고백〉(1647), 15.2.

11장. 헌금함에 생활비 전부를 넣으라고?

1) 이 장은 이민규, "과부의 두 렙돈에 대한 오해", 「뉴스앤조이」(2012.9.6)의 내용을 수정·보완한 것이다〈http://www.newsnjoy.or.kr/news/articleView.html?idxno =191940〉(2013.11.30).
2) Leviticus Rabbah 3.5.
3) 4Q270 5, 19. 사해사본 중 4번째 동굴에서 발견된 사본이다.

12장. 십일조와 봉헌에 철저하라고?

1) 일제식 표현인 '헌금' 대신 '봉헌'을 사용했다.
2) 1QpHab 1:13; 8:8-12; 9:5-9; 10:1; 11:4; 12:8-10.
3) 『유대고대사』, 20.8.8; 20.9.2-4; 『생애』, 39.
4) 웹페이지에 게재된 이 장의 내용에 대한 오동수 님의 댓글에서 옮겼다〈www.facebook.com/#minkyu1/〉(2013.8.3).

13장. 주일을 안식일처럼 지키라고?

1) 이 장은 이민규, "주일은 과연 신약의 안식일일까", 「뉴스앤조이」(2013.7.26)의 내용을 수정·보완한 것이다〈www.newsnjoy.or.kr/news/articleView.html?idxno =194750〉(2013.11.30).
2) Codex Instinianus 3.12; Codex Theodosianus 2.8.1.
3) Eusebius, Roger Pearse(ed.), Andrew Eastbourne(trans.), "Commentary on the Psalms: Psalm 51(52)"(Ipswich, 2010).
4) *Exam*, III.1.1.
5) R. J. Bauckam, "Sabbath and Sunday in the Post-Apostolic Church," *in* D. A. Carson(ed.), *From Sabbath to Lord's Day: A Biblical, Historical and Theological Investigation* (Eugene: Wipf & Stock Pub, 2000), 286.
6) Thomas Aquinas, *Summa Theologiae* 5 vols. (New York: Benzier Brothers, 1948), 1a 2ae 100.
7) 『기독교강요』, II.8.34.
8) 『기독교강요』, II.8.28-34.
9) 〈하이델베르크 요리문답〉(1563).

10) 〈아우크스부르크 신앙고백〉(1530).

11) R. J. Bauckham, "Sabbath and Sunday in the Protestant tradition," *From Sabbath to Lord's Day*, 311-342.

12) 〈웨스트민스터 신앙고백〉, 21.7-8; 〈웨스트민스터 소요리문답〉(1647), 제59-60문; 〈웨스트민스터 예배모범〉(1645), 1.1-6.

13) R. J. Bauckham, "Sabbath and Sunday in the Protestant tradition," 327.

14) 이민규, "사회학적 시각으로 본 마태복음에 나타난 안식일", 「신약논단」 봄호 (2006).

15) 이민규, "사회학적 시각으로 본 마태복음에 나타난 안식일"에서 발췌한 내용이다.

16) Roger T. Beckwith and Wilfrid Stott, *This is the Day: The Biblical Doctrine of the Christian Sunday in its Jewish and Early Church Setting* (London: Marshall, Morgan & Scott 1978).

17) 디다케 14:1.

18) Epistle of Ignatius to the Magnesians 9.1.

19) Epistle of Barnabas 15.

20) 사도행전이 전반에 걸쳐 로마식 제도를 따랐다는 증거는 행 4:3; 20:7; 23:31-32를 보라.

21) 이에 대해서는 이미 논의한 대로 롬 14:5-8; 골 2:16-17; 히 4:1-11과 Epistle of Ignatius to the Magnesians 9.1이 참고 자료다.

22) 이와 관련하여 양용의, 『예수님과 안식일 그리고 주일』(이레서원, 2011)을 참고하라.

14장. 술은 입에 대지도 말라고?

1) 이 장은 이민규, "건전한 음주문화는 하나님의 선물: 성서의 술에 대한 시선들", 「기독교사상」 2013년 10월호, 12-21의 내용을 수정·보완한 것이다.

2) 1QS 6:4-6; 1QSa 2:17-18, 20; 1QH 10:24 따위의 다양한 사해사본들이 이 사실을 증명한다.

3) Baba Batra 97b. 이 자료는 아람어로 '마지막 문'이라는 뜻으로 미슈나, 탈무드의 한 책(Tractate)이다. 재산 소유주의 권리와 의무에 대한 구전 전승을 기록했다.

4) 렘 31:12; 욜 3:18; 암 9:13-14; Greek Apocalypse of Baruch 29:5; Sibylline Oracles 2.317-318; 3.620-623, 744-749.

15장. 원래 성탄절은 12월 25일이 아니라고?

1) 이 장은 이민규, "날짜가 성탄의 본질은 아니잖아요", 「뉴스앤조이」(2012.12.13) 의 내용을 수정·보완한 것이다〈http://www.newsnjoy.or.kr/news/articleView. html?idx no=192788〉(2013.11.30).

16장. 여자는 교회에서 잠잠하라고?

1) 이 장은 이민규, "여성 안수에 대한 신약적 고찰", 「일립논총」 제14집(2009), 37-56 의 내용을 수정·보완한 것이다.

2) E. Pagels, "Paul and Women: A Response to Recent Discussion," *JAAR* 42(1974), 538.

3) Craig S. Keener, *Paul, Women & Wives: Marriage and Women's Ministry in the Letters of Paul* (Peabody: Hendrickson Publishers, 1992), 128, fn. 94; 참고. Mishnah Abot 6.6.

4) Susan Foh, "Male Leadership View: The Head of the Man is the Man," *in* Bonnidell Clouse, Robert G. Clouse(eds.), *Women in Ministry: Four Views* (Downers Grove: InterVarsity Press, 1983); Robert L. Saucy, Judith TenElshof(eds.), *Women and Men in Ministry: A Complementary Perspective* (Chicago: Moody Publisher, 2001), 69-105; Craig S. Keener, *Paul, Women, and Wives: Marriage and Women's Ministry in the Letters of Paul* (Ada: Baker Academic, 1992), 107-108.

5) Kenneth E. Bailey, "Women in the New Testament: A Middle Eastern Cultural View," *Theology Matters* Vol. 6, No. 1(Jan/Feb 2000), 8.

6) Kenneth E. Bailey, "Women in the New Testament," 8.

7) C. C. Kroeger, "1 Timothy 2:12," *in* Richard Clark Kroeger and Catherine Clark Kroeger(ed.), *I suffer not a woman: Rethinking 1 Timothy 2:11-15 in light of ancient evidence* (Grand Rapids: Baker, 1992), 105-113.

8) C. C. Kroeger, "1 Timothy 2:12," 105-113.

17장. 밤낮으로 부르짖어야 한다고?

1) 이 장은 이민규, "밤낮으로 기도하면 억울한 일이 속히 해결될까요?", 「뉴스앤조이」(2013.2.13)의 내용을 수정·보완한 것이다〈http://www.newsnjoy.or.kr/news/articleView.html?idxno=193222〉(2013.11.30).

18장. 기도하면 다 지켜주신다고?

1) 이 장은 이민규, "기도는 재앙을 막고 복 얻는 마술이 아닙니다", 「뉴스앤조이」(2013.1.16)의 내용을 수정·보완한 것이다〈http://www.newsnjoy.or.kr/news/articleView.html?idxno=193055〉(2013.11.30).

3부. 교리에 대한 오해와 진실

19장. 공짜 은혜라고?

1) 필립 얀시, 『놀라운 하나님의 은혜』(윤종석 역, IVP, 1998), 19-27.

2) D. Martyn Lloyd-Jones, *Romans: An Exposition of Chapter 6, The New Man* (Grand Rapids: Zondervan, 1973), 9.

3) Lucius Annaeus Seneca, *Benefits*, 4.18.1.

4) David A. deSilva, *Honor, Patronage, Kinship & Purity: Unlocking New Testament Culture* (Downers Grove: IVP Academic, 2000), 104.

5) Lucius Annaeus Seneca, *Benefits*, 1.4.2.

6) 히브리적 개념인 언약적 자비와 신약적 개념인 은혜의 관계에 대한 설명은 James A. Montgomery, "Hebrew *Hesed* and Greek *Charis*," *The Harvard Theological Review*, Vol. 32, No. 2(April, 1939), 97-102를 참고하라.

7) Julian Pitt-Rivers, "Postscript: The Place of Grace in Anthropology," *in* John G. Peristiany and Julian Pitt-Rivers(eds.), *Honor and Grace in Anthropology* (Cambridge: Cambridge University Press, 1992), 233.

8) Julian Pitt-Rivers, "Postscript: The Place of Grace in Anthropology," 233.

9) 존 J. 필치, 브루스 J. 말리나 엮음, 『성서 언어의 사회적 의미』(이달 역, 한국장로교출판사, 1998), 154.

10) 존 J. 필치, 브루스 J. 말리나 엮음, 『성서 언어의 사회적 의미』, 154.

11) 웹페이지에 게재된 이 장의 내용에 대한 김주석 님의 댓글에서 옮겼다〈www.facebook.com/#minkyu1〉(2013.8.19).

20장. 율법은 쓸모없다고?

1) 이 장의 내용은 이민규, "바울, 율법 그리고 문명 충돌의 극복", 「기독교사상」 2002년 1월호, 174-183의 내용을 수정·보완한 것이다.

2) Martin Luther, *Luther's Works* No. 26, 156-157.

3) 김은형, "너네 종교는 왜 그래?", 「한겨레21」 제378호(2001.9.26.)〈http://www.hani.co.kr/section-021065000/2001/09/021065000200109260378002.html〉(2013.10.10).

4) Diodor Siculus, *Bibliotheca historica*, 1.3. *Bibliotheca historica*는 40권으로 된 고대 서적으로 세 분야로 나뉘어져 있다. 그중 처음 부분인 1권(6권으로 이루어진 한 질의 책)은 이집트, 2권은 메소포타미아, 인도, 스키티아, 아랍, 3권은 북 아프리카, 4-6권은 그리스와 유럽의 역사를 기록한다. 주전 60-59년경에 쓰이기 시작한 것으로 예측된다.

21장. 믿기만 하면 다 된다고?

1) 창세기 15:6에 쓰인 '믿다'라는 동사는 히브리어 에무나의 동사형인 아만이 쓰였다. 아만은 신약성경에서 헬라어 피스튜오로 번역된다.

2) 유승원, "신약의 믿음에 대한 소고: 바울의 영감인식론과 피스티스의 함의", 「성서사랑방」 2000년 가을호⟨http://swyu.com.ne.kr/NTpistis.html⟩(2013.12.1).

23장. 우리가 이미 구원받았다고?

1) 칼뱅의 *ordo salutis*는 네덜란드어로 '구원의 수단'(*Heilswerg*), 영어로 '구원의 길'(Way of Salvation), 우리말로 '구원의 서정(序程)'으로 번역된다. 칼뱅은 이 표현 그대로 구원을 순서가 있는 길처럼, 어떤 과정으로 이해한 측면이 분명히 있다. 칼뱅이 구원을 어떤 과정으로 이해한 것은 그가 칭의의 미래적 관점을 인지하지 못했기 때문일 것이다.

2) 『기독교강요』, III.11.1.

3) 『기독교강요』, III.16.1.

4) 요세푸스의 저작에 종종 등장한다. 『유대전쟁사』, 2.254, 275; 참고. 2.425.

24장. 최후심판에 불기소처분이라고?

1) Klyne R. Snodgrass, "Justification by Grace-To the Doers: An Analysis of the Place of Romans 2 in the Theology of Paul," *NTS* 32(1986), 77, fn. 38.

2) 에녹1서 41:2; 61:8; 에녹의비밀들 52:15; Pirke Aboth III.15(16) 이하; Pea I.16 이하, 37; Hag 5a; R. H. 17a; Mid Ps. 30:4; 86:2.

3) 바룩2서 24:1이하; 에녹1서 98:8; 104:8; 에녹의비밀들 50:1; Pirke Aboth II.1.

4) Klyne R. Snodgrass, "Justification by Grace-To the Doers," 77.

5) 솔로몬의시편 2:37-40; 15:9, 13-15; 바룩2서 13:9-12; 54:21-22; 에스라4서 2:33-34; 에녹서 38:3. 일반적으로 유대인들에 대한 심판 내용은 저자가 동시대의 다른 유대인들에 대해 얼마나 우호적인가에 따라 달라졌다.

6) Ernst Käsemann, *Das Neue Testament als Kanon* (Göttingen: Vandenhoeck, 1970), 405. 케제만에 있어 이신칭의는 개신교의 기준 중의 기준이요, 성경을 이해하고 영들을 분별하는 최고 중요한 잣대였다.

7) Karl Paul Donfried, "Justification and Last Judgment in Paul," *Interpretation* 30 (1976), 140-152; Wilfried Joest, *Gesetz und Freiheit: Das Problem des Tertius usus legis bei Luther und die neutestamentliche Parainese* (Göttingen: Vandenhoeck, 1961); Kyung-Sik Kim, "God will judge Each One according to His Works: the Investigation into the Use of Psalm 62:13 in Early Jewish Literature and the New Testament"(Ph. D. diss., University of Aberdeen, 2005);

Thomas Schreiner, "Did Paul believe in Justification by Works? Another Look at Romans 2," *Bulletin for Biblical Research* 3(1993), 131-155; Mark A Seifrid, *Christ, our righteousness: Paul's theology of justification* (Downers Grove: Apollos/InterVarsity Press, 2000); Klyne R. Snodgrass, "Justification by Grace-To the Doers," 72-93; E. Synofzik, *Die Gerichts und Vergeltungsasusagen bei Paulus. Eine traditionsgeschichtliche Untersuchung* (Göttingen: Vandenhoeck & Ruprecht, 1977); Nigel M. Watson, "Justified by Faith: Judged by Works-An Anatomy?," *NTS* 29(1983), 209-221; K. L. Yinger, *Paul Judaism and Judgement according to Deeds* (Cambridge: CUP, 1999).

8) Klyne R. Snodgrass, "Justification by Grace-To the Doers," 73; 권연경, 『행위 없는 구원? 새롭게 읽는 바울의 복음』(SFC, 2006), 198-200. 롬 2:13의 "하나님 앞에서는 율법을 듣는 자가 의인이 아니요 오직 율법을 행하는 자라야 의롭다 하심을 얻으리니"와 달리 롬 3:20에서 바울은 엉뚱하게 "그러므로 율법의 행위로 그의 앞에 의롭다 하심을 얻을 육체가 없나니 율법으로는 죄를 깨달음이니라"라고 말한다. 이는 결과적으로 바울이 결코 율법의 온전한 실천이 불가능하다는 것을 증명하려는 것이 아니라 실질적으로 유대인들이 율법을 지킬 의사가 없으면서도 단지 자신들이 이방인과는 다른 신분이라는 사실을 보여주는 표시로서 할례와 같은 율법을 자랑하려는 태도를 공격했기 때문일 것이다. 즉 바울은 율법을 지켜야 의롭게 된다는 사실을 알면서도 율법을 지키지 않으면, 할례와 같은 외적인 요소를 갖추더라도 결코 의롭게 될 수 없다는 사실을 강조한다.

9) 신약성경의 다양한 본문에 대한 이러한 입장을 설명하는 David H. Stern, *Jewish New Testament Commentary* (Clarkville: Jewish New Testament Publications, 1992)를 참고하라.

10) Ernst Käsemann, *Das Neue Testament als Kanon*, 405.

25장. 몸의 부활이 뭐 그리 중요하냐고?

1) K. E. Brower, "Temple," in K. E. Brower and M. W. Elliott(eds.), *The Reader Must Understand: Eschatology in Bible and Theology* (Leicester: Apollos, 1997), 119.

2) G. K. Beale, "Conception," *The Reader Must Understand*, 11-52.

나가는 말: 말씀으로 돌아가자

1) 〈https://www.facebook.com/#!/minkyul1〉(2014.01.29).

신앙, 그 오해와 진실
한국 교회가 제대로 알아야 할 26가지 키워드

Copyright ⓒ 이민규 2014

1쇄 발행 2014년 3월 18일
7쇄 발행 2021년 1월 19일

지은이 이민규
펴낸이 김요한
펴낸곳 새물결플러스

편 집 왕희광 정인철 노재현 한바울 정혜인
         이형일 나유영 노동래 최호연
디자인 윤민주 황진주 박인미 이지윤
마케팅 박성민 이원혁
총 무 김명화 이성순
영 상 최정호 곽상원
아카데미 차상희

홈페이지 www.holywaveplus.com
이메일 hwpbooks@hwpbooks.com
출판등록 2008년 8월 21일 제2008-24호
주 소 (우) 04118 서울시 마포구 마포대로19길 33
전 화 02) 2652-3161
팩 스 02) 2652-3191

ISBN 978-89-94752-64-8 03230

책값은 뒤표지에 있습니다.